순자

인간의 악한 본성과 그 해결의 길

청소년 철학창고 28
순자 인간의 악한 본성과 그 해결의 길

초판 1쇄 발행 2011년 10월 10일 | 초판 3쇄 발행 2023년 2월 28일

풀어쓴이 최영갑
펴낸이 홍석 | 기획 채희석 | 이사 홍성우
인문편집팀장 박월 | 책임편집 유남경 | 편집 박주혜
표지 디자인 황종환 | 본문 디자인 서은경
마케팅 이송희·한유리·이민재 | 관리 최우리·김정선·정원경·홍보람·조영행·김지혜
펴낸곳 도서출판 풀빛 | 등록 1979년 3월 6일 제2021-000055호
주소 07547 서울시 강서구 양천로 583, 우림블루나인비즈니스센터 A동 21층 2110호
전화 02-363-5995(영업), 02-364-0844(편집) | 팩스 070-4275-0445
홈페이지 www.pulbit.co.kr | 전자우편 inmun@pulbit.co.kr

ISBN 978-89-7474-563-9 44150
ISBN 978-89-7474-526-4 (세트)

순자

인간의 악한 본성과 그 해결의 길

순자 지음 ｜ 최영갑 풀어씀

'청소년 철학창고'를 펴내며

우리 청소년이 읽을 만한 좋은 책은 없을까? 많은 분들이 이런 고민을 하셨을 겁니다. 그러면서 흔히들 고전을 읽어야 한다고 합니다. 하지만 서점에 가서 책을 골라 보신 분들은 느꼈을 겁니다. '청소년의 지적 수준에 맞춰서 읽힐 만한 고전이 이렇게도 없는가.'라고.

고전 선택의 또 다른 어려움은 고전의 범위가 매우 넓다는 것입니다. 청소년 시기에는 시간과 능력의 한계 때문에 그 많은 고전들을 모두 읽을 수 없습니다. 그렇다면 어떤 책을 읽어야 할까요?

이런 여러 현실적인 어려움을 고려해 기획한 것이 풀빛 '청소년 철학창고'입니다. '청소년 철학창고'는 고전의 핵심이라 할 수 있는 '철학'에 더 많은 무게를 실었습니다. 그 이유는 무엇일까요?

사람들은 일반적으로 철학을 현실과 동떨어진 공리공담이나 펼치는 학문이라고 생각합니다. 하지만 철학적 사고의 핵심은 사물과 현상을 다양하게 분석하고 종합해서 그 원칙이나 원리를 찾아내는 것입니다. 그래서 철학은 인간과 세상에 대해 깊이 있게 생각하고, 논리적으로 종합하는 능력을 키워 줍니다. 그런 만큼 세상과 인간에 대해 눈떠 가는 청소년 시기에 정말로 필요한 공부입니다.

하지만 모든 고전이 그렇듯이 철학 고전 또한 읽기가 쉽지 않습니다. 그래서 '청소년 철학창고'는 청소년의 눈높이에 맞추기 위해 선정에서부터 원문 구성에 이르기까지 많은 노력을 기울였습니다.

첫째, 책을 선정하는 과정에서부터 엄격함을 유지했습니다. 동양·서양·한국 철학 전공자들이 많은 회의 과정을 거쳐, 각 시대마다 동서양과 한국을 대표하는 철학 고전들을 엄선했습니다. 특히 우리 선조들의 사상과 동시대 동서양의 사상들을 주체적인 입장에서 비교하고 검토할 수 있도록 했습니다.

둘째, 고전 읽기의 참다운 맛을 살리기 위해 최대한 원문을 중심으로 구성했습니다. 물론 원문 읽기의 어려움을 해결하기 위해 새롭게 번역하고 재정리했습니다. 그리고 청소년이라면 누구나 어렵지 않게 읽으면서 고전이 주는 의미와 내용을 이해할 수 있도록 설명을 덧붙였고, 전체 해설을 통해 저자의 사상과 전체 내용을 다시 한 번 정리해 주었습니다.

마지막으로 쉬운 것부터 읽기 시작해 점차 사고의 폭을 넓혀 가도록 난이도에 따라 세 단계로 구분했습니다. 물론 단계와 상관없이 읽고 싶은 순서대로 읽어도 됩니다.

우리 선정위원들은 고전 읽기의 진정한 의미가 '옛것을 되살려 오늘을 새롭게 한다(溫故知新).'는 데 있다고 생각합니다. '청소년 철학창고'를 통해 자라나는 청소년들이 인간과 사물에 대한 깊은 통찰력을 키워, 밝은 미래를 열어 나갈 수 있기를 진정으로 바랍니다.

2005년 2월

선정위원 허우성(경희대 교수, 동양 철학)   윤찬원(인천대 교수, 동양 철학)
정영근(서울산업대 교수, 한국 철학)   허남진(서울대 교수, 한국 철학)
이남인(서울대 교수, 서양 철학)   한자경(이화여대 교수, 서양 철학)

들어가는 말

　순자(荀子)는 중국 전국 시대 말기의 사상가로 성악설(性惡說, 인간의 본성은 악하다는 학설)로 유명한 인물이다. 대부분의 교과서에서는 맹자(孟子)의 성선설(性善說, 인간의 본성은 선하다는 학설)과 함께 언급되기 때문에 모르는 사람이 없을 정도다. 하지만 순자라는 인물과 《순자》라는 책에 대해 정확하게 아는 사람은 드물다. 왜 순자가 성악설을 주장하게 되었는지, 맹자의 성선설과 어떻게 다른지에 대해서는 대부분 수박겉핥기식으로밖에 모르는 것 같다.

　순자는 유가(儒家, 공자의 학설과 학풍을 신봉하고 연구하는 학파)의 사상을 배웠고 그것을 기반으로 자신의 학설을 정립했지만 유가의 보수적인 측면을 비판하기도 하고, 제자백가(諸子百家, 춘추 전국 시대의 여러 학파)를 비판하는 등 반(反)유가적인 경향도 보이고 있다. 따라서 순자의 사상은 공자나 맹자의 사상과 차이가 있다는 사실에 주의해야 한다.

　공자나 맹자가 유가의 주류가 된 반면 순자는 유가의 이단아처럼 인식되었다. 그 이유는 아마 성악설 때문일 것이다. 인간의 본성을 선하다고 주장하는 것과 악하다고 주장하는 것에는 차이가 있기 때문이다. 순자는 인간의 현실적인 삶 속에서 인간의 본래 모습을 보고자 했다. 순자가 경험한 세상의 모습은 악한 형태로 보였으며, 극한적인 한계 상황에서는 더욱 악한 모습이 드러나게 된다는 점에 주목했던 것이다. 그렇기 때문에 순자는 인간의 본성은 본래 악하다는 주장을 하게 되었다.

하지만 악한 본성이라고 해도 선하게 변화될 수 있다는 점에서는 맹자와 크게 다르지 않은 것 같다. 맹자는 인간의 선천적인 선함을 주장한다. 하지만 사회적 인간이 되면서 점차 악한 모습으로 변화되기 때문에 교육과 수양을 통해서 다시 본래의 모습으로 돌아가야 한다고 주장했다.

순자는 후천적인 인간의 모습을 본 것이고, 맹자는 선천적인 인간의 본성을 추측하여 각자의 본성에 대한 선악을 주장한 것이다. 하지만 결국 현실 속에서 보았을 때 모든 인간은 교화의 대상임에는 틀림없다. 맹자와 순자는 이러한 점에서는 서로 유사한 생각을 가진 것 같다.

순자는 성악설로도 유명하지만 그의 사상은 법가(法家, 도덕보다는 법을 중요하게 여기는 학파)의 이론적 바탕을 제공하고 있다는 점에서 매우 중요하다. 그의 문하생 가운데 이사(李斯)와 한비자(韓非子)는 법가의 대표적인 인물이다. 그래서 어떤 학자들은 순자를 법가라고 칭하기도 하고 도가(道家, 만물의 근원으로서 자연을 숭배하는 학파)라고 칭하기도 하지만 순자는 스스로 공자를 극진히 숭배하는 유가라고 자처했다. 이러한 사실로 본다면 순자는 당시 제자백가의 학설을 두루 섭렵했던 것으로 생각된다.

"학문은 멈춰서는 안 된다. 푸른 물감은 쪽이라는 풀에서 얻지만 쪽보다 더 푸르고, 얼음은 물로 만들어진 것이지만 물보다 더 차갑다."라고 하는 청출어람(靑出於藍)의 말이 학문을 강조한 것이라는 사실은 누구나 안다. 하지만 순자처럼 학문을 완성하여 당대 최고의 학자가 되는 길은 어렵고 힘든 길이다. 순자의 말처럼 스승보다 뛰어난 사람이 되는 것도 청소년 시기에 꿈꾸어 볼 만한 일이다.

2011년 10월
최영갑

춘추 전국 시대 국가들(기원전 770년~기원전 221년)

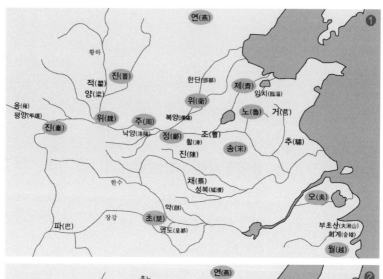

❶ 춘추 시대 국가들   ❷ 전국 시대 국가들

춘추 전국 시대는 춘추 시대와 전국 시대로 구분되는데 기원전 770년~기원전 403년까지를 춘추 시대, 기원전 403년부터 진나라가 중국을 통일하는 기원전 221년까지를 전국 시대라고 한다. 춘추 시대에는 각 제후들이 자신의 세력과 영토를 넓히면서도 여전히 주나라 왕실의 권위를 존중한 반면 전국 시대에는 제후들이 주나라 왕실을 무시하고 스스로 왕이라 칭하며 권력을 차지하려 했다. 따라서 춘추 시대는 독자적인 세력을 가진 제후들이 수없이 난립해 많은 제후국들이 있었던 반면 전국 시대에는 비교적 강대한 나라들이 대립해 서로 권력 다툼을 벌였다.

고대 중국의 성인(聖人) 계보

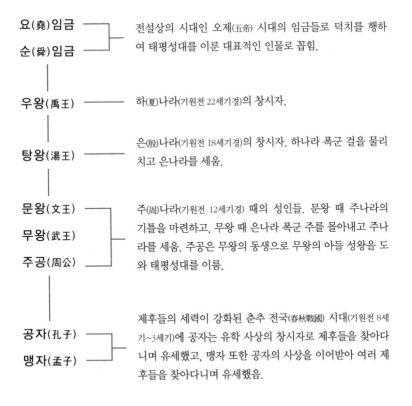

요(堯)임금 ── 전설상의 시대인 오제(五帝) 시대의 임금들로 덕치를 행하
순(舜)임금 ──┘ 여 태평성대를 이룬 대표적인 인물로 꼽힘.

우왕(禹王) ──── 하(夏)나라(기원전 22세기경)의 창시자.

탕왕(湯王) ──── 은(殷)나라(기원전 18세기경)의 창시자. 하나라 폭군 걸을 물리
치고 은나라를 세움.

문왕(文王) ── 주(周)나라(기원전 12세기경) 때의 성인들. 문왕 때 주나라의
무왕(武王) ── 기틀을 마련하고, 무왕 때 은나라 폭군 주를 몰아내고 주나
주공(周公) ──┘ 라를 세움. 주공은 무왕의 동생으로 무왕의 아들 성왕을 도
와 태평성대를 이룸.

공자(孔子) ── 제후들의 세력이 강화된 춘추 전국(春秋戰國) 시대(기원전 8세
맹자(孟子) ──┘ 기~3세기)에 공자는 유학 사상의 창시자로 제후들을 찾아다
니며 유세했고, 맹자 또한 공자의 사상을 이어받아 여러 제
후들을 찾아다니며 유세했음.

║ 일 러 두 기 ║

1. 이 책은 《순자》(신석한문대계)를 기본 텍스트로 하고, 《순자》(정장철 역해, 혜원출판사), 《순자》
   (송정희 역, 명지대학교출판부)를 참고했다.
2. 현존하는 《순자》 32편 가운데, 핵심적인 내용만을 골라 번역했다.
3. 각 편의 맨 앞에는 전체적인 내용의 흐름을 쉽게 이해할 수 있도록 요약했다.
4. 번역은 원문을 중심으로 했으며, 어려운 부분은 최대한 쉽게 풀어썼다.

순자,

인간의 **악한** 본성과
그 해결의 **길**

1 학문을 권장하다[勸學]

'권학'은 학문을 권장한다는 뜻이다. 공자의 어록인 《논어(論語)》 첫 편의 이름이 〈학이(學而)〉편인 것처럼 순자도 학문을 중시하는 내용인 '권학'을 가장 앞에 두었다. 사람이 배우지 않으면 바람직한 사람이 될 수 없다고 생각했던 순자는 학문의 중요성에 대해서 매우 강조한다. 학문을 하기 위해서는 환경적 요인도 매우 중요하여 항상 어질고 덕망을 갖춘 사람을 가까이 해야 한다. 또한 학문이란 남에게 보이기 위해서 하는 것이 아니라 자기 자신을 완성하는 데 목표가 있기 때문에 중도에 포기하지 않고 끝까지 완성해야 한다. 청출어람(靑出於藍), 적토성산(積土成山) 등의 유명한 말이 이 편에 수록되어 있으며, 전체적으로 교육의 중요성에 대해 논하고 있다.

군자는 말한다. "학문은 멈춰서는 안 된다. 푸른 물감은 쪽이라는 풀에서 얻지만 쪽보다 더 푸르고, 얼음은 물로 만들어진 것이지만 물보다 더 차갑다." 먹줄(먹통에 달린 실줄로, 먹을 묻혀 곧게 줄을 치는 데 씀)로 그은 것처럼 반듯한 나무도 억지로 굽혀서 수레바퀴를 만들면 둥글게 되어 원을 그리는 그림쇠(지름이나 선의 거리를 재는 기구)에 딱 맞게 된다. 비록 햇볕에 말리더라도 다시 본래 모습으로 돌아가지 않는 것은 이미 구부러졌기 때문에 그런 것이다. 그러므로 나무는 먹줄로 그은 직선에 맞게 잘라야 반듯하게 되고, 쇠붙이는 숫돌에 갈아야 날카롭게 된다. 이와 마찬가지로 군자도 널리 배우고 매일 자신을 반성하면 지혜가 밝아지고 행동에 허물이 없게 될 것이다. 그러므로 높은 산에 오르지 않으면 하늘이 높다는 것을 알 수 없고, 깊은 계곡에 가 보지 않으면 땅이 두터운 것을 알 수 없으며, 옛 선왕이 남긴 말을 배우지 않으면 학문이 위대하다는 것을 알 수 없다. 한(干)·월(越)·이(夷)·맥(貊) 등 오랑캐 나라의 아이들은 태어날 때 모두 똑같은 소리를 내지만 성장하면 풍속이 서로 달라진다. 이것은 바로 교육이 그렇게 만든 것이다.

✤ 순자의 권학문은 매우 유명한 글인데, 제자가 스승보다 뛰어나다는 뜻으로 사용되는 '청출어람'의 고사도 여기서 나온 것이다. "군자는 말한다."라고 한 부분의 군자는 순자 자신을 가리키는 말이다. 따라서 일반적으로 "나는 말한다."라고 해석하는 것이 좋다. 순자는 공자의 학문을 계승한 학자로서 학문의 중요성을 공자처럼 강조했다. 사람의 힘으로 나무를 구부리거나 반듯하게 하는 것처럼 학문을 통해 인간도 훌륭한 사람이 될 수 있다. 그러므로 학문은 매일같이 반복하고 반성하며 멈춤이 없어야 한다. 이는 순자가 후천적인 교육에 의해 인간이 서로 다른 모습을 갖게 되는 것이라고 보았기 때문이다.

나는 하루 종일 생각에 빠진 일이 있었지만 조금이라도 학문을 한 것보다는 좋지 않았다. 또 어느 날에는 발돋움을 하고 멀리 바라봤지만 높은 곳에 올라가서 드넓게 보는 것보다 좋지 않았다. 높은 곳에 올라가서 손짓을 하면 팔이 더 길어지는 것은 아니지만 먼 곳에서도 잘 볼 수 있다. 바람이 부는 쪽으로 소리내어 부르면 소리가 더 빨리 가는 것은 아니지만 더 잘 들을 수 있다.

수레나 말의 힘을 빌리는 사람은 발을 빠르게 움직이지 않아도 천리(1리는 약 400미터에 해당함)까지 도달할 수 있고, 배와 노의 힘을 빌리는 사람은 물을 이용하지 않아도 강물을 건널 수 있다.

군자도 태어날 때부터 보통 사람과 다른 것이 아니다. 그들은 학문이라는 외물의 힘을 잘 빌렸기 때문에 훌륭하게 된 것이다.

✤ 학문과 사고(思考)는 항상 병행해야 한다. 무조건 글을 읽는 것도 바람직하지 않고, 생각만 하는 것도 옳은 것이 아니다. 스승에게 배우고, 배운 것을 완전하게 자기 것으로 만들기 위해서는 반복적인 복습을 해야 하며, 동시에 그것을 실천하기 위해서는 끊임없이 사고하고 행동해야 한다.

남쪽에 몽구(蒙鳩)라는 새가 있다. 깃털을 모아 집을 만들고 머리카

락으로 엮어서 갈대 이삭에 매달아 둔다. 그런데 바람이 불어서 갈대가 꺾어지자 알이 깨지고 새끼가 죽는다. 이것은 집이 완벽하지 않아서 그런 것이 아니라 매어둔 곳이 그렇게 만든 것이다. 남쪽에 야간(射干)이라는 나무가 있다. 줄기가 네 치(한 치는 약 3센티미터에 해당함)밖에 안되지만 높은 산 위에 살면서 백 길(한 길은 약 3미터에 해당함)이나 되는 연못을 바라보고 있다. 이것은 나무의 줄기가 길어져서 그런 것이 아니라 서 있는 곳이 그렇게 만든 것이다. 쑥이 삼밭에서 자라면 받쳐 주지 않아도 자연히 곧게 자란다. 난괴(蘭槐)라는 나무의 뿌리는 향료가 되지만 쌀뜨물에 담가 두면 군자는 그것을 가까이 하지 않고 일반 사람도 사용하지 않는다. 그것은 바탕이 나빠서 그런 것이 아니라 쌀뜨물에 젖어서 그런 것이다.

그러므로 군자는 거처할 때 반드시 마을을 잘 선택하며, 놀 때에도 반드시 선비를 따르는데, 이것은 사악한 것을 막고 바른 것을 가까이 하기 위한 것이다.

✤ 몽구와 야간, 쑥과 난괴를 비유로 들면서 자신이 처한 환경이 얼마나 중요한 것인지 설명하고 있다. 순자는 타고난 바탕이 아무리 좋아도 환경이 나쁘면 옳게 성장할 수 없다고 생각했다. 따라서 주변 환경을 잘 선택하고 어울리는 사람을 잘 고른다면 바탕이 나쁜 사람일지라도 훌륭하게 될 수 있다. 먹을 가까이 하면 검어진다는

뜻의 '근묵자흑(近墨者黑)'이라는 고사와 비슷한 뜻이다. 나쁜 사람을 가까이 하면 옆에 있는 사람도 물들어 나쁘게 되고, 좋은 사람을 가까이 하면 좋은 방향으로 물들기 쉽다. 맹자의 어머니가 맹자의 교육을 위해 세 번 이사했다는 맹모삼천지교(孟母三遷之敎)의 고사도 이와 유사한 의미를 나타낸다.

한줌의 흙이 쌓여 산을 이루면 그곳에서 바람과 비가 일어나게 되고, 작은 물이 쌓여 연못을 이루면 그곳에서 교룡(蛟龍)이 살게 되고, 선(善)이 쌓여 덕(德)을 이루면 신명(神明, 신통한 통찰력)이 저절로 터득되어 성인(聖人)의 마음이 거기에 갖춰지게 된다. 그러므로 작은 발걸음이 쌓이지 않으면 천 리에 이를 수 없고, 작은 냇물이 모이지 않으면 강과 바다를 이룰 수 없다.

아무리 뛰어난 천리마라도 한 번에 열 걸음씩 뛸 수 없고, 둔한 말이라도 열흘길을 갈 수 있는 것은 멈추지 않고 계속 가기 때문이다. 새기다가 멈추면 썩은 나무도 자르지 못하고, 새기는 것을 멈추지 않으면 쇠와 돌에도 새길 수 있다.

지렁이가 손톱과 어금니도 없고 근육과 뼈도 없지만 땅 위에서 진흙을 먹고 땅속에서 흙탕물을 마실 수 있는 것은 의지가 한결같기 때문이다. 게는 여덟 개의 다리와 두 개의 집게발을 가지고 있지만 뱀과 장어가 만든 구멍이 아니면 의지할 곳이 없는데 이것은 마음이 조급하기 때문이다. 그러므로 조용하고 정성스런 의지가 없으면 빛나는 명예가 없고, 정성스럽게 일하지 않으면 뚜렷한 공도 없게 된다.

갈라진 두 개의 길을 동시에 가려고 하는 사람은 어느 곳에도 이르지 못하고, 두 임금을 섬기는 사람은 어느 임금에게도 용납되지 못할 것이다. 눈은 두 곳을 보지 않아야 분명하게 볼 수 있고, 귀는 두 가지를 듣지 않아야 총명하게 들을 수 있다. 용의 일종인 등사(螣蛇)는 다리가 없지만 날 수 있고, 날다람쥐는 다섯 가지 재주를 가지고 있으면서도 항상 어려움에 빠진다.

❖ 학문은 하루아침에 이루어지는 것이 아니다. 매일 꾸준히 쉬지 않고 지속하면 반드시 성취하게 된다. 하지만 많은 사람들은 학문을 쉽게 성취하려는 마음을 지니고 있다. 그러므로 학문을 할 때는 조급한 마음을 갖는 것과 여러 가지를 동시에 진행하는 마음을 버려야 한다. 한 우물을 파듯 인내심을 가진 사람만이 학문을 성취할 수 있다. 재주가 많은 사람은 한 우물을 파지 못하고 여러 가지 길을 가려고 한다. 그렇게 되면 한 가지도 제대로 이루지 못하게 된다.

옛날에 비파를 잘 타는 호파(瓠巴)라는 사람이 연주를 하면 물속에 있던 고기도 귀를 기울였고, 거문고를 잘 타는 백아(伯牙)가 연주를 하면 많은 말들도 먹이를 먹다 고개를 들고 들었다고 한다. 그러므로 소리는 아무리 작아도 들리지 않는 것이 없고, 행실은 아무리 숨겨도 나타나지 않는 것이 없다.

옥(玉)이 산에 있으면 초목도 윤기가 흐르고, 연못에 보배가 있으면 언덕도 마르지 않는다. 선을 행하고 사악함을 쌓지 않는다면 어찌 세상에 소문이 나지 않겠는가?

✤ 학문이 내면에 축적되면 주변 사람과 사물도 함께 변화되고 저절로 겉으로 드러나게 된다. 남에게 보이기 위한 학문이 아니라도 자신도 모르게 그러한 현상이 나타난다는 말이다. 즉, 학문은 선을 행하는 데 목적이 있는 것이므로 자신의 이익만을 위해 학문을 하거나 악한 목적을 이루는 데 사용한다면 진정한 학문이 될 수 없다. 벼는 익을수록 고개를 숙인다는 말처럼, 학문을 통해 자신을 완성한 사람은 남에게 알려지기를 원하지 않아도 저절로 알려지게 된다.

군자가 학문을 할 때는, 귀로 들으면 마음에 새겨져서 온몸에 퍼져 행동으로 나타난다. 단정하게 말하고, 공손하게 움직이는 것이 모두 법칙이 된다. 그러나 소인의 학문은 귀로 들으면 입으로 내뱉는다.

귀와 입 사이는 네 치밖에 안 되는데 어떻게 칠 척의 몸을 아름답게 할 수 있겠는가?

옛날의 학자들은 자신을 위해서 학문을 했는데, 오늘날의 학자들은 남에게 보이기 위해서 학문을 한다. 군자의 학문은 자기 몸을 아름답게 만들지만 소인의 학문은 금수로 만들 뿐이다. 그러므로 소인은 묻지 않아도 알려 주는데 이것을 경망스럽다고 한다. 하나를 물으면 둘을 알려 주는데 이것을 말이 많다고 한다. 경망스러운 것이나 말이 많은 것은 모두 좋지 않은 것이니, 군자는 질문을 받으면 메아리처럼 대답한다.

✤ "옛날의 학자들은 자신을 위해서 학문을 했는데, 오늘날의 학자들은 남에게 보이기 위해서 학문을 한다."라는 말은 《논어》에 나오는 공자의 말이다. 학문은 자신의 완성을 통해서 다른 사람을 돕는 데까지 이르는 것이다. 남을 위해서 학문을 한다는 말은 남에게 보이기 위한 학문일 뿐이다. 남에게 보이기 위한 학문은 거짓과 위선으로 꾸며져 진정한 자기완성도 이루지 못한 채 겉치레만 하는 학문이 되고 말 것이다. 그러므로 남에게 많이 아는 체하며 오만한 자세를 가지거나 말을 지나치게 많이 하고 자신을 과시하는 행위는 참된 학문을 한 사람의 행위가 아니다. 공자나 순자가 말한 내용은 모두 학문의 진정한 의미를 알아야 한다는 것이다.

오늘날은 공자나 순자가 살던 시대보다 훨씬 발달한 시대라고 할 수 있다. 하지만 학문의 의미와 중요성에 대해서 과거보다 더 가치 있고 중요하게 느끼지 못하는 것 같다. 진정한 학문은 선을 추구해서 자신을 완성하는 것에 있다.

백 발을 쏴서 한 번이라도 실수를 하면 명사수라고 말할 수 없고, 말을 타고 천 리를 달리는 데 반걸음이라도 못 미친다면 말 타는 솜씨가 좋다고 말할 수 없다. 인간의 윤리에 능통하지 못하고 인의(仁義, 어짊과 의로움)를 전일(專一)하게 하지 못하면 잘 배웠다고 말할 수 없다. 학문이란 진실로 배워서 전일하게 하는 것이다. 학문을 하면서 들어갔다 나왔다 한다면 보통 사람에 불과하다. 착한 점이 적고 착하지 않은 것이 많은 사람은 폭군 걸(桀)·주(紂)와 도둑인 도척(盜跖)과 같다. 배운 것을 완전히 내 것으로 만들고 온 힘을 기울여 극진하게 한 다음에 진실로 학자가 될 수 있다.

✛ 전일하게 한다는 것은 마음과 힘을 모아 오직 한곳에만 쓴다는 뜻이다. 퇴계 이황은 경(敬)을 중심으로 학문을 닦았으며, 그의 삶도 경으로 일관되어 있다. 경을 다른 말로 하면 주일무적(主一無適)이라고 한다. 주일무적이란 마음을 하나로 모아 다른 곳으로 흩어지지

않게 하는 것이다. 학문은 이와 같이 마음을 하나로 모아 집중하는 데서 효과를 볼 수 있다. 눈으로는 책을 읽으면서 생각은 다른 데 있다면 집중이 되지 않는 것이다. 따라서 아무리 많은 글을 읽어도 남는 것은 하나도 없게 된다.

'걸'은 하나라의 마지막 왕이고, '주'는 은나라의 마지막 왕이다. 이 두 사람은 모두 백성을 포악하게 억압한 군주였기 때문에 결국 다른 사람에게 나라를 빼앗기고 자신들은 죽음에 이르게 되었다. '도척'은 춘추 시대(기원전 770년~기원전 403년)의 큰 도적으로 수천 명을 거느리고 돌아다니면서 악행을 일삼았다. 걸·주·도척 같은 사람들은 불선(不善)을 행한 대표적인 사람들이다.

순자는 학문의 근본 목적이 선을 행하는 데 있다고 했다. 학문을 통해 악행을 저지르는 것은 인류의 적이다.

2 몸을 닦는 방법[修身]

수신(修身)은 자신을 닦는다는 뜻이다. 악한 것을 물리치고 선(善)을 쌓아 몸과 마음을 바르게 유지하고, 게으르고 나태한 모습을 떨쳐내는 것이 수신이다. 여기서 선은 무엇이고, 악은 무엇인가. 인간이 사는 도리에 맞게 사는 것이 선이요, 인간의 도리를 어기는 것이 악이다. 인간의 본성이 악하다고 주장하는 순자는 끊임없이 선을 향한 노력이 전제되어야 재앙이 오지 않고 좋은 삶을 살 수 있다고 여겼다. 순자는 몸을 닦기 위해서는 반드시 예(禮)를 통해야 하며, 예는 스승에게 배워야 한다고 했다. 그렇기 때문에 순자는 예의와 스승의 법도를 중시했다. 제2편에서는 인간의 도덕과 수신에 관하여 논하고 있다.

선(善)을 보았을 때는 마음을 가다듬어 반드시 자신에게 있는지 살펴보고, 불선(不善)을 보았을 때는 얼굴빛을 고쳐서 반드시 스스로 반성해야 한다. 내 몸에 선이 있으면 견고하게 붙잡아 스스로 좋아하고, 내 몸에 불선이 있으면 재앙인 것처럼 여겨 스스로 미워해야 한다. 그러므로 나의 잘못된 점을 지적하며 대적하는 사람은 내 스승이고, 나의 옳은 것을 가지고 찾아 주는 사람은 나의 벗이요, 나에게 아첨하는 사람은 나의 적이다. 그러므로 군자는 스승을 극진하게 존경하고, 벗을 친하게 대하며, 나에게 적이 되는 사람을 지극히 미워한다. 선을 좋아하여 싫증을 내지 않고, 간언을 받아들여 경계하니 설사 발전하지 않고자 한들 그렇게 되겠는가?

소인은 이와 반대다. 지극히 난잡하면서도 다른 사람이 비판하면 싫어하고, 지극히 어리석으면서도 다른 사람이 자기를 현명하게 생각하기를 바란다. 또 마음은 호랑이나 이리 같고 행실은 금수와 같으면서도 남이 자기를 적대시하는 것을 원망하며, 아첨하는 사람과 친하게 지내고 간언하는 사람을 멀리한다. 학문을 닦아 바른 사람을 비웃고, 지극히 충성스런 사람을 적대시하니 설사 멸망하지 않고자 한들 그렇게 될 수 있겠는가?

✤ 많은 사람들은 자신의 잘못을 지적하는 사람에게 화를 내거나 못마땅하게 생각하는 경우가 많다. 그리고 더 나가서 그런 사람과 가까이 하지 않으려고 한다.

그런데 순자는 그런 사람일수록 가깝게 지내고 내 스승처럼 생각해야 한다고 말하고 있다. 나에게 아첨하고 칭찬만 하는 사람은 나를 해치는 적이다. 그런데 대부분의 사람들은 그런 사람을 더 좋아한다.

예전에 임금 옆에는 항상 간언을 하는 신하들이 있었다. 간언을 받아들이면 훌륭한 군주가 되고, 간언하는 신하를 멀리하면 그 나라는 반드시 망하는 것이다. 오랜 역사에서 수없이 증명되었던 사실이고, 필연적 이치라고 여기면서도 실천하지 못하는 것은 그만큼 어렵기 때문이다. 내 잘못을 진심으로 지적하는 친구가 있다면 정말 행복한 사람이다. 그로 인해 자신은 더욱 발전하기 때문이다.

　기운을 다스리고 마음을 기르는 방법은 다음과 같다. 혈기가 너무 왕성한 사람은 조화를 가지고 부드럽게 만들고, 지혜와 생각이 너무 깊은 사람은 알기 쉽고 편안한 것을 가지고 집중하며, 용기와 담력이 지나쳐 사나운 사람은 올바른 도리와 순종하는 미덕을 가지고 보완해야 한다.

　약삭빠르고 재빠른 사람은 행동거지를 가지고 절제하며, 마음이 좁고 옹졸한 사람은 넓고 큰 것을 가지고 마음을 넓혀 주어야 하고, 자신을 너무 낮추고 이익만 탐내는 사람은 높은 뜻을 가지고 높여주어야 한다.

　어리석고 아둔한 사람은 스승과 벗을 통해 잘못된 것을 버리게 하고, 게을러서 포기하는 사람은 재앙이 닥칠 것이라는 점을 비추어 주고, 어리석을 만큼 성실한 사람은 예(禮)와 음악을 통해서 합치되게 해야 한다. 무릇 기운을 다스리고 마음을 기르는 방법은 예를 따르는 것보다 빠른 길이 없고, 스승을 얻는 것보다 중요한 것이 없으며, 학문을 좋아하는 것보다 신통한 것이 없다. 이것이 바로 기운을 다스리고 마음을 기르는 방법이다.

✢ 순자는 사람이 자신의 육체를 잘 다스리고 마음을 기르는 방법을 세 가지로 정리하고 있다. 첫째는 예를 익혀서 따르는 것, 둘째는 스승을 얻어 배우는 것, 셋째는 학문을 좋아하는 것이다.

이 세상에서 가장 예를 중요하게 여긴 사람이 아마 순자일 것이다. 순자의 학문은 예에서 시작하고 예에서 끝난다고 해도 과언이 아니다. 사람은 악한 본성을 가지고 태어났는데, 그것을 교화시키는 방법은 예에 있다는 생각이다. 일반 사람보다 예를 먼저 배우고 익힌 사람이 바로 스승이다. 따라서 예는 스승을 두고 배워야 하는 것이다. 학문을 통하지 않으면 예를 알 수 없기 때문에 학문도 그만큼 중요한 것이다.

누구나 장점만 가진 것은 아니다. 자신에게 있는 단점을 극복하기 위해서는 학문을 통해야 하며, 그로 인해 마음이 순화되고 선한 사람이 되는 것이다. 타고난 기운대로 살아간다면 악한 마음이 그대로 표현되어 사회를 혼란에 빠뜨리게 된다는 생각을 보여 주는 예문이다.

의지가 닦여진 사람은 부귀 앞에서도 당당하고, 도의(道義)가 무거운 사람은 왕공(王公, 신분이 높은 사람)의 지위도 가볍게 여긴다. 자기 내면을 반성하는 사람은 외물(外物)을 가볍게 여기기 때문이다. 옛말에 "군자는 사물을 부리고 소인은 사물에게 부림을 당한다."라고 했는데, 바로 이것을 말한 것이다.

　몸이 피곤해도 마음만 편하다면 그것을 하고, 이익이 적어도 의리가 많다면 그것을 한다. 난폭한 임금을 섬겨 출세하는 것보다 궁색한 임금을 섬겨 순리에 따르는 것이 낫다. 그러므로 좋은 농부는 홍수나 가뭄을 걱정하여 농사일을 멈추지 않고, 좋은 상인은 물건이 팔리지 않아 손해를 본다고 장사를 그만두지 않는다. 선비와 군자는 가난하고 궁색한 것 때문에 도(道)를 게을리하지 않는다.

　✤ 부유한 사람이나 권력이 높은 사람 앞에서 자신을 작게 여기는 사람은 비굴해지기 쉽다. 이것은 외물에 의해서 자신이 위축되는 것이다. 부유한 사람이 부유함을 가지고 자랑하면 자신은 덕을 가지고 자랑할 수 있고, 권력이 많은 사람이 권력을 자랑하면 자신은 지혜로움을 가지고 내세울 수 있어야 한다. 물론 덕이 있거나 지혜로운 사람은 스스로 드러내 놓고 자랑하지 않아도 남들이 저절로 알게 되는 것이다.

　오늘날과 같은 자본주의 사회에서는 부유함과 권력이 서로 밀접한 관계를 맺고 있다. 이 두 가지를 차지하기 위해 학문을 하는 사람이 대부분이다. 그러한 모습 때문에 결국 많은 모순이 드러나게 된 것이다. 진정한 사람은 부유함이나 권력을 차지하기 위해 노력하지 않고 스스로 올바른 인간이 되기 위해 노력하기 마련이다. 이러한 사람이 많아질 때 국가와 인류의 미래가 밝아질 것이다.

　천리마가 하루에 천 리를 달리지만 둔한 말이라도 열흘을 쉬지 않고 달린다면 마침내 천 리에 도달할 수 있다. 그러나 끝없는 무극의 세계까지 달린다면 뼈가 부러지고 힘줄이 끊어져 죽을 때까지 노력해도 도달하지 못할 것이다. 그러므로 멈출 곳, 즉 목적지가 있어야 한다. 천 리가 비록 멀지라도 혹은 느리고 혹은 빠르며, 혹은 앞서기도 하고 혹은 뒤에 쳐지기도 하는 차이가 있을 뿐 어찌 목적지에 도달하지 못하겠는가? 걸음의 한계를 모르는 사람들은 무궁한 무극의 세계로 달려가려고 하는 것인가? 생각해 보면 역시 목적지가 있을 것이다.

　견백동이론(堅白同異論)이나 유후무후설(有厚無厚說)이 세밀하지 않은 것은 아니지만 군자가 이것을 논하지 않는 것은 목표가 있기 때문이다. 기이한 행동은 어렵지 않은 것이 아니지만 군자가 행하지 않는 것은 목적이 있기 때문이다. 길이 비록 가깝더라도 가지 않으면 도달할 수 없고, 일이 비록 작을지라도 하지 않으면 이룰 수 없다. 사람됨이 게으르면 남보다 뛰어날 수 없을 것이다.

✛ 목표가 없는 것을 경계한 말이다. 천 리 길도 한 걸음부터 시작하는 것처럼, 아무리 먼 길도 분명한 목표가 세워지면 언젠가 도달

할 수 있다. 그런데 사람들은 막연한 것을 추구하다 길을 잃고 헤매게 된다.

견백동이론은 전국 시대(기원전 403년~기원전 221년) 공손룡(公孫龍)의 주장인데, 그는 백마비마론(白馬非馬論)으로도 유명한 사람이다. 여기에 단단하면서 하얀 돌이 있다. 그런데 눈으로만 보면 하얗다는 것은 알지만 단단한 것은 알 수 없다. 눈을 감고 손으로 돌을 만지면 단단하다는 것은 알지만 하얗다는 것은 알 수 없다. 따라서 단단한 돌과 하얀 돌은 같은 돌이 아니다. 이것이 공손룡의 주장이다. 백마비마도 마찬가지다. 하얀 말은 말이 아니다. '하얗다'는 것과 '말'이라는 두 개의 개념이 서로 다르기 때문에 하얀 말은 말이 아니라고 하는 것이다. 이러한 공손룡의 주장을 궤변이라고 한다.

유후무후설은 전국 시대 궤변론자인 혜시(惠施)의 주장이다. 즉, 두께가 얇은 것은 두께가 없다는 말이다. 두께가 있는 것은 얇은 조각이 많이 모여서 이루어진다. 이와 반대로 두께가 없는 것은 얇은 조각이 모이지 않은 것이다. 그렇기 때문에 두께가 있는 것은 곧 두께가 없는 것이고, 두께가 없는 것은 두께가 있는 것이다.

공손룡과 혜시의 말은 개념을 분리해서 사물을 분석하는 방법이 되기도 하지만 오히려 하나의 사물에 포함된 다양한 성질을 분리하여 혼란을 야기하는 주장이 된다. 그렇기 때문에 군자는 이러한 것을 가지고 백성을 혼란하게 하지 않는다는 말이다.

예란 몸을 바르게 하는 것이요, 스승이란 예를 바르게 하는 사람이다. 예가 없다면 어떻게 몸을 바르게 하며 스승이 없다면 예가 바르다는 것을 내가 어떻게 알겠는가? 예를 그대로 행하는 사람은 마음속에서 예를 편안하게 여기기 때문이고, 스승이 말하는 것을 그대로 행하는 사람은 지혜가 스승과 같기 때문이다. 마음속에서 예를 편안하게 여기고 지혜가 스승과 같다면 이것이 바로 성인이다.

그러므로 예를 비난하면 법이 없는 것이요, 스승을 비난하면 스승이 없는 것과 같다. 스승의 법을 옳게 여기지 않고 자기 맘대로 하기를 좋아한다면 이것은 마치 맹인이 빛을 구분하고 귀머거리가 소리를 구별하는 것과 같다. 그러므로 어지럽고 망령된 사람을 제외하고는 이런 일을 하지 않을 것이다.

✤ 맹인은 빛을 볼 수 없고, 귀머거리는 소리를 들을 수 없다. 학문을 하지 않은 사람은 맹인이나 귀머거리와 같다는 말이다. 따라서 빛이 되고 소리가 되는 역할을 하는 것이 바로 예이고 스승이다. 예를 통해서 자신을 바르게 하고, 스승을 통해서 예를 배우는 것이다. 아무리 학문을 많이 한 사람이라 할지라도 예를 알지 못하고 스승이 없다면 맹인이나 귀머거리와 같게 된다는 말이다.

사람됨이 단정하고 성실하며 순종하고 공손하면 착한 젊은이라고 할 수 있다. 게다가 학문을 좋아하고 겸손하고 민첩하면서 조화로운 마음으로 남보다 위에 서려고 하지 않으면 군자가 될 수 있다.

나태하고 게을러서 일을 싫어하고 염치없이 음식만 좋아한다면 나쁜 젊은이라고 할 수 있다. 게다가 방탕하고 난폭하며 순종하지 않고 험난하게 도둑질하며 공손하지 않으면 좋지 않은 젊은이라고 할 수 있다. 이런 사람은 법에 의해 형벌을 내려도 좋을 것이다.

노인을 노인으로 잘 대접하면 젊은 사람들이 모여들고, 가난한 사람을 궁색하게 만들지 않으면 통달한 사람들이 함께 모이고, 남 몰래 선을 행하여 보답을 바라지 않고 베풀면 어진 사람이나 불초한 사람들이 모두 하나로 모이게 된다. 이 세 가지를 행하면 비록 큰 잘못이 있더라도 하늘이 통달시키지 않겠는가?

✤ 어른을 어른으로 존경하고, 나약하고 어린 사람들을 보호하며, 가난한 사람을 잘 살게 만들고, 남몰래 선을 행하는 사람은 비록 한때의 잘못이 있더라도 하늘이 버리지 않을 것이다. 이런 사람은 좋은 젊은이라고 할 수 있다. 하지만 게으르고 방탕하며 먹을 것이나 찾는 사람은 나쁜 젊은이에 속한다.

오늘날 우리 사회의 젊은이는 어떤 모습일까? 어른을 존중할 줄 모르고, 자기 이익만 추구하면서 남을 배려하지 않는 모습을 발견할 때 우리는 어떻게 해야 하는가? 혹시라도 내 내면에도 그런 모습이 없는지 반성할 줄 알아야 한다. 남을 사랑하는 사람은 남에게 사랑을 받고, 남을 공경하는 사람은 남에게 공경을 받는 것이다.

3 구차해서는 안 된다[不苟]

군자는 행동이 특이하거나 말이 지나치게 논리적이거나 명성을 후세에 전하고자
하는 사람이 아니다. 오직 마땅히 인간으로서 해야 할 예를 행하는 것을 귀하게
여긴다. 궤변으로 사람을 미혹되게 하지 않고, 인의와 같은 덕목을 실천하는 성실
함을 갖추려고 노력한다. 남의 물건을 훔치는 도둑보다 명예를 훔치는 사람이 더
욱 나쁜 사람이라고 순자는 말한다. 성실하지 못하고 구차한 행위를 하면서 군자
가 되기를 바랄 수는 없다. 이 편에서는 인간의 언행에 대해 논하고 있으며, 인간
의 도덕적 품성에 대한 기준을 제시하고 있다. 또한 성실함을 통해서 군자가 되
어야 한다는 점을 강조하고 있다. 쉬지 않고 운행하는 우주 자연의 이치와 같이
끊임없이 성실하게 노력하는 것이야말로 군자가 되는 방법이다.

군자는 행동할 때 구차하게 어려운 것을 귀하게 여기지 않고, 말할
때는 구차하게 세밀한 것을 귀하게 여기지 않고, 명성에 대해서는 구
차하게 후세에 전하는 것을 귀하게 여기지 않는다. 오직 마땅한 것을
귀하게 여길 뿐이다. 그러므로 돌을 안고 강물에 뛰어드는 것은 행하
기 어려운 일인데 신도적(申徒狄)이라는 사람이 그것을 했다. 그러나
군자가 이러한 행위를 귀하게 여기지 않는 것은 예의에 맞지 않기 때
문이다.

산과 연못은 똑같이 평평하다, 하늘과 땅은 높이가 같다, 제(齊)나
라와 진(秦)나라는 이어져 있다, 귀로 들어온 것이 입으로 나간다, 낚

시 바늘에 고기 수염이 있다, 알에 털이 있다 등등의 말들은 지지하기 어려운 것인데 춘추 전국 시대의 궤변가 혜시(惠施)와 등석(鄧析)과 같은 사람들이 이러한 주장을 했다. 그러나 군자가 이러한 것을 귀하게 여기지 않는 것은 예의에 맞지 않기 때문이다.

도척(盜跖)과 같은 사람은 명성이 널리 알려져 순임금이나 우임금처럼 대대로 전해지는데 군자가 이것을 귀하게 여기지 않는 것은 예의에 맞지 않기 때문이다. 그러므로 군자는 행동을 할 때에 구차하게 어려운 것을 귀하게 여기지 않고, 말할 때에 구차하게 세밀한 것을 귀하게 여기지 않으며, 이름이 구차하게 전해지는 것을 귀하게 여기지 않는다고 말한다. 오직 마땅한 것을 귀하게 여길 뿐이다.

✤ 신도적은 은나라 말기 사람으로 임금에게 간언을 해도 채택이 안 되자, 돌을 지고 황하에 뛰어 들어가 고기와 자라의 밥이 되었다고 한다. 죽음을 너무 가볍게 생각한 사람의 예에 속한다.

춘추 시대 정(鄭)나라의 궤변가인 등석은 명가학파(名家學派)의 대표적 인물로 세상이 혼란한 까닭은 명칭과 실제가 일치하지 않기 때문이라고 보았다. '산과 연못은 똑같이 평평하다.', '하늘과 땅은 높이가 같다.', '제나라와 진나라는 이어져 있다.'는 말은 우주의 관점에서 보면 그리 크고 중요한 문제가 아니라 모두 같은 것이다. '귀로 들어온 것이 입으로 나간다.', '낚시 바늘에 고기 수염이 있다.', '알에 털이 있다.'는 주장은 서로 구분된 것을 하나로 생각하면서 나온 말이다. 이러한 궤변에 대해 군자는 옳게 여기지 않고 지지하지도 않는다. 군자는 인간의 상식에서 가장 마땅한 것만을 귀중하게 여기고, 구차하게 명예를 구하거나 난폭한 행위를 경계한다.

군자는 알기는 쉽지만 친압(親狎)하기는 어렵고, 두려움을 주기는 쉽지만 위협하기는 어렵고, 근심과 재난을 두려워하지만 의로운 죽음을 피하지 않으며, 이익을 바라지만 잘못된 것은 하지 않으며, 친하게 사귀되 편을 가르지 않으며, 변론은 하되 변명은 하지 않는다. 군자에게는 세상 사람들과 다른 호탕함이 있다.

✤ 군자의 모습에 대해 설명하고 있다. 친압이란 너무 가깝다고 생각해서 예의를 지키지 않고 함부로 대하는 것을 말한다. 공자의 어록인 《논어》에도 군자와 소인을 대비시켜 설명한 곳이 많다. 군자와 소인의 가장 큰 구분은 이익을 어떻게 처리하느냐의 문제에 있다. 군자는 이익을 혼자 차지하지 않고 반드시 대중의 이익을 고려해서 함께 추구하며, 소인은 이익을 독차지하려고 한다. 그렇기 때문에 이익을 보면 의로운 것인가를 먼저 생각하는 것이 바로 군자인 것이다. 군자는 일반 사람들과 다른 도덕성을 갖추고 있기 때문에

쉽게 대할 수 없는 사람이다.

군자가 마음을 수양하는 방법으로는 성실보다 좋은 것이 없고, 성실함을 다하는 데는 다른 방법이 없다. 오직 인(仁, 남을 사랑하고 어질게 행동하는 일)을 지키고 의(義, 사람으로서 지키고 행해야 할 바른 도리)를 행하는 것뿐이다. 마음을 성실하게 하여 인을 지키면 겉으로 드러나고, 겉으로 드러나면 신령스러워지며, 신령스러우면 변화를 일으키게 될 것이다. 마음을 성실하게 하여 의를 행하면 이치가 갖추어지고, 이치가 갖추어지면 분명해지고, 분명해지면 변화할 수 있을 것이다. 변화가 번갈아 일어나는 것을 천덕(天德)이라고 한다.

하늘은 말을 하지 않지만 사람들은 하늘이 높은 것을 숭상하며, 땅도 말을 하지 않지만 사람들은 땅이 두터운 것을 칭송하고, 사계절이 말을 하지 않지만 백성들은 사계절에 대해서 기대를 갖는다. 이러한 것들이 변함없는 것은 성실함을 갖추었기 때문이다.

군자는 지극한 덕을 가지고 있기 때문에 말하지 않아도 깨우쳐 주고, 베풀지 않아도 친해지며, 노하지 않아도 위엄이 있다. 이와 같이 천명에 순응하는 것은 홀로 있음을 삼가기 때문이다.

공정하면 밝게 되고 한쪽으로 치우치면 어둡게 된다. 단정하고 성실하면 모든 것에 통달하게 되고, 거짓되면 궁색해진다. 진실하면 신령스럽게 되고, 지나치게 속이면 의혹이 생긴다. 이 여섯 가지를 군자는 삼가야 하는데, 우임금[禹王, 중국 고대 전설상의 임금으로 하(夏)나라를 세움]과 걸왕(桀王, 중국 하나라의 마지막 왕으로, 은나라의 주왕과 더불어 동양 폭군의 전형으로 불림)의 구분이 여기서 생긴다.

✝ 군자가 경계해야 할 여섯 가지를 설명하고 있다. 공정함과 치우침, 단정함과 거짓됨, 진실함과 속임수가 바로 여섯 가지 대비되는 개념이다. 공정함·단정함·진실함은 마땅히 좋은 것이지만, 치우침·거짓됨·속임수는 나쁜 것이다. 앞의 세 가지를 잘하면 우임금과 같은 성인이 되고, 뒤의 세 가지를 잘하면 도척(중국 춘추 시대의 큰 도적)과 같은 도둑이 되는 것이다.

좋아하고 싫어함, 취하고 버릴 것에 대한 방법은 다음과 같다. 하고 싶은 것을 보면 반드시 앞뒤로 싫어할 만한 것이 있는지 살펴보고, 이익을 보면 반드시 앞뒤로 해로울 것이 있는지 살펴야 한다. 그리고 두루 저울질하고 깊이 생각한 다음에 하고 싶은 것과 싫어하는 것, 취할 것과 버릴 것을 정해야 한다. 이와 같이 하면 항상 실수하거나 함정에 빠지는 일이 없을 것이다. 사람의 근심은 편견 때문에 일을 그르치고 마는 것이다. 하고 싶은 것을 보면 싫어할 만한 것을 고려하지 못하고, 이익을 보면 해로울 만한 것인지를 고려하지 않는다. 그러므로 움직이면 반드시 함정에 빠지고, 무엇을 하면 반드시 욕을 보게 된다. 이것이 바로 편견 때문에 일을 그르치게 되는 근심이다.

✤ 다른 사람을 배려한다는 것은 군자의 기본적인 덕목이다. 내가 싫은 일이라면 다른 사람도 싫어할 것이다. 내가 좋아하는 것은 다른 사람도 좋아할 것이다. 이러한 마음을 미루어 넓혀 간다면 군자가 될 수 있다. 그런데 대부분은 자기가 좋아하는 것을 추구하면서 다른 사람에게 피해를 주는 경우가 많다. 순자는 이러한 경우를 한쪽으로 치우치는 편견이라고 생각했다. 편견에 빠지게 되면 사물을 바르게 보지 못하고 일을 바르게 처리할 수 없게 된다.

다른 사람이 싫어하는 것은 나 역시 싫어한다. 부귀한 사람에게 모두 거만하게 하고, 빈천한 사람에게 힘껏 부드럽게 대하는 것은 어진 사람의 마음이 아니다. 이것은 간사한 사람이 어지러운 세상에서 명성을 훔치려는 짓이니 이보다 더 위태로운 것이 없다. 그러므로 "이름을 훔치는 것은 물건을 훔치는 것보다 나쁘다."라고 말한다. 전중(田仲)과 사추(史鰌)는 도둑보다 못한 자들이다.

✤ 전중은 전국 시대 제나라 귀족이고, 사추는 춘추 시대 위나라 대부인데 모두 청렴한 사람으로 알려져 있다. 하지만 순자는 이들의 행위가 거짓된 것이라고 생각했다. 전중은 진중자(陳仲子)라고도 하는데 《맹자》 〈등문공〉 편에 자세한 이야기가 나온다. 진중자는 형을 옳게 여기지 않아서 형이 주는 음식과 집에서 살지 않았다고 한다. 당시 사람들이 진중자를 청렴하다고 하지만 맹자는 인륜을 어겼기 때문에 좋게 여기지 않았다.

사추는 춘추 시대 위나라 영공의 신하였는데, 죽기 전에 자신이 거백옥이라는 어진 사람을 등용시키지 못한 것을 임금에 대한 죄로 여기고 자신의 시신을 창문 옆에 두게 했다. 임금이 조문을 와서 이 모습을 보고 사추의 말에 따라 거백옥을 등용시키고 예를 갖추어 장례를 지냈다고 한다. 순자는 전중과 사추의 행위는 명예를 위한 거짓된 행위라고 생각해서 바람직하게 여기지 않았다.

4 영예와 치욕[榮辱]

사람의 지능은 군자든 소인이든 같지만 사용하는 방법이 다르고, 영예를 좋아하고 치욕을 싫어하며 이익을 좋아하고 손해를 싫어하는 것도 군자와 소인이 같지만 구하는 방법은 서로 다르다. 순자는 사람의 타고난 욕망을 인정하면서 교육과 수양을 통해서 바뀔 수 있다고 주장한다. 동물적인 본능을 극복하고 인간이 되기 위해서는 선왕(先王, 옛날의 어진 임금)의 도인 인의(仁義)에 따라야 한다는 것이다. 또한 인간의 말에 대한 중요성을 언급하며 "다른 사람에게 좋은 말을 해 주면 비단보다 따뜻하고, 사람을 다치게 하는 말은 창보다 더 상처가 심한 것이다."라는 유명한 말을 남긴다.

    교만하고 남을 업신여기는 것은 사람의 재앙이요, 공손하고 검소한 것은 다섯 가지 병기[五兵, 도(刀, 칼)·검(劍, 긴 칼)·모(矛, 창)·극(戟, 창 끝이 두 가닥으로 갈라진 창)·시(矢, 화살)를 말하며 모든 무기라는 의미]도 물리칠 수 있다. 비록 창이 아무리 날카롭다고 해도 공손하고 검소한 것보다 날카롭겠는가? 그러므로 다른 사람에게 좋은 말을 해 주면 비단보다 따뜻하고, 사람을 다치게 하는 말은 창보다 더 상처가 심한 것이다. 그러므로 넓고 넓은 땅 위에서 밟을 곳이 없는 것은 땅이 불안해서 그런 것이 아니다. 발을 바르게 해도 밟을 곳이 없는 것은 무릇 사람의 말 때문이다. 큰 길은 복잡하고 좁은 길은 위태로우니 비록 조심하지 않으려고 한들 그렇게 되겠는가?

✤ 사람의 말은 매우 무서운 것이다. 위험한 물건으로 상처를 내면 아프지만 그것은 한순간일 뿐이다. 그러나 말은 한 번 내뱉으면 주워 담을 수도 없고, 말로 인한 상처는 오래도록 가슴에 남게 된다. 그래서 옛 성현들은 대부분 신중하게 말을 해야 한다고 수없이 강조했던 것이다.

사람에게는 개와 돼지 같은 용기가 있고, 장사치나 도둑의 용기가 있으며, 소인의 용기도 있고, 선비와 군자의 용기도 있다.

음식을 가지고 남과 다투며, 염치도 없고 옳고 그름도 분별하지 못하고, 죽고 다치는 것도 피하지 않고, 여러 사람들의 힘도 두려워하지 않고 오직 음식만 탐내는 것이 바로 개와 돼지의 용기이다. 자기의 이익을 위해서 재물을 놓고 다투며 사양하지 않고, 과감하게 다투고 맹렬하게 욕심을 내며 오직 이익만을 추구하는 것이 바로 장사치와 도둑의 용기다. 죽음을 가볍게 여기며 난폭하게 행동하는 것은 소인의 용기다. 정의에 따르며 권력에 기울지 않고, 이익을 돌아보지 않으며 나라를 준다고 해도 자신의 견해를 바꾸지 않고, 죽음을 중하게 여기며 의리를 지키면서도 굽히지 않는 것이 바로 선비와 군자의 용기다.

✤ 용기에 대해서 짐승 같은 용기, 도둑의 용기, 소인의 용기, 군자의 용기로 구분하여 설명하고 있다. 사실 군자의 용기만 제외하고 나머지 용기는 버려야 할 것이다.

하지만 옛날보다 문명이 발달하여 음식이 풍족한데도 사람들은 좋은 음식을 먹기 위해 집착한다. 무역을 통해 경제가 발달했지만 자신의 이익을 위해서는 불법도 감행하는 사람들이 많다. 이러한 물질적인 것에 목숨을 거는 용기는 바람직한 용기가 아니라고 순자는 말했다. 시대를 초월해서 인간의 진정한 가치가 무엇인지 알려 주는 선현들의 지혜는 항상 가까운 곳에 있다.

피라미와 뱅어는 물 위에 떠다니는 것을 좋아하는 물고기다. 그런데 그것이 지나쳐서 모래 위로 올라가게 되면 물로 돌아가려고 해도 돌아갈 방법이 없다.

사람도 근심에 빠진 다음에 조심하려고 하지만 그때는 이미 아무런 도움이 되지 않을 것이다. 자신을 아는 사람은 남을 원망하지 않고, 천명을 아는 사람은 하늘을 원망하지 않는다. 남을 원망하는 사람은 궁색하고, 하늘을 원망하는 사람은 생각이 없는 사람이다. 자기가 실패하고는 남에게 원인을 돌리는 사람이 어찌 어리석지 않겠는가?

✤ 어려움에 처하기 전에 항상 미리 조심하고 경계해야 함을 말하고 있다. 또한 자신의 잘못을 다른 사람에게 돌리는 사람은 어리석은 사람이라는 말이다. 공자는 잘못이 있을 경우 그 원인을 남에게 돌리지 말고 자신에게서 찾아야 한다고 했다. 맹자 역시 자신이 해야 할 도리를 충분히 한 다음에 다른 사람을 원망해도 늦지 않는다고 했다. 사람들은 대부분 자신이 잘못을 저지르고도 남을 원망하는 경우가 많다. 남을 원망하기 전에 항상 자신의 모습을 반성하고 돌이켜 볼 줄 아는 사람이라면 군자가 되기에 충분하지 않을까?

영예와 치욕의 큰 구분은 다음과 같다. 의리를 앞세우고 이익을 뒤로 하는 사람은 영예롭게 되고, 이익을 앞세우고 의리를 뒤로 하는 사람은 치욕을 받게 된다. 영예로운 사람은 항상 통달하고, 치욕을 받는 사람은 항상 궁색한 것이다. 통달한 사람은 항상 남을 제압하지만 궁색한 사람은 항상 남에게 제압을 당한다. 이것이 바로 영예와 치욕의 구분이다.

✤ 영예와 치욕은 의리와 이익에 의해서 구분된다. 이익을 싫어하는 사람은 없지만 옳지 못한 이익을 취하면 재앙이 미치게 된다. 그러므로 이익을 보면 항상 옳은 것인지 그른 것인지를 먼저 생각할

줄 알아야 하는 것이다.

순자는 통달한 사람은 남을 제압하지만 궁색한 사람은 남에게 제압을 당한다고 했다. 또한 그는 군자는 사물을 부리지만 소인은 사물에게 부림을 당한다고 했다. 이익이나 재물을 추구하는 사람은 남에게 지배를 당하게 되지만, 의리와 덕망을 추구하는 사람은 남에게 존경을 받아서 남을 부릴 수 있게 된다.

무릇 사람이란 공통점이 있다. 배가 고프면 먹고 싶고, 추우면 따뜻하게 하고 싶고, 피곤하면 쉬고 싶고, 이익을 좋아하고 손해를 싫어하는 것은 사람이 태어나면서부터 가지고 있는 것으로 후천적으로 갖추어서 그렇게 된 것이 아니다. 이것은 훌륭한 우왕이나 폭군 걸왕도 다 마찬가지다.

사람은 눈으로 흑백과 아름답고 추함을 구별하고, 귀로 소리의 맑고 흐림을 구별하며, 입으로 짜고 시고 달고 쓴 맛을 구별하고, 코로 향기로운 것과 비린내를 분별하며, 몸과 피부로는 차거나 뜨겁고 아프고 가려움을 구별한다. 이 또한 사람이 태어날 때부터 가지고 있는 것으로 후천적으로 갖추어서 그렇게 된 것이 아니다. 이것은 우왕이나 걸왕도 마찬가지다. 그러니 사람은 누구나 요임금이나 우임금과 같이 될 수도 있고, 걸왕이나 도척과 같이 될 수도 있고, 목수나 장인이 될 수도 있으며, 농부나 상인도 될 수 있는 것이다.

✤ 사람이 본래 타고난 욕망이나 본성은 모두 같다. 성인처럼 훌륭한 인간도 애초에는 악한 본성을 가지고 태어났으며, 동물적인 욕구를 가지고 있다. 따라서 애초에 타고난 동물적 욕망과 악한 본성을 어떻게 길들이느냐에 따라서 성인도 되고 도둑이 되기도 한다. 맹자는 인간이 선한 본성을 타고났다고 하지만 순자는 그와 반대를 주장했다.

그러나 둘 다 교육에 의해 선한 방향으로 나가야 한다고 주장하고 있는 점에서는 비슷하다. 선한 본성을 타고난 사람은 선한 본성이 후천적인 습관 때문에 악하게 될 수 있으므로 지속적인 학문과 수양이 필요하고, 악한 본성을 타고난 사람은 그것을 인위적인 교육에 의해 선하게 바꾸어야 한다는 것이다. 맹자와 순자 모두 공자의 학문을 이은 사람들이지만, 이후 유가에서는 맹자의 학설을 높이고 중시하게 되어 순자가 상대적으로 낮추어진 것일 뿐이다.

사람이 태어날 때는 진실로 소인이므로 스승이 없고 법도 없다면 오직 이익만 생각할 뿐이다. 사람이 태어날 때 진실로 소인인데 또 난세를 만나고 어지러운 풍속을 얻게 되니 이것은 소인을 더욱 소인으로 만들고 난세를 더욱 난세로 만드는 것이다. 군자가 높은 자리에 올라 그들을 다스리지 않는다면 깨우칠 방법이 없다. 지금 이런 사람들의 입과 배가 어떻게 예의를 알며 어떻게 사양하는 것을 알고 어떻게 염치를 알겠는가? 역시나 편안하게 먹고 배부르게 먹기만 하면 그만일 것이다. 사람이 스승과 법이 없다면 그 마음도 입과 배만을 생각할 것이다.

✤ 인간의 타고난 욕망을 그대로 방치하면 사회가 혼란하게 되므로 스승에 의해서 교육을 받아야 한다. 스승은 제자에게 예의를 가르쳐서 사회적 인간으로 살아갈 수 있도록 하는 것이다. 스승이란 인륜을 가르치는 존재다. 따라서 스승이나 예의와 같은 표준이 없다면 사람들의 악한 본성을 교화시킬 수 없다.

5 관상을 보지 않는다[非相]

관상을 보는 것은 합리적인 것이 아니다. 그런데도 사람들은 관상에 의해서 사람을 판단하고 운명을 예측한다. 학문을 하는 사람은 타고난 관상보다 마음을 중시하고, 마음보다 행동 방식을 논하는 것이 바람직한 것이다. 외모로 모든 것을 판단하는 것은 금물이다. 군자와 소인도 타고난 관상에 의해서 되는 것이 아니다. 마음을 닦고 수양하여 군자가 되어야 한다. 이 편에서 순자는 역사적인 인물의 예화를 통해서 사람의 외모와 인격은 무관하며 길흉도 역시 외모와 무관함을 주장했다. 또한 옳은 말을 가지고 변론하는 것이 군자임을 논하고 있다. 소인은 나쁜 말이나 남이 듣기 좋은 말만 하지만 군자는 좋은 말과 옳은 말로 변론(辯論, 사리를 밝혀 옳고 그름을 따짐)하며 남에게 이로움이 되게 한다.

 사람의 관상을 보는 것은 옛날에는 없었고 학자들도 말하지 않았다. 옛날에 고포자경(姑布子卿)이라는 관상쟁이가 있었고, 오늘날에는 양(梁)나라에 당거(唐擧)라는 사람이 있어 사람의 형상과 안색을 보고 길흉과 수명의 길고 짧음을 말했는데, 세상 사람들이 그를 칭송했다. 그런데 옛날 사람들은 이러한 일을 하지 않았고 학자들도 말하지 않았다. 그러므로 형상을 관찰하는 것은 마음을 논하는 것보다 못하고, 마음을 논하는 것은 행동 방식을 택하는 것보다 못한 것이다. 형상은 마음을 이길 수 없고 마음은 행동 방식을 이길 수 없다. 행동 방식이 바르고 마음이 순리에 따르면 형상이 비록 나쁘더라도 마음가짐이 착해서 군자가 되는 데 방해가 되지 않을 것이다. 형상이 비록 좋아도 마음가짐이 나쁘면 소인이 되는 데 방해가 되지 않을 것이다.

군자는 길하고 소인은 흉하다고 한다. 그러므로 장단이나 대소, 형상이 좋고 나쁜 것은 길흉과 상관이 없다. 그런 까닭에 옛사람들은 이러한 일을 하지 않았고 학자들은 말하지 않은 것이다.

✣ 사람의 관상을 보는 풍속은 매우 오래된 것 같다. 고포자경은 공자(孔子)의 관상을 보고 장차 성인(聖人)이 될 것을 예언했다는 인물이다. 당거는 이태라는 사람의 관상을 보고 백 일 안에 권력을 쥘 사람이라고 예언했다고 한다. 이와 같은 사람들은 외모를 보고 그 사람의 운명을 판단한 것이지만 순자는 관상보다 마음과 행동 방식을 더 중요한 것이라고 말했다. 마음을 바르게 하고, 행동 방식을 제대로 하면 군자가 될 수 있기 때문이다.

오늘날도 사주를 보거나 관상을 보는 사람들이 많은데 이는 자신의 노력에 의지하지 않고 운명에 의지하려는 나약함 때문에 생기는 병폐다.

사람에게는 세 가지 상서롭지 못한 것이 있다. 어리면서도 어른 섬기기를 좋아하지 않고, 천박하면서도 귀한 사람 섬기기를 좋아하지 않으며, 어리석으면서도 현명한 사람을 섬기기 싫어하는 것이다. 이것이 바로 세 가지 상서롭지 못한 것이다.

　사람에게는 반드시 세 가지 곤궁에 빠지는 경우가 있다. 윗사람이 되어서 아랫사람을 사랑할 줄 모르고, 아랫사람이 되어서 윗사람을 비난하기 좋아하는 것이 사람이 곤궁에 빠지는 첫 번째다. 다른 사람을 대면할 때는 순종하지 않고 돌아서면 업신여기는 것이 두 번째다. 지식과 행실이 천박하고 옳고 그름을 판단하는 것도 남보다 현격하게 떨어지면서 어진 사람을 받들지 못하고 지혜로운 선비를 밝게 드러내지 못하는 것이 세 번째다. 사람이 이 세 가지를 가지고 자주 행한다면 윗사람이 되어서는 반드시 위태롭게 되고, 아랫사람이 되어서는 반드시 멸망할 것이다.

　✢ 순자가 말한 상서롭지 못한 세 가지를 상서로운 세 가지로 바꾸면, 젊은 사람은 어른을 잘 섬기고, 천박한 사람은 귀한 사람을 잘 섬기며, 어리석은 사람은 현명한 사람을 잘 섬기는 것이 된다. 나쁜 것을 좋은 것으로, 단점을 장점으로 바꿀 수 있다면 위태로움도 없고 멸망하는 일도 없을 것이다. 이러한 일은 우리의 일상적인 생활에서도 적용될 수 있는 원칙이다.

금수에게는 부모와 자식의 관계는 있어도 서로 친근함은 없고, 암수는 있어도 남녀의 분별은 없다. 그러므로 인간의 도리에는 분별이 없을 수 없다. 분별에는 상하의 구분보다 더 중요한 것이 없고, 상하의 구분에는 예보다 중요한 것이 없으며, 예에는 성왕(聖王, 성군)이 만든 것보다 중요한 것이 없다. 성왕이 수없이 많은데 우리는 누구를 본받아야 하는가? 그러므로 옛말에 "글도 오래되면 사라지고, 음악도 오래되면 끊어진다."라고 했다. 법을 지켜오던 관리들도 예가 극에 이르면 해이해진다. 그러므로 "성왕의 자취를 보고자 한다면 그 찬란하게 빛나는 것이 오늘날의 왕에게 있다."고 하겠다.

오늘날의 왕은 천하의 군주다. 오늘날의 왕을 버려두고 상고 시대의 왕을 본받는 것은 마치 자기 임금을 버리고 남의 임금을 섬기는 것과 같다. 그러므로 "천년의 일을 보고자 한다면 오늘의 일을 헤아릴 것이요, 억만의 수를 알고자 한다면 하나둘부터 살펴야 하며, 상고 시대를 알고자 한다면 주(周)나라의 도(道)를 살피고, 주나라의 도를 알고자 한다면 주나라 사람들이 귀하게 여기는 군자를 살펴야 한다."라고 했다. 그러므로 "가까운 것으로 먼 것을 알며, 하나를 가지고 만 가지를 알며, 작은 것을 가지고 큰 것을 안다."라고 했는데 바로 이것을 두고 하는 말이다.

✤ 순자는 자기가 살고 있는 당시의 성왕을 기준으로 삼아 예를

실천해야 한다고 생각했다. 과거의 성인들이 만든 예법도 오랜 시간이 지나면 해이해지게 마련이고, 음악이나 예도 마찬가지라고 생각했다. 공자가 《중용》에서 오늘날의 세상에 태어나서 옛날의 도를 회복하려고 한다면 재앙이 미칠 것이라고 말한 것과 유사하다. 지금의 시대를 미루어 과거를 알 수 있고, 과거를 통해서 미래를 알 수 있다. 그런데 무조건 과거의 것만을 추종하려고 한다면 결국 시대에 뒤떨어진 사람이 되고 만다. 예도 마찬가지로 시간이 지나면 변하게 된다. 그러므로 성왕들이 만들었던 예의 기본을 근거로 오늘날 사회에 적합한 예를 만들어 실행해야 한다는 것이다.

군자는 반드시 변론을 한다. 대개 사람은 자기가 좋다고 생각하는 것을 남에게 말하기를 좋아하는데 군자는 더욱 심하다. 소인은 변론하면 나쁜 것을 말하지만 군자는 변론하면 어진 것을 말한다. 말이 어질지 않으면 그 말은 침묵만 못하고, 그 변론은 눌변(訥辯)만 못한 것이다. 말이 어질면 말하기를 좋아하는 것이 최상이고, 말하기 싫어하는 것이 최하가 된다. 그러므로 어진 말은 위대한 것이다. 이 말이 윗사람에게서 나오면 아랫사람을 인도하게 되는 것인데 정치적인 법령이 바로 이것이다. 이 말이 아랫사람에게서 나오면 윗사람에게 충성을 다하는 것이 되는데 간언하는 것이 바로 이것이다. 그러므로 군자가 어진 것을 행할 때는 싫어하는 것이 없으니, 마음으로 그것을 좋아하고, 행동으로 편안하게 행하고, 즐겁게 그것을 말한다.

✣ 말의 중요성은 아무리 강조해도 지나치지 않는다. 남을 헐뜯고 비방하며 단점을 지적하는 말을 우리는 매일 일삼고 있다. 음식을 먹고 숨을 쉬는 입을 통해 지저분한 말을 내뱉는다면 그 입도 더러워질 것이다. 옛 성현들은 입을 통해 향기로운 말이 나와야 한다고 했다. 남을 칭찬하고, 어진 말을 해야 하는 것이다.

6 열두 명의 학설을 비판하다[非十二子]

순자가 살던 당시에는 수많은 학설들, 즉 백가쟁명(百家爭鳴)이 난무했는데, 순자는 그 가운데 대표적인 열두 명의 학자와 학설을 비판하고 배척했다. 순자는 그들의 학설이 세상을 혼란하게 만들고 사람들을 유혹하여 옳고 그름도 알지 못하게 만드는 것이라고 신랄하게 비판했다. 여기에는 공자의 후학인 자사(子思)와 맹자도 포함되어 있는데, 열두 명의 사상가를 여섯 개로 분류하여 비판하고, 자신의 정치사상을 밝히고 있다. 이 편은 순자의 사상을 이해하는 데 가장 중요한 부분이기도 하다. 여기서 순자는 스스로 유가를 자처하면서도 유가의 중요한 인물까지 비판함으로써 그의 사상적 범위를 생각할 수 있게 하기 때문이다. 당시 학자들의 이론을 정확하게 알고, 이를 자신의 견해에 의해 비판하는 순자의 학문 경향도 알 수 있다.

오늘날 세상에는 사악한 학설로 속이고 간악한 말을 꾸며내어 천하를 혼란하게 만들고, 속이는 말과 쓸데없는 말로 세상 사람들을 혼란하게 하여 옳고 그름과 다스려지고 혼란한 것이 존재한다는 것조차 알지 못하게 하는 사람들이 있다.

첫째, 마음 가는 대로 방종하고, 방자한 짓을 하는 데 편안하고, 금수같이 행동하여 예문(禮文, 한 나라의 예법이나 문물제도)에 합치되지 않거나 다스려지는 도리에 통하지 못한다. 그런데도 자기주장을 내세우는 데는 근거가 있고, 그 말에도 조리가 있어서 어리석은 대중을 속일 수 있다. 그들이 바로 타효(它囂)와 위모(魏牟)다.

둘째, 자기 마음을 참아가며 아주 초연한 척하면서 진실로 다른 사람과 구분되는 것만을 고상하다고 여긴다. 이것으로 대중을 합할 수도 없고 위대한 구분(충, 효와 같은 큰 틀의 명분)을 밝힐 수는 없다. 그런데도 자기주장을 내세우는 데는 근거가 있고, 그 말에도 조리가 있어서 어리석은 대중을 속일 수 있다. 그들이 바로 진중(陳仲)과 사추(史鰍)다.

셋째, 천하를 통일하고 국가를 세우는 기준을 알지 못하면서 공리(功利)와 실용만을 중시하며, 검소하고 절약하는 것만을 중요하게 여기고 계급의 차등을 어지럽히니, 이것으로 서로 다른 것을 분명하게 구별하여 임금과 신하를 구분할 수는 없다. 그런데도 자기주장을 내세우는 데는 근거가 있고, 그 말에도 조리가 있어서 어리석은 대중을 속일 수 있다. 그들이 바로 묵적(墨翟)과 송견(宋鈃)이다.

넷째, 법을 존중하는 것 같으면서 법을 무시하고, 수양하는 것은 가볍게 여기면서 자기주장을 만들기 좋아하며, 위로는 자기 명성이 임금에게 들리기를 바라고, 아래로는 세속의 사람들에게 따르기를 바라며 종일토록 한 말이 문장과 법전을 이룬다. 하지만 돌이켜 그것을 살펴보면 실제와 동떨어져 귀착점이 없으니 나라를 경영하고 분별을 정할 수는 없다. 그런데도 자기주장을 내세우는 데는 근거가 있고, 그 말에도 조리가 있어서 어리석은 대중을 속일 수 있다. 그들이 바로 신도(愼到)와 전병(田騈)이다.

다섯째, 선왕을 본받지 않고, 예의를 옳게 여기지 않으며, 괴이한 학설만 좋아하고 기이한 말을 가지고 놀기를 좋아한다. 매우 세밀하지만 지혜롭지 못하고, 말은 잘하지만 쓸 곳이 없고, 일은 많지만 공로는 적어서 정치의 기강으로 삼을 수 없다. 그런데도 자기주장을 내세우는 데는 근거가 있고, 그 말에도 조리가 있어서 어리석은 대중을 속일 수 있다. 그들이 바로 혜시(惠施)와 등석(鄧析)이다.

여섯째, 대체로 옛 선왕을 본받고 있으나 큰 줄기를 모르고, 그런데 비록 자질이 대단하고 뜻도 크며, 견문이 장황하게 넓다고 해도 지나간 옛일을 살펴서 자기 학설을 만들어 오행[五行, 금(金)·목(木)·수(水)·화(火)·토(土)의 다섯 가지. 이 다섯 가지의 상호 관계와 배합에 따라 만물이 생성되고 변화한다는 것이 오행설임. 그러나 여기서는 어짊[仁]·의로움[義]·예의[禮]·지혜[知]·믿음[信]의 다섯 가지라고 주장하는 학자들도 많음]이라 한다. 그러나 매우 편벽되고 분별이 없으며, 심오한 것 같은데 설명이 없고, 막히고 간략한 것에 대해서 해설도 없다. 책상에 앉아 자기 말을 꾸미고 공경히 말하기를 "이것이 진실로 앞선 군자의 말이다."라고 한다. 자사(子思, 공자의 손자)가 그것을 제창했고 맹자가 여기에 화답했다. 세속의 어리석은 유자들은 그릇된 것인 줄도 모르고 지껄인다. 마침내 그것을 이어받아 후세에 전하니 공자와 자유(子游, 춘추 시대 오나라 사람. 공자의 제자로 예에 대해 공부를 많이 함)가 후세에 존경받게 되었다고 생각했다. 이것은 자사와 맹자의 잘못이다.

✤ 타효와 위모는 도가(道家, 만물의 근원으로서 자연을 숭배하는 학파)의 인물이고, 진중과 사추는 청렴결백한 선비로 알려졌고, 묵적(묵자)은 묵가(墨家, 절대적인 천명에 따라 겸애와 재물을 불려 이익을 늘리는 데 힘쓰며 근검할 것을 주장하는 학파)의 시조며 송견은 도가에 가까운 인물이다. 신도와 전병도 도가의 인물이고, 혜시와 등석은 명가(名家, 명목과 실제가 일치해야 함을 주장한 학파)의 인물이며, 자사와 맹자는 유가(儒家, 공자의 학설이나 학풍을 신봉하고 연구하는 학파)의 인물이다. 제자백가 가운데 중요한 인물은 거의 언급되었고, 그 가운데 당시 가장 인기가 있던 도가와 명가의 인물이 가장 많이 포함되어 있다.

그런데 재미있는 것은 유가의 중요한 인물인 자사와 맹자도 포함되어 있다는 점이다. 순자의 관점에서 보면 자사와 맹자는 공자의 도를 바르게 전달한 것이 아니고 자신들의 임의대로 해석하고 꾸며서 전달한 잘못이 있는 사람들이었다. 당시의 학자들은 자기 방식대로 세상을 위한다는 미명하에 그럴듯한 말과 학설로 사람을 미혹시켰다고 본 것이다. 일반 백성들은 그들의 말재주에 속아 거짓을 진실로 믿게 된다. 왜냐하면 학자들의 말은 논리적이기 때문이다. 그래서 순자는 이들의 이론을 철저히 비판하며 자신의 학설을 정당화시키는 작업을 한 것이다.

고상하고 존귀하더라도 남에게 교만하지 않고, 총명하고 뛰어난 지혜를 가지고 있더라도 남을 어렵게 만들지 않고, 민첩하고 신속하게 알아도 다른 사람보다 앞설 것을 다투지 않으며, 굳세고 용감하더라도 사람을 다치게 하지 않아야 한다. 모르면 다른 사람에게 묻고, 능력이 없으면 배워야 하며, 비록 잘할 수 있어도 남에게 양보해야 한다. 이렇게 해야 덕이 있는 사람이 되는 것이다.

임금을 만나면 신하의 의리를 닦고, 고향 사람들을 만나면 장유(長幼)의 도리를 닦는다. 어른을 만나면 자제의 도리를 닦고, 친구를 만나면 예절과 사양의 도리를 닦고, 신분이 낮고 젊은 사람을 만나면 관용의 도리로 인도해야 한다. 그리하여 사랑하지 않는 사람이나 공경하지 않는 사람이 없으며, 남과 다투는 일이 없어야 한다. 마치 천지가 만물을 널리 품는 것과 같이 해야 한다.

이와 같이 하면 어진 사람도 그를 귀하게 여기고 어리석은 사람도 그를 친하게 대할 것이다. 이렇게 했는데도 복종하지 않는 사람은 괴이하고 교활한 사람이라고 할 수 있다. 비록 자제들 가운데 이런 사람이 있다면 형벌을 받아도 마땅할 것이다.

✤ 지식이 많거나 권력이 강한 사람은 남을 무시하거나 업신여기는 경향이 강하다. 순자는 이러한 것을 비판하며 겸손과 관용을 통해서 모든 사람을 대해야 한다고 주장했다. 그것을 천지가 만물을

품는 것처럼 해야 한다고 했다. 하늘은 만물을 덮어 주고, 땅은 만물을 싣고 있지만 아무런 공도 자랑하지 않는다. 이와 마찬가지로 훌륭한 인격자는 잘난 사람이든 못난 사람이든, 권력이 있는 사람이든 없는 사람이든 관계없이 모두에게 그에 맞는 도리로 대해야 하는 것이다.

군자는 귀한 행위를 할 수는 있어도 남들에게 반드시 자신을 귀하게 여기도록 할 수는 없다. 믿을 만한 행위는 할 수 있어도 남들에게 반드시 자신을 믿도록 할 수는 없다. 등용되게 노력할 수는 있어도 남들에게 자신을 반드시 등용하도록 할 수는 없다. 그러므로 군자는 자신의 덕을 닦지 못한 것을 부끄럽게 여기되 모욕을 당하는 것을 부끄럽게 여기지 않으며, 믿음을 주지 못한 것을 부끄럽게 여기되 믿음을 받지 못하는 것을 부끄러워하지 않으며, 능력이 없는 것을 부끄럽게 여기되 등용되지 않는 것을 부끄럽게 여기지 않는다. 그렇기 때문에 명예에 유혹되지 않고 비난을 두려워하지 않으며, 도에 따라 실천하고 단정하게 자신을 바르게 하며, 사물에 기울지 않게 된다. 이것을 진실한 군자라고 말한다.

✤ 군자는 자기 자신의 부족한 것을 부끄럽게 여긴다. 《논어》에는

"남이 알아주지 않아도 화를 내지 않으면 군자답지 않겠는가?"라는 말이 있다. 보통 사람은 다른 사람이 자신을 알아주지 않으면 불쾌한 마음을 갖거나 화를 내지만 군자는 다른 사람이 알아주기를 바라지 않고 오로지 자신이 해야 할 도리에 충실할 뿐이다. 진정한 군자는 바로 다른 사람의 이목이나 명예를 위해 살지 않고 자신의 도덕적 완성을 위해 학문을 하고, 실천을 하는 것이다.

오늘날의 학문은 어떠한가? 부모가 원하는 대학에 들어가고, 사회에서 대접받는 분야에만 관심을 기울이는 것은 아닌가? 진정한 학문이 어떤 것이지 알려고 하고, 그것을 실천하려는 과거 선비의 지혜를 생각해 보는 것도 중요한 교훈일 것이다.

7 공자[仲尼]

이 편에서는 왕도(王道)와 패도(霸道)에 대해 언급하고, 신하와 군주의 도리에 대해서 설명하고 있다. 왕도는 덕으로 천하를 다스리는 것이요, 패도는 무력으로 천하를 다스리는 것이다. 공자는 무력을 반대했기 때문에 패도를 좋게 여기지 않았고, 그 문하에서도 패도를 언급하지 않았다. 그래서 편 명을 공자[仲尼(중니)]로 한 것이고, 전체적인 내용은 군자와 소인의 처세술에 대해 언급하고 있다. 순자는 공자가 패도를 반대한 것과 같이 패도에 대해 좋게 생각하지는 않았지만 이 편에서는 패도에 대해 긍정적인 생각을 드러내고 있다.

공자의 문하에서는 어린아이까지도 오패(五霸)에 대해 말하는 것을 부끄러워하는데 그 까닭은 무엇일까? 오패란 정말로 입으로 말하기 부끄러운 인물들이다. 제(齊)나라 환공(桓公)은 오패 가운데서도 가장 힘이 센 자였다. 환공은 형을 죽이고 나라를 빼앗았으며, 집안에서는 고모나 누이들을 출가시키지 않은 사람이 일곱 명이나 되었다. 궁중 안에서는 맘껏 즐기고 사치하여 제나라 예산의 반을 사용해도 충분하지 않았으며, 밖으로는 주(邾)나라를 속이고 거(莒)나라를 습격하여 서른다섯 나라를 합병했다. 그가 한 일이나 행적은 이와 같이 험악하고 음란했다. 그의 행적이 이와 같은데 어떻게 군자의 문하에서 언급되겠는가?

이렇게 하고서도 멸망하지 않고 패자(霸者, 무력으로 천하를 다스리는 사람)가 된 것은 어찌 된 일인가? 아아! 제나라 환공은 천하의 큰 절의

(신념과 의리)가 있었으니, 누가 그를 망하게 할 수 있겠는가? 환공은 관중(管仲)에게 나라를 맡길 수 있다고 믿었는데, 이것은 천하의 큰 지혜에 해당한다. 환공은 그에 대한 노여움을 기꺼이 잊고, 관중이 원수라는 사실마저도 깨끗이 잊은 채, 다시 그를 높여 중부(仲父, 환공이 관중을 아버지처럼 존중하겠다는 뜻으로 부른 명칭)로 삼았으니, 이것은 세상에서 가장 위대한 결단이다.

관중을 세워 중부로 삼아도 친척들 가운데 감히 질투하는 사람이 없었고, 그에게 제나라의 유명한 가문인 고씨(高氏)·국씨(國氏)와 같은 지위를 주어도 제나라 신하 가운데 감히 싫어하는 자가 없었다. 300호(戶)나 되는 고을을 주었지만 부자들이 감히 저항하지 않았다. 귀하거나 천한 사람, 어른과 아이까지도 모두가 환공을 따라 관중을 귀하게 여기고 공경하지 않은 사람이 없었다. 이것이 바로 천하의 큰 절의라고 하는 것이다. 제후가 이와 같은 절의 가운데 하나라도 있으면 멸망하지 않을 것인데, 환공은 여러 가지 절의를 모두 가지고 있었으니 어떻게 멸망할 수 있었겠는가? 환공이 패자가 된 것은 마땅한 일이다. 그것은 요행이 아니라 필연적인 일이라고 할 수 있다.

✤ 오패는 춘추 시대에 활동했던 다섯 개의 커다란 제후국을 가리킨다. 제 환공·진(晉) 문공(文公)·진(秦) 목공(穆公)·초(楚) 장왕(莊王)·송(宋) 양공(襄公)의 다섯 제후가 이에 속한다. 당시 주(周)나라의 천자(天

子)는 힘이 약해지고, 천자의 아래에서 나라를 맡아 다스리던 제후의 힘이 강해지게 되었다. 그 가운데 오패가 서로 돌아가면서 주도권을 차지하는 상황이 되어 군신 상하의 질서가 무너지게 되었다. 공자는 이러한 상황을 몹시 싫어했던 것이다. 그 가운데 첫 번째 패자가 된 나라는 제나라였으며, 제나라 환공은 관중을 등용하여 큰 성과를 거두었다. 환공은 여러 가지 악행을 저지른 사람이지만, 관중의 인물 됨됨이를 판단하고 그를 등용했다는 점에서 탁월한 지혜가 있었던 것이다. 더구나 관중은 한때 환공을 죽이려고 했던 사람이다. 서로 원수로 생각했던 사이가 군신의 관계로 다시 만나서 끝까지 믿고 맡길 수 있었던 절의 때문에 환공은 가장 먼저 패자가 될 수 있었다.

그러나 공자는 이러한 패자들의 행위를 비판하고, 무력이 아닌 덕망에 의해 나라를 다스려야 한다고 강조했다. 그렇기 때문에 공자의 문하에서는 그 누구도 패자를 언급하지도 않고 좋게 여기지도 않았다.

총애를 받아 높은 자리에 올라서도 종신토록 미움을 받지 않는 방법은 다음과 같다. 군주가 존귀하게 대해 주면 더욱 공손하고 존경하며, 군주가 믿고 사랑해 주면 더욱 삼가고 겸손해야 한다. 군주가 오로지 일을 맡기면 굳게 지켜 자상하게 하며, 군주가 편안하고 가까이 대해 주거든 너무 허물없이 대하거나 간사하게 해서는 안 된다. 군주가 소원하게 대하더라도 배반하지 않으며, 군주가 내치더라도 두려워하거나 원망하지 말아야 한다. 귀하게 되더라도 사치하지 않고, 신임을 받으면 다른 사람에게 의심받지 않도록 행위하며, 중책을 맡기면 감히 자기 마음대로 하지 않아야 한다. 재물과 이익이 오면 자신의 선행이 거기에 미치지 못하는 듯 반드시 극진하게 사양한 다음에 받는다. 복된 일에 이르면 조화롭고 이치에 맞게 하며, 재앙에 이르거든 조용하게 이치에 따라서 처리해야 한다. 부유하게 되면 널리 베풀고, 가난하게 되면 절약해야 한다.

군주가 자신을 귀하거나 천하게 할 수도 있으며, 부유하거나 가난하게 할 수도 있고, 죽일 수도 있지만 억지로 간사하게 만들지는 못한다. 이것이 바로 총애를 받아 높은 자리에 올라서도 종신토록 미움을 받지 않는 방법이다. 비록 빈궁하게 혼자 사는 처지에 있더라도 또한 이와 같이 해야 할 것이니, 이런 사람을 길한 사람이라고 한다.

✤ 신하가 처신해야 할 방법에 대해서 설명하고 있다. 높은 자리에 오를수록 항상 조심하고 삼가며, 남에게 베푸는 자세로 임해야 한다. 일반적으로 지위가 높아지면 거만하기 쉽고 남을 무시하거나 업신여기는 사람이 많다. 하지만 무조건 군주에게 복종하는 것을 말하는 것은 아니다. 군주를 올바르게 인도하는 것도 신하의 책임이

다. 따라서 자신의 도리를 먼저 실천한 다음에 다른 사람의 잘못을
지적할 수 있는 것이다.

　세상을 살아가는 처세 법은 다음과 같다. 군주를 섬기면 반드시 통
달하고, 어진 마음을 실천하면 반드시 성인이 되는 것, 이것은 먼저
표준이 되는 예를 세워 여기서 이탈하지 않아야 한다. 그런 다음에
공경하는 마음으로 솔선하고, 충성과 신의로 통솔하며, 신중함으로
행하고, 성실함으로 지키며, 갑자기 어려워질 때는 거듭 힘을 써야
한다. 군주가 비록 알아주지 않아도 원망하고 미워하는 마음이 없어
야 하고, 공로가 비록 크더라도 자신의 덕을 자랑하는 모습이 없어야
하며, 자신의 요구를 줄이고 공을 많이 세워야 하고, 사랑하고 공경
하는 마음을 게을리하지 않아야 한다.
　이와 같이 하면 항상 순조롭게 될 것이다. 이러한 마음으로 군주를
섬기면 반드시 통달하고, 어진 마음을 실천하면 반드시 성인이 된다.
이것이 바로 세상을 살아가는 처세 법이다.

✤ 누구에게나 해당되는 처세 법에 대해 말하고 있다.
공자는 가장 뛰어난 제자인 안영을 평가하여 노여움을 다른 사람
에게 옮기지 않고 허물을 되풀이하지 않는다고 했다. 쉬운 말이라고

생각되지만 쉽게 실천하기 어려운 일이다. 평범한 사람은 화가 났을 때 주변 사람을 불편하게 만들고, 똑같은 실수를 반복하는 경우가 많기 때문이다.

세상을 살면서 이유 없이 남에게 미움을 받는 경우가 있다. 특히 다른 사람보다 빨리 높은 지위에 오르거나 많은 권력을 잡게 될 경우에는 그런 현상이 더욱 심하다. 하지만 이런 경우라도 스스로 겸손하고 공을 자랑하지 않으면 오래되지 않아서 미움은 사라지게 될 것이다. 자신을 낮추고 겸손한 마음을 갖는 것은 세상을 살아가는 최대의 무기가 될 수 있다.

젊은 사람은 어른을 섬기고 천한 사람은 귀한 사람을 섬기며, 어리석은 사람은 현명한 사람을 섬기는 것이 천하에서 통용되는 의리다. 어떤 사람이 권세는 다른 사람보다 위에 있지 않으면서 아랫사람이 되기를 부끄러워한다면 이것은 간사한 사람의 마음을 가지고 있는 것이다. 자신의 의지는 간사한 마음을 면하지 못하고, 행실은 간사한 도를 면치 못하면서도 군자나 성인의 명성을 추구하는 것은 마치 엎드려서 하늘을 보고, 목을 맨 사람을 구하기 위해 발목을 잡아당기는 것과 같다. 그런 사람의 말이 실행되기는 불가능하다. 그렇기 때문에 더욱 힘을 쓸수록 점점 뜻한 바는 멀어지게 될 것이다.

그러므로 군자는 상황에 따라서 굽혀야 할 때는 굽히고 펼쳐야 할 때는 펼치는 것이다.

✛ 윗사람이 되는 것도 어려운 일이지만 아랫사람이 되는 것도 어렵다. 특히 자신의 덕과 지혜를 쌓지 않으면서 무조건 남을 헐뜯거나 끌어내리려고 하는 사람은 결코 환영받지 못한다.

군자도 굽힐 때와 펼 때를 아는데, 일반 사람이야 말해 무엇하겠는가? 공자는 지혜에 대해 묻는 제자의 질문에 사람을 아는 것이 지혜라고 대답했다. 사람을 아는 것은 곧 자기 자신을 아는 것이다. 자기 자신의 능력과 직분, 덕망과 지혜를 잘 아는 것이 무엇보다 선행되어야 할 일이다.

8 유학의 효능[儒效]

여기서 순자는 유학을 공부하는 유자(儒者)들에 대해 논한다. 그는 유자가 세상을 다스리면 안정되고 조화로운 세상이 될 것이라고 보았다. 결국 유자의 도덕 정치가 가진 장점을 통해서 세상의 변화를 도모할 수 있다는 것이다. 그리고 유자가 되기 위한 가장 기본적인 일은 학문을 하는 데 있으며 학문을 통해 자신이 배운 것을 실천한다면 성인이 될 수 있다고 주장한다. 순자는 사람을 대유(大儒), 아유(雅儒), 속유(俗儒), 속인(俗人)으로 구분하며, 각각의 사람들이 세상에 어떠한 영향을 미칠 수 있는지에 대해 논한다. 또한 학문을 배우고 익히는 것도 중요하지만 그보다 실천을 통해 완성할 것을 주장한다.

진(秦)나라 소왕(昭王)이 순자에게 물었다.

"유자(儒者)는 나라에 이익이 되지 않습니까?"

순자가 말했다.

"유자는 선왕을 본받고 예의를 숭상하며 신하의 도리를 삼가고 윗사람을 귀중하게 여기는 사람들입니다. 군주가 그들을 등용한다면 세력이 조정에 있게 되고 화목하게 될 것입니다. 등용이 되지 않으면 물러나서 백성들과 함께 성실하게 지내며 반드시 순종하며 삽니다. 비록 가난해서 추위에 얼고 굶주려도 반드시 나쁜 방법을 사용하려고 탐내지 않습니다. 아주 작은 땅도 없으면서 나라를 유지하기 위한 대의에 밝으며, 울부짖어 응답하는 사람이 없어도 만물을 처리하고 백성을 기르는 도리에 통달합니다. 세력을 얻어 남의 윗자리에 있게 되면 왕공(王公)의 재목이 되고, 아래에 있으면 사직의 신하요, 군주의 보물입니다. 비록 가난한 시골에서 누추한 집에 산다고 하더라도 사람들이 그를 귀하게 여기니 진실로 도(道)가 있기 때문입니다. 공자가 장차 노나라 사구(司寇, 지금의 법무장관과 같은 벼슬)의 벼슬을 맡자 심유씨(沈猶氏)가 감히 아침마다 양에게 물을 먹이지 않았으며, 공신씨(公愼氏)는 자기 아내를 내쳐 버렸으며, 신궤씨(愼潰氏)는 국경을 넘어 이사를 갔으며, 노나라에서 소와 말을 팔던 장사꾼들도 값을 속이지 않았습니다. 이것은 반드시 공자가 자신을 바르게 닦아서 사람을 대했기 때문입니다. 궐당(闕黨)이라는 지역에 있을 때는 궐당의 자제들이 그물질해서 잡은 고기와 짐승들을 부모를 모시고 사는 사람에게 많이 주었는데 이것은 효제의 도리로 교화시킨 것입니다. 유자가 조정에 있으면 정사가 아름답게 되고, 아랫자리에 있으면 풍속이 아름다워지는 것이니 유자가 신하가 된다는 것은 바로 이와 같은 것입니다."

"그렇다면 윗자리에 앉게 되면 어떻게 됩니까?"

"유자가 윗자리에 있게 되면 모든 것이 넓고 위대해질 것입니다. 안으로는 의도한 뜻이 일정하게 될 것이고 조정에서는 예절이 잘 지켜질 것이며, 궁중에서는 법칙과 도량이 바르게 되고, 아래에서는 충성과 신의, 사랑과 이로움이 이루어질 것입니다. 하나라도 불의를 행하고 한 사람이라도 죄 없는 사람을 죽여서 천하를 얻는다고 하더라도 하지 않을 것입니다. 이러한 의리는 사람들에게 믿음을 주게 될 것이고, 온 세상에 알려지게 되어 천하가 떠들썩하게 입을 모아 응할 것입니다. 그 까닭은 귀한 이름이 드러나서 천하가 다스려졌기 때문입니다. 그러므로 가까이 있는 사람은 그를 노래하며 즐거워하고, 멀리 있는 사람은 넘어질 듯 달려와 온 세상이 마치 한 집안과 같이 복종하지 않는 사람이 없습니다. 이것을 일러 사람들의 스승이라고 하는 것입니다. 《시경》에 말하기를 '서쪽과 동쪽에서, 남쪽과 북쪽에서 복종하지 않는 사람이 없네.'라고 했으니 이것을 두고 한 말입니다. 유자가 남의 아랫자리에 있게 되면 앞에서 말한 바와 같고, 남의 윗자리에 있게 되면 이와 같이 되는 것입니다. 어떻게 나라에 이익이 되지 않는다고 하겠습니까?"

"정말 좋은 말씀입니다."

✤ 유자가 세상을 다스리는 데 아무런 도움도 되지 않는다는 세상의 평가를 들었던 진나라 소왕이 순자의 말을 듣고 깨달았을까?

당시의 많은 학자들 가운데 유자는 공자의 학문을 배우고 계승한 무리들이다. 아마도 부국강병을 희망하던 군주들에게 유자는 입으로 도덕 정치만 주장하는 논객으로 인식되었을 것이다. 순자는 이러한 군주들의 생각이 잘못되었다고 생각하며 유자의 능력과 인품에 대해 열심히 설파한 것이다. 심유씨는 양에게 물을 먹여 중량을 속여서 팔았던 사람이고, 공신씨는 음란한 아내와 함께 살았는데 공자의 교화를 받고 그 아내를 내쫓았으며, 신궤씨는 과거에 죄를 짓고도 맘 놓고 살았지만 공자의 말을 듣고 다른 나라로 도망쳤다고 한다. 순자는 이렇게 유자가 세상을 다스리면 사악한 사람들이 모두 사라지고 세상이 평안하게 된다는 점을 강조한다.

"저는 천한 사람이지만 귀하게 되고 싶고, 어리석지만 지혜로운 사람이 되고 싶고, 가난하지만 부유하게 되고 싶은데 가능하겠습니까?"

"학문만 한다면 가능할 것이다. 학문이란 행하면 선비가 되고, 힘껏 따르면 군자가 되고, 그것을 알면 성인이 된다. 위로는 성인이 되고 아래로는 선비나 군자가 되는 것을 누가 막을 수 있겠는가? 얼마 전까지 아무것도 모르던 사람이 갑자기 요임금이나 우임금 같은 성인이 된다면 천한 신분으로 귀하게 된 것이 아니겠는가? 얼마 전까지 문과 방도 구별하지 못하던 사람이 갑자기 인의에 근본해서 옳고 그름을 분별하고 천하를 손바닥 위에 그려 놓고 흑백을 분별한다면 이것이 바로 어리석은 사람이 지혜롭게 된 것이 아니겠는가? 얼마 전까지 빈털터리였던 사람이 갑자기 천하를 다스릴 큰 그릇을 가지고 있다면 이것이 바로 가난한 사람이 부유하게 된 것이 아니겠는가? 지금 여기에 천 냥이나 되는 많은 보물을 가진 사람이 있다고 하면 비록 돌아다니며 걸식을 한다고 해도 사람들은 그를 부자라고 말할 것이다. 그런데 그런 보물이라는 것은 입으려고 해도 입을 수 없고, 먹으려고 해도 먹을 수 없으며, 팔려고 해도 팔 수 없다. 그런데 사람들이 부자라고 하는 까닭은 무엇인가? 그 사람은 큰 부자가 될 그릇을 가지고 있기 때문이다. 이렇게 큰 그릇을 지니는 것도 또한 부자라고 할 수 있으니 어찌 가난했다가 부자가 된 것이 아니라 하겠는가?

그러므로 군자는 벼슬이 없어도 귀하고, 봉록이 없어도 부유하며, 말을 하지 않아도 사람들이 믿고, 화를 내지 않아도 위엄이 있고, 궁색한 곳에 살아도 영예로우며, 혼자 있어도 즐거운 것이다. 지극히 존귀하고 부유하며 귀중하고 위엄 있는 실상이 그 몸에 쌓여 있기 때문이 아니겠는가? 그러므로 존귀한 명예는 다투어서 얻을 수 있는 것도 아니고, 자랑한다고 해서 얻을 수 있는 것도 아니며, 권력으로 위협한다고 해서 얻을 수 있는 것도 아니다. 반드시 정성스럽게 한 뒤에야 얻을 수 있는 것이다."

조보(造父)는 세상에서 말을 잘 타는 기수지만 수레와 말이 없으면 그 능력을 볼 수 없으며, 예(羿)는 세상에서 활을 잘 쏘는 사람이지만 활과 화살이 없으면 그 기교를 볼 수 없다. 위대한 유자도 천하를 조화롭게 통일할 수 있지만 백 리의 땅조차도 없다면 그 공을 볼 수 없을 것이다. 수레가 견고하고 말도 좋은데 먼 길을 달려 하루에 천 리에 이르지 못한다면 조보가 아니다. 활도 균형이 잡히고 화살도 곧은데 먼 곳을 쏴서 작은 것을 맞추지 못한다면 예가 아니다. 백 리의 땅을 소유하고서 천하를 조화롭게 통일하지 못하며 포악한 군주를 제어하지 못한다면 대유가 아니다.

✤ 아무리 좋은 기술을 가진 사람이라도 그 기술을 펼칠 수 있는 조건이 되어 있지 않으면 소용이 없듯이 위대한 유자라고 할지라도 그의 재능을 펼 수 있는 토지와 국가가 있어야 한다. 그리고 군주를 바른 길로 인도할 수 있어야 하는 것이다.

많은 사람들이 하는 말 가운데 기회는 아무에게나 오지 않는다는 말이 있다. 그것은 곧 기회는 준비한 사람들에게만 온다는 뜻이다. 유자와 군자는 바로 준비된 사람이다. 학문과 수양을 통해서 언제나 기회가 주어지면 자신의 능력을 발휘할 수 있는 사람이 바로 군자요, 유자인 것이다.

세상에는 속인, 속유, 아유, 대유가 있다. 학문을 하지 않고 정의를 모르며, 부유함과 이익만 숭상하는 사람이 바로 속인이다.

소매가 넓은 옷을 입고, 넓은 띠를 두르며, 가운데를 높게 한 관을 쓰고 선왕(先王)의 법도를 따르는 것 같지만 사실은 세상을 혼란하게 하는 술수만 있다. 잘못된 학문을 잡다하게 열거하며, 후왕(後王)을 본받아 제도를 통일할 줄도 모르고, 예의를 숭상하거나 유학 오경(五經) 가운데 하나인 《시경(詩經)》과 《서경(書經)》을 돈독하게 익힐 줄도 모른다. 그들이 입는 의관이나 그들이 하는 행위는 세속의 사람들과 같은데도 싫어할 줄 모르고, 그들의 말은 묵자와 다르지 않는데도 분별하지 못하며, 선왕을 외치며 어리석은 사람들을 기만하여 먹고살 궁리나 한다. 재물을 축적해서 먹고살 만하면 그것으로 만족하고, 군주의 맏아들이나 따라다니거나 군주에게 총애를 받는 신하를 섬기며, 군주의 상객(上客)과 관계를 맺어 종신토록 포로가 되어 다른 마음을 갖지 않는다. 이것이 바로 속유다.

후왕을 본받아 제도를 통일하고, 예의를 숭상하고, 《시경》과 《서경》을 돈독하게 하여, 그 언행이 이미 법도에 맞지만 그 총명이 한결같지 못하고, 또한 법도와 교육이 아직 미치지 못한 것에 대해서는 유추할 능력이 없다. 그러나 아는 것은 안다고 말하고 모르는 것은 모른다고 사실대로 말하며, 안으로는 자신을 속이지 않고, 밖으로도 남을 속이지 않으며, 어진 사람을 존중하고 법을 두려워하여 감히 게으르거나 오만하지 않는다. 이러한 사람을 가리켜 아유라고 한다.

선왕을 본받아 예의와 제도를 통일하고, 얕은 것을 미루어 깊은 것을 알고, 옛것을 미루어 현재를 알고, 한 가지를 가지고 만 가지를 안다. 진실로 인의의 종류에 대해서는 비록 금수의 속에 있어도 마치 흑백을 구분하듯이 명확하게 분별하며, 일찍이 듣거나 본 적이 없는 이상한 변고가 갑자기 한쪽에서 발생하면 모든 법칙을 들어서 대응하여 어떠한 의심도 남지 않게 한다. 나중에 법을 펼쳐 놓고 헤아려보면 마치 부절(符節)을 합친 듯 맞아 떨어진다. 이것이 바로 대유다.

그러므로 군주가 속인을 등용하면 만승[萬乘, 만 대의 병거(兵車, 전쟁할 때 쓰는 수레)라는 뜻으로, 천자 또는 천자의 자리를 이르는 말]의 큰 나라도 멸망하고, 속유를 등용하면 만승의 나라가 명맥이나 유지할 것이요, 아유를 등용한다면 천승(千乘, 천 대의 병거라는 뜻으로, 제후를 이르는 말)의 나라가 편안할 것이요, 대유를 등용하면 백 리밖에 안 되는 작은 나라도 오래 유지되고, 3년 뒤에는 천하가 통일되고 제후들이 신하가 될 것이다. 만승의 큰 나라에 등용되면 손을 들었다 내리는 사이에 천하가 안정되고, 하루아침에 명성을 이룰 것이다.

✤ 순자는 속인, 속유, 아유, 대유라는 네 가지 인물을 열거하고, 각각의 장단점에 대해서 설명하고 있다.

유자는 본래 예를 통해서 사람을 교화시키는 직업이었다. 차츰 예를 통해서 세상을 통치하는 방향으로 전환하면서 유자는 정치인으로서 기능하게 되었다. 공자 역시 정치에 대한 관심이 많았던 인물이다. 하지만 공자가 정치에 관심을 가진 것은 자신의 이론을 가장 빠르게 실천하고 효과를 볼 수 있는 것이 바로 정치였기 때문이다.

유자는 정치에 직접 참여하지 않아도 자신의 개인적 수양과 학문을 통해 얼마든지 주변을 교화시킬 수 있으며, 그것이 곧 정치와 맞먹는 일이라고 생각했다. 순자는 유자의 역할을 정치적 역량에 한정시켜 이 편을 설명하고 있는 것이다.

대유의 일거수일투족은 모든 사람의 모범이 되기 때문에 궁극에 이르면 아무런 일을 하지 않아도 저절로 다스려지는 경지에 이르게 된다. 그러면 결국 도가에서 말하는 경지와 비슷한 상태가 된다. 비록 서로 방법은 다르지만 제자백가의 궁극적 목표는 자연스럽게 안정된 사회를 이룩하는 데 있었던 것은 아닐까?

듣지 않는 것은 듣는 것만 못하고, 듣는 것은 보는 것만 못하고, 보는 것은 아는 것만 못하고, 아는 것은 행하는 것만 못하니, 학문이란 실천하는 데 이르러 멈추는 것이다. 실천하면 현명하게 되고, 현명하게 되면 성인이 된다. 성인이란 인의에 근본을 두고 옳고 그름을 분명하게 하며, 언행을 가지런하게 하여 조금도 실수가 없는 사람이다. 성인이 이렇게 하는 것은 다른 이유가 없고 실천을 하기 때문이다. 그러므로 듣기만 하고 보지 않으면 비록 많이 들었다고 하더라도 반드시 오류가 있을 것이요, 보기만 하고 알지 못하면 비록 안다고 하더라도 반드시 거짓될 것이요, 알았더라도 실천하지 않으면 비록 돈독하더라도 반드시 곤란하게 될 것이다.

  들은 적도 없고 본 일도 없다면 비록 합당하더라도 인(仁)이 될 수 없고, 그 방법으로는 백 번 실천해도 백 번 모두 실패할 것이다. 그러므로 사람에게 스승과 본보기[法]가 없는 상태에서 지혜만 있으면 반드시 도둑이 될 것이요, 용맹하기만 하다면 반드시 강도가 될 것이요, 재능이 있으면 반드시 난을 일으킬 것이요, 관찰을 잘하는 사람이라면 반드시 괴이한 일을 할 것이요, 말재주가 좋은 사람이라면 반드시 거짓말을 하게 될 것이다.

  사람에게 스승과 본보기가 있다면, 지혜로운 사람은 속히 통달하게 되고, 용맹한 사람은 속히 위엄이 서게 되며, 재능이 있는 사람은 속히 성공하게 될 것이며, 관찰을 잘하는 사람이라면 속히 사리대로 그 일을 다하게 될 것이고, 말재주가 좋은 사람은 속히 사리를 밝힐 것이다. 그러므로 사람에게 스승과 본보기가 있는 것은 큰 보물이 있는 것이요, 사람에게 스승과 본보기가 없는 것은 큰 재앙이 된다.

✤ 이 부분은 실천의 중요성에 대해 강조한 것이다. 보고 듣는 것이 많아서 지식이 풍부해져도 그것을 실천으로 옮기지 않으면 아무런 의미가 없다. 스승을 통해서 학문을 배우고, 선왕이나 성현의 자취를 보고 본받으면 자연히 학문을 이룰 수 있다. 하지만 이러한 기준이나 모범적인 인물이 없다면 거칠고 혼란만 일으키는 사람이 되

고 말 것이다. 그래서 순자는 항상 스승을 통해서 학문을 배우도록
강조한 것이다.

9 왕의 제도[王制]

왕자(王者)의 정치를 왕도 정치(王道政治)라고 하고, 패자(覇者)의 정치를 패도 정치(覇道政治)라고 한다. 여기서는 왕도와 패도를 행하는 차이에 대해서 설명하면서, 어떻게 하면 왕도를 행하는 왕자가 될 수 있는지 설명하고 있다. 또한 인간이 동식물과 다른 점은 사회생활을 하기 때문이며, 사회생활이 가능한 것은 예의가 있기 때문이라고 말한다. 인간이 귀한 존재가 되는 것은 바로 예를 익히고 실천하기 때문이다. 한편 여기서는 신분의 높고 낮음에 관계없이 덕과 능력을 고려하여 인재를 등용해야 한다는 주장과 어려운 사람들에 대한 복지 정책을 논하는 부분이 있는데 이는 당시 사회에서 매우 획기적인 사상이라고 할 수 있다.

어진 사람이나 능력 있는 사람은 서열에 관계없이 등용하고, 능력이 낮거나 능력이 없는 사람은 잠시의 기다림도 없이 파면하며, 너무 악한 사람은 가르치기 전에 죽이고, 보통 사람은 형벌을 사용하기 전에 교화시킨다.

신분이 아직 정해지기 이전에도 소목(昭穆)의 명확한 구분이 있었다. 비록 왕(王)·공(公)·사(士)·대부(大夫)의 자손이라 할지라도 예의에 힘쓰지 않는다면 서인으로 신분을 낮추고, 비록 서인의 자손이라 할지라도 학문을 쌓아 몸가짐과 행동을 바르게 하고 예의에 힘쓴다면 재상이나 사대부로 신분을 올린다. 그러므로 간사한 말과 간사한 학설을 가진 사람들, 간사한 일과 간사한 능력을 펴는 사람들, 도망가거나 떠돌이 백성들에게 직업을 주어 교화시키고, 잠시 기다렸다가 상을 주어 격려하고, 형벌로 징계하고, 직분을 편안히 수행하면 잘 길러 주고, 편안히 수행하지 못하면 버리는 것이다. 다섯 가지 질병이 있는 사람들은 나라에서 수용하여 양육하고, 재질에 따라 일을 시키며, 관직에 임용하여 의식을 주며, 모두 빠짐없이 덮어 주어야 한다. 재능을 발휘해서 왕의 명령에 따르지 않는 자는 용서하지 않고 죽인다. 이것을 천덕(天德)이라고 하는데, 이것이 바로 왕자의 정치다.

✤ 왕도 정치를 실행하는 왕자에 대해서 설명하고 있는데, 당시와 같은 신분제 사회에서 신분의 고하에 상관없이 덕망과 능력을 중시하여 사람을 등용한다는 생각은 매우 혁신적인 사상이었다. 또한 몹쓸 병에 걸린 사람들을 국가가 책임지고 부양한다는 정신은 오늘날의 복지 정책과 유사한 내용을 담고 있다. 질병에 걸린 사람이라도 능력에 따라 적합한 일을 시키고, 관직까지 내릴 수 있다고 했으니, 수천 년 전에 벌써 이러한 생각을 가졌다는 사실만으로도 순자의 사상은 매우 진취적인 것이라고 할 수 있다.

소목은 종묘나 사당에 조상의 신주를 모시는 차례를 말하는데, 중앙에 태조를 두고 왼쪽을 소(昭)라 하여 2세·4세·6세를, 오른쪽을 목(穆)이라 하여 3세·5세·7세를 두어 순위를 명확하게 했다. 이 소목의 방식은 오늘날에도 사용되고 있다.

왕자는 사람의 마음을 얻고, 패자는 동맹국을 얻으며, 강자는 토지를 얻는 자다. 사람의 마음을 얻는 자는 제후를 신하로 삼고, 동맹국을 얻는 자는 제후를 친구로 삼을 수 있으며, 토지를 얻는 자는 제후를 적으로 만든다. 따라서 제후를 신하로 삼는 자는 왕자가 되고, 제후를 친구로 삼는 자는 패자가 되며, 제후를 적으로 만든 자는 위험에 처하게 된다.

✤ 왕도 정치를 실행하는 사람은 백성의 마음을 얻는 사람이라야 가능한 일이다. 영토를 확장시키고 군사력을 증대시키는 군주는 백성을 돌볼 시간도 없이 자기의 목적만 달성하려고 하여 민심을 얻지 못하게 된다.

덕이 있는 사람은 귀하게 여기고, 능력 있는 사람은 관직을 주며, 공이 있는 사람은 상을 주고, 죄가 있는 사람은 벌을 주며, 조정에는 요행으로 자리를 차지하는 사람이 없고, 백성들은 요행으로 사는 사람이 없게 한다. 어진 사람을 숭상하고 능력 있는 사람을 등용하여 빠짐없이 등급을 매기고, 성실한 사람을 가려내고 사나운 사람을 금지하여 형벌이 지나치지 않게 한다. 백성들은 집에서 선을 행하더라도 조정에서 상을 주고, 숨어서 나쁜 일을 하더라도 형벌을 받게 된다는 것을 명백하게 안다. 이것을 정론(定論)이라고 하며, 이것이 왕자의 상벌론이다.

✛ 정론이란 정해진 상과 벌에 대한 논의라는 뜻이다. 상을 주거나 벌을 주는 것은 매우 간단하다. 좋은 일을 한 사람에게는 상을 주고, 나쁜 일을 한 사람에게는 벌을 주면 된다. 하지만 순자가 말한 것처럼 사람의 본성이 악해서 그런 것인지 몰라도, 나쁜 짓을 저지르고도 스스로 인정하지 않거나 숨기는 사람들이 많다. 또한 자신을 과대 포장해서 뜻하지 않은 상을 받는 사람도 있다. 그래서 상과 벌을 주는 것이 말처럼 쉬운 일은 아니다. 왕자는 바로 상벌을 명확하게 하여 요행으로 사는 사람이 없도록 해야 한다.

물과 불에는 기(氣)는 있어도 생명은 없고, 풀과 나무는 생명은 있어도 인식 기능이 없고, 새와 짐승은 인식 기능은 있어도 예의가 없다. 인간에게는 기와 생명과 인식 기능도 있고 또한 예의가 있다. 그러므로 세상에서 가장 귀한 존재다. 인간의 힘은 소보다 약하고 달리기는 말보다 못하지만 소와 말이 인간에게 부림을 당하는 것은 무엇 때문인가? 인간은 사회생활을 하고 소와 말은 그렇지 못하기 때문이다. 인간은 무엇으로 사회생활을 하는가? 그것은 바로 신분 때문이다. 신분은 무엇으로 행할 수 있는가? 그것은 바로 정의로움 때문이다. 그러므로 정의로움을 가지고 신분을 나누면 화합하게 되고, 화합하면 통일되고, 통일되면 힘이 많아지고, 힘이 많아지면 강하게 되고, 강해지면 사물을 이길 수 있다. 그러므로 집을 짓고 살 수 있는 것이다.

　사계절의 순서에 따라서 만물을 다루고 아울러 천하를 이롭게 하는 것은 다른 이유가 아니라 신분 질서에 따라 정의롭게 살기 때문이다. 그런 까닭으로 인간은 살아가면서 사회를 구성하지 않을 수 없고, 사회를 구성해도 신분이 나뉘지 않으면 분쟁이 일어나고, 분쟁이 일어나면 혼란해지고, 혼란해지면 흩어지고, 흩어지면 약해지고, 약해지면 사물을 이길 수 없다. 그렇게 된다면 집을 짓고 안심하고 살 수 없게 된다. 이것은 잠시라도 예의를 버릴 수 없다는 것을 말한다.

　어버이를 잘 섬기는 것을 효(孝)라고 하고, 형을 잘 섬기는 것을 제(弟)라고 하며, 윗사람을 잘 섬기는 것을 순(順)이라고 하며, 아랫사람을 잘 부리는 것을 군(君)이라 한다. 군주는 사회생활을 잘 만드는 자를 말한다. 사회를 구성하는 도리가 합당하면 만물이 마땅한 자리를 얻게 되고, 모든 가축이 잘 성장하게 되며, 모든 생물이 타고난 수명을 다하게 된다.

✤ 인간이 다른 동물보다 뛰어난 능력을 가진 것은 아니지만 인식

기능과 사회생활을 할 수 있는 존재이기 때문에 만물을 지배하며 살 수 있는 것이다. 사회에서 인간은 각자의 맡은 역할을 충실하게 수행하면 된다. 순자는 그 가운데서 군주는 사회가 바르게 돌아갈 수 있도록 조정하는 역할을 하는 사람이라고 보고 신분 질서에 근거한 고대 사회의 이상적인 형태를 주장한 것이다. 그래서 원만한 사회를 유지할 수 있는 것은 정의가 지켜지기 때문이라고 보았다. 당시 사회에서라면 옳고 그름을 명확하게 하고, 상과 벌이 분명하며, 예의를 갖추는 사람이 많으면 정의로운 사회를 만들기는 어렵지 않았을 것이다.

초목에 꽃이 피고 성장할 때는 도끼를 들고 산에 들어가지 않는다. 너무 일찍 죽게 하거나 성장을 단절시키지 않아야 하기 때문이다. 자라·악어·물고기·미꾸라지·장어 등이 산란하거나 독립할 때까지는 그물이나 독약을 연못에 들이지 않는다. 너무 일찍 죽이거나 성장을 단절시키지 않아야 하기 때문이다. 봄이 되면 밭을 갈고 여름이면 김을 매며, 가을에 수확하고 겨울에 저장한다. 이 사계절의 시기를 잃지 않으면 오곡이 떨어지지 않아 백성들은 충분한 음식을 갖게 된다. 웅덩이·연못·냇물과 같은 곳에서 고기 잡는 때를 엄격하게 지키면 고기들이 넉넉하게 많아져 백성들은 먹고도 남을 것이다. 나무를 베거나 식목하는 시기를 잃지 않으면 산림이 황폐하지 않아 백성들은 충분한 재목을 얻을 것이다. 이것이 바로 성왕의 효용이다.

✤ 만물이 소생하는 계절에 성장을 방해하거나 해치는 행위는 미래를 생각하지 않고 저지르는 행위다. 당시 사회에서 초목이 생장하지 못하면 결국 먹고살 수 없게 된다. 맹자도 순자와 비슷한 주장을 하고 있다. 그물을 빽빽하게 만들어서 웅덩이에 넣으면 작은 고기도 잡혀서 나중에는 고기가 모두 사라지게 되고, 시도 때도 없이 도끼를 들고 산에 가서 나무를 베면 나무가 자랄 수가 없게 된다. 이러한 맹자와 순자의 경고는 오늘날의 환경 문제와도 직결되는 부분이다. 모든 만물의 번식이나 성장 시기에 맞추어 활용할 수 있는 왕자의 정치가 백성의 삶을 풍요롭게 하는 것이다.

권모술수로 나라를 전복하려는 사람이 물러나면 어질고 착한 사람과 지혜롭고 성스러운 선비들이 자진해서 나타난다. 형벌과 정사가 공평하여 백성들이 화목하게 되고, 나라의 풍속에 절도가 있으니 군대가 견고하게 되며, 적국도 자연히 복종하게 된다. 근본이 되는 농사에 힘써 재물을 축적하며, 낭비하거나 헛되이 사라지는 일이 없도록 하고, 신하들과 백성들이 모두 제도에 따라 실천하면 재물이 쌓여 국가는 스스로 부유하게 된다. 어진 사람·튼튼한 국력·부유함, 이세 가지가 갖추어지면 천하가 복종하고, 포악한 나라의 군주도 군대를 사용할 수 없을 것이다. 왜냐하면 포악한 군주에게는 함께할 사람이 없기 때문이다. 그가 함께 데려온 자들은 반드시 그의 백성일 텐데, 그 백성들은 오히려 나를 친하게 여겨 마치 부모를 환영하듯 하고 아름다운 향기가 나는 지란(芝蘭)처럼 좋아한다. 그 반면에 자기 임금을 돌아보기를 마치 불에 태우거나 묵형을 당하는 것처럼 여기며 원수처럼 대한다. 설사 저 포악한 나라의 민심(民心)이 비록 폭군 걸왕이나 도척과 같다고 하더라도, 어찌 자기가 싫어하는 폭군을 위해 자기들이 좋아하는 임금을 해치겠는가? 난폭한 군주는 모든 것을 빼앗기고 말 것이다.

✤ 국가를 유지하기 위한 세 가지 요소를 순자는 어진 사람, 국방력, 부유함이라고 했다. 공자도 경제력, 국방력, 백성의 신뢰라는 세가지를 나라가 유지되는 근본 요소라고 했다. 공자와 순자의 주장은 거의 비슷하다. 공자가 백성의 신뢰라고 한 부분이 순자에게 와서는 어진 사람이라고 바뀐 것뿐이다. 국방력이나 경제력은 예나 지금이나 가장 중요한 기본적인 요소다. 하지만 어진 사람을 통해서 백성의 신뢰를 얻는 일은 하루아침에 이루어지는 일도 아니고, 모두가 바라는 것도 아니다. 패도 정치를 주장하는 사람은 어진 사람보다

권모술수에 능한 사람을 좋아할 것이기 때문이다. 지란은 지초와 난초를 말하며 은은하게 향기가 퍼지는 식물이다. 군자의 도는 은은하게 널리 퍼져 알지 못하는 사이에 모든 사람에게 스며드는 것이다.

10 부유한 나라[富國]

이 편에서는 나라를 부유하게 만드는 방법에 대해 설명하고 있다. 군주가 백성을 부릴 때 어떻게 해야 하는지, 재물을 증식하고 절약하며 효과적으로 사용하는 방법은 무엇인지에 대해 설명하고 있다. 특히 자기 이익만 챙기는 군주는 결국 백성들로부터 외면당하고 멸망의 길로 접어들게 된다고 경고하고 있다. 이 편은 오늘날로 말하면 나라의 경제 정책에 대해 설명하고 있는 부분이다. 순자는 예를 숭상하고, 법을 중시하는 것이 나라를 부유하게 만드는 근본이라고 주장한다.

    나라를 풍족하게 하는 방법은 비용을 절약해서 백성을 윤택하게 하며 남은 물자를 잘 저장하는 것이다. 예로써 비용을 절약하며, 정치로써 백성을 윤택하게 해야 한다. 백성들의 생활이 윤택하기 때문에 남은 재물이 많게 되고, 백성들이 윤택하면 백성들이 부유하게 되며, 백성들이 부유하면 토지가 비옥하여 경작이 쉽고, 토지가 비옥하여 경작이 쉬우면 수확량이 백배가 될 것이다. 위에서는 법에 맞게 세금을 받고, 아래서는 예절에 맞게 사용한다면 남은 것이 산더미같이 많아져 때로 불에 태우지 않으면 저장할 곳이 없게 될 것이다. 군자가 어찌 남은 것이 없다고 근심하겠는가? 그러므로 비용을 절약해서 백성을 윤택하게 한다면 반드시 어질고 정의로우며 성스러운 명성을 얻게 될 것이며, 게다가 부유함도 산처럼 많이 쌓일 것이다. 이것은 다른 이유 때문이 아니고 비용을 절약해서 백성을 윤택하게 하는 데서 생기는 것이다.

그러나 비용을 절약해서 백성을 윤택하게 할 줄 모르면 백성은 가난하게 되고, 백성이 가난하면 토지가 메말라 잡초가 무성해지고, 토지가 메말라 잡초가 무성하면 수확량이 반도 되지 않는다. 위에서 비록 세금 걷기를 좋아하여 백성의 재물을 빼앗아 가더라도 오히려 손에 넣는 것은 아주 적을 것이다. 간혹 예의에 맞게 비용을 절약하지 않는다면 악명만 높아지고 또한 창고는 텅 비어 궁핍하게 될 것이다. 이것은 다른 이유 때문이 아니고 비용을 절약해서 백성을 윤택하게 할 줄 모르기 때문이다.

✤ 과거에는 절약이 미덕이었다. 지금도 물자를 절약하는 것은 매우 중요한 일이다. 하지만 자본주의 사회에서는 소비도 절약만큼 중요한 것이다. 순자는 나라를 부유하게 만드는 것은 백성이 먼저 부유해야 하고, 백성이 부유하면 나라는 자연스럽게 부유해진다고 말하고 있다. 군주는 백성을 윤택하고 부유하게 하는 방법을 강구하고, 세금을 도리에 맞게 거두어야 한다. 지나치게 세금을 많이 거두면 백성들의 원망을 사게 되고, 국가는 부유하지만 백성의 삶은 가난하게 되는 결과만 초래하게 된다.

크고 중대한 일은 버려두고 백성의 작은 일을 어루만지고 달래 주는 데 힘을 쓰며, 겨울에는 백성을 위해 따뜻한 죽을 준비해 주고 여름에는 백성들에게 오이와 보리를 주는 것은 잠시의 명예를 훔치는 것이니 이것을 바로 투도(偸道, 올바른 도리를 훔치는 것)라고 한다. 이러한 행위는 잠시 간악한 백성의 칭찬을 받을 수는 있지만 오래 지속할 수 있는 방법은 아니기 때문에 반드시 사업도 성취되지 않고 공도 세우지 못할 것이니, 이것을 간치(姦治, 간사한 통치술)라고 한다.

　백성을 동원해서 때로 여러 가지 일을 강요하고, 사업을 추진해서 공을 이루고 싶은 마음에 불명예스런 일조차 가볍게 생각하고, 백성들의 마음을 잃으면 사업은 추진될지라도 백성들은 그를 미워할 것이다. 이 또한 한쪽으로 치우쳐서는 안 되는 것이다. 그렇게 되면 사업도 파괴되고 실패하며 반드시 공도 이루지 못할 것이다. 그러므로 크고 중대한 일을 버리고 명예를 추구하는 것도 옳지 않고, 공적만 이루고자 백성을 망각하는 것도 옳지 않으니, 모두 간사한 방법이기 때문이다.

　그러므로 옛사람은 그렇게 하지 않았다. 백성에게 일을 시킬 때 여름에는 목마르지 않게 하고, 겨울에는 춥게 하지 않으며, 급해도 몸을 상하게 하지 않고, 느슨하게 하더라도 때를 놓치게 하지 않았다. 그러므로 사업도 이루어지고 공도 세우며, 상하가 모두 부유하게 되고, 백성들은 모두 윗사람을 사랑했다. 그래서 사람들이 흐르는 물처럼 모여들고, 부모처럼 친하게 지내며, 그를 위해 목숨을 바치면서도 기뻐하는 것은 다름이 아니라 충신(忠信), 조화, 균형으로 이루어지기 때문이다. 그러므로 한 나라의 군주가 되고 백성의 우두머리가 된 사람이 빠른 시기에 공을 이루고자 한다면 조화로움으로 해결해야 한다. 급한 질병보다 빠르게 처리하고, 충성과 신의와 균형으로 대한다면 상을 주는 것보다 기뻐하고, 반드시 먼저 내 몸을 바르게 닦은 다음에 서서히 남의 허물을 꾸짖는다면 형벌보다 두려워할 것이다. 임금이 충신, 조화, 균형의 세 가지 덕을 성실하게 따르면 아래서는 그림자나 메아리처럼 반응할 것이니, 비록 환하게 통달하고자 하지 않아도 저절로 통달하게 될 것이다.

✢ 백성을 다스리는 군주는 작은 은혜를 베풀면서 마치 정치를 잘하는 것처럼 생각하기도 한다. 하지만 순자는 작은 은혜를 베푸는 것은 명예를 훔치고 올바른 도리를 어기는 나쁜 행위라고 생각했다. 요즘도 이러한 현상은 얼마든지 발생하고 있다. 국회의원을 선출할 때 많은 사람들은 자기 지역을 위해서 어떠한 일을 했는지부터 생각하고, 그런 일을 많이 한 사람이 능력 있다고 생각한다. 하지만 국회의원은 한 국가를 위해 일하는 사람이지 한 지역을 위해 일하는 사람이 아니다.

예전에 선정을 베풀려는 지방 관리가 있었다. 하루는 비가 많이

와서 강물이 불어났는데, 강을 건너야 하는 백성들이 불어난 강물 때문에 건너지 못하고 있었다. 이 모습을 본 관리는 공적인 업무를 보기 위해 준비했던 배를 이용해서 백성들을 모두 건네주었다. 모두 건네주고 나자 해가 저물어 공적인 업무를 볼 수 없었다. 백성들은 관리에게 고마움을 표시하겠지만, 이 관리는 작은 은혜를 베푼 것에 불과하다. 사실 그 관리는 비가 많이 와서 강물이 불어나도 백성들이 건널 수 있도록 미리 다리를 만들거나 필요한 조치를 했어야 한다. 그런 일은 하지 않고 공적인 업무를 보러 가는 도중에 백성들을 일일이 건네준다는 것은 도리를 어기는 행위다. 그래서 순자는 충신, 조화, 균형이라는 세 가지 덕을 군주가 갖추어야 한다고 한 것이다.

이익을 주지 않고 백성들을 이용하는 것은 이익을 준 다음에 이용하는 것만 못하다. 사랑하지 않으면서 이용하는 것은 사랑한 다음에 이용하는 것보다 못하다. 이익을 준 다음에 이용하는 것은 이익을 주고도 이용하지 않는 것보다 유익하지 않다. 사랑한 다음에 이용하는 것은 사랑하고도 이용하지 않는 것보다 공이 없다. 이익을 주면서도 이용하지 않고, 사랑하면서도 이용하지 않는 사람은 천하를 취할 것이다. 이익을 준 다음에 이용하고, 사랑한 다음에 이용하는 사람은 사직을 보존할 것이다. 이익을 주지 않고 이용하고, 사랑을 주지 않고 이용하는 사람은 국가를 위태롭게 할 것이다.

✤ 백성에게 이익을 주고 사랑을 베풀되 어떠한 목적을 가지고 한다면 좋은 결과를 거둘 수 없다. 백성을 이롭게 하는 것은 군주의 당연한 도리이기 때문이다. 그런데 백성에게 이익도 되지 않은 일을 시키거나, 백성을 진심으로 사랑하는 마음도 없으면서 자기 맘대로 이용하는 것은 아무도 달갑게 여기지 않을 것이다. 그러므로 올바른 정치란 군주로서 마땅히 해야 할 일을 할 때 백성들도 마음으로 복종하며 따르게 되는 것을 말한다.

전답과 들판이 황폐한데 군주의 창고에는 곡식이 가득하고, 백성들의 집은 텅 비었는데 군주의 곳간에는 보물이 가득하다면 나라가 이미 기울었다고 말한다. 백성들의 근본을 잘라 버리고 근원을 고갈시키며, 백성들이 가진 것조차 빼앗으면서도 군주나 재상이 스스로 나쁜 일인 줄 모른다면 나라가 전복되고 멸망하는 것을 선 채로 기다리는 것과 같다. 이러한 군주는 나라를 가지고 있으면서도 자기 몸조차 의지할 곳이 없게 된다. 이런 것을 지극히 탐욕스럽다고 말하는데, 이러한 군주가 가장 어리석은 군주일 것이다. 부유함을 추구하게 되면 장차 자기 나라를 잃게 되고, 이익을 추구하게 되면 자기 몸을 위태롭게 만들 것이다. 예전에는 만 개나 되는 나라가 있었지만 지금은 열 개 정도밖에 없게 되었다. 그 이유는 다름 아닌 나라를 잃어버린 어리석은 군주가 있었다는 단 한 가지 때문이다. 군주가 된 사람은 깊이 깨달아야 한다. 그렇게 된다면 사방 백 리밖에 안 되는 작은 나라로도 홀로 설 수 있을 것이다.

✤ 만약 군주가 자기 혼자 부유하게 살고자 한다면 백성들은 그를 군주로 여기지 않고 도둑으로 여길 것이다. 백성은 굶주리는데 군주 홀로 부유한 나라는 반드시 망하게 된다. 오랜 역사 속에서 수없이 증명된 일인데도 여전히 이와 같은 군주들이 많은 것은 무엇 때문일까? 물질에 대한 욕망을 이겨내지 못하기 때문이다. 물질에게 부림을 받는 사람이 되지 말라고 한 순자의 가르침이 이들에게 필요한 것이다. 덕을 쌓고 백성에게 신뢰를 얻으면 군주가 부유하다고 해도 아무도 원망하지 않을 것이다.

지금도 지구상에 존재하는 많은 나라들 가운데 백성과 함께 부자가 되려고 하는 사람보다 자기 혼자만 부자가 되려는 통치자가 많을지 모른다. 《대학[大學, 유교 경전인 사서(四書) 가운데 하나]》에서는 덕이 근본이고 재물은 말단이라고 했다. 그런데 오늘날 사람들은 이와 반대로 재물이 근본적인 것이고 덕은 그리 중요하게 생각하지 않는다. 순자의 말처럼 군주, 즉 지도자가 된 사람들은 깊이 깨달아야 할 문제다.

11 왕도와 패도[王霸]

왕도는 덕으로 정치를 하는 것이고, 패도는 힘으로 정치를 하는 것이다. 정의를 앞세우고 이익을 뒤로 하면 왕자가 될 수 있지만, 반대로 하면 패자가 되는 것이다. 공자와 맹자 그리고 순자에 이르기까지 모두 도덕적인 군주가 통치하기를 희망했다. 하지만 당시 사회에서는 도덕적 교화보다 무력으로 이웃 나라를 정벌하는 패자가 되기를 희망하는 군주가 많았다. 입으로는 왕도 정치를 내세우지만 실제 마음속에는 어떠한 수단과 방법을 가리지 않고 영토를 넓히려고 하는 군주가 많았다. 춘추 전국 시대(기원전 770년~기원전 221년)가 혼란한 것은 바로 왕도를 실현하려는 군주가 나타나지 않았고, 간언을 통해서 군주를 바로잡으려는 신하가 많지 않았기 때문이다. 이 편에서는 국가의 기능과 군주의 권위, 정치적 방향에 대해 논하고 있다.

　　국가란 천하에서 가장 큰 그릇이요, 군주는 천하에서 가장 큰 권세다. 군주가 올바른 도를 가지고 나라를 유지하면 매우 편안하고 번영되며 아름다움을 쌓는 근원이 될 것이다. 올바른 도를 가지고 나라를 유지하지 않으면 매우 위태로워지고 해롭게 되며 나라를 차지하고 있는 것이 오히려 없는 것만 못하며, 궁극에 이르러서는 평범한 사람이 되고자 해도 될 수 없는 것이다. 제나라 민왕(湣王)과 송나라 헌왕(獻王)이 바로 그런 사람이다. 그러므로 군주는 천하에서 가장 큰 권세를 가졌지만 스스로 편안할 수 없는데, 편안하게 되는 것은 반드시 도를 따르는 경우뿐이다.

국가를 다스리는 자로서 정의를 확립하면 왕자가 되고, 신용을 확립하면 패자가 되고, 권모술수를 앞세우면 패망하게 된다. 이 세 가지는 명철한 군주가 신중하게 선택해야 하는 것이고, 어진 사람이 명백하게 하려고 힘쓰는 것이다.

✦ 전국 시대에 강력한 힘을 가진 일곱 개의 나라를 전국 칠웅이라고 하는데, 제(齊)·조(趙)·진(秦)·연(燕)·위(魏)·초(楚)·한(韓)을 말한다. 이 가운데 제나라는 당시 세력이 막강해서 민왕의 기세도 당당하여 교만을 부리고 말았다. 예전에 제나라에게 수모를 당했던 연나라가 명장 악의를 동원해 조, 초, 한, 위나라와 연합하여 제나라를 정벌하게 된다. 연합군은 제나라의 70여 개의 성을 함락하고 거의 멸망시키게 되었다. 교만 방자했던 제나라 민왕은 도망치고, 위기에 처하자 초나라에 구원을 요청했다. 그런데 초나라 장수 요치(淖齒)가 도우러 왔다가 연합군을 이길 수 없게 되자 제나라 민왕을 잡아 죽이고 말았다.

송나라 헌왕은 본래 강왕(康王)이라고 하는데, 성격이 포악하고 음란하여 수단과 방법을 가리지 않고 미인을 얻었다고 한다. 강왕은 신하인 한빙에게 아름다운 아내가 있다는 것을 알고 한빙을 멀리 보내고 그의 아내를 강제로 데려다 후궁으로 삼았다. 한빙은 억울하고 분해서 자살하고 말았다. 남편이 자살했다는 소식을 들은 아내도 자신의 시신을 함께 묻어 달라는 유언을 남기고 뒤따라 자살하고 말았다. 하지만 강왕은 죽어서도 서로 만나지 못하도록 무덤을 멀리 떨어지게 만들었다. 송나라 강왕은 인의를 싫어하고 용맹함과 힘을 숭상하는 인물이었다. 민왕과 강왕 같은 인물은 힘을 숭상하는 대표적인 군주였다. 덕에 의한 통치를 버리고 지나치게 무력만 숭상하던 군주는 결국 자신도 죽고 나라도 멸망의 위기에 처하게 만들고 말았다.

　국가는 크게 사용하면 커지고, 작게 사용하면 작아진다. 지속적으로 키우면 왕자가 되고, 지속적으로 작게 만들면 망하게 되며, 크고 작은 것을 혼용하면 겨우 생존하게 된다. 크게 사용한다는 것은 정의를 앞세우고 이익을 뒤로 하며, 친소와 귀천을 구분하지 않고 오직 성실하고 능력 있는 사람을 구하여 사용하는 것이니, 이것을 크게 사용한다고 하는 것이다. 작게 사용한다는 것은 이익을 앞세우고 정의를 뒤로 하며, 옳고 그름을 가리지 않고 굽은 것과 반듯한 것을 다스리지 않고 오직 자기와 가까운 사람을 쓰는 것이니, 이것을 작게 사용한다고 하는 것이다. 크게 사용하는 것은 앞에서 말한 것과 같고, 작게 사용하는 것은 뒤에 말한 것과 같으며, 크고 작은 것을 혼용한다는 것은 앞에서 말한 것이나 뒤에서 말한 것을 섞어서 사용하는 것이다.

그러므로 순수하게 크게 사용하는 정치를 하면 왕자가 되고, 크고 작은 것을 섞어서 사용하면 패자가 되며, 크고 작은 것이 하나도 없으면 망하게 되는 것이다.

✛ 왕자와 패자 그리고 패망하는 군주에 대해서 말하고 있다. 정의를 중시하면 왕자가 되고, 자기와 가까운 사람만 등용하면 망하게 되며, 이 둘을 적절하게 혼용하면 패자가 된다는 의미다. 군주가 어떠한 자세로 국가를 다스리느냐에 따라서 큰 나라가 되기도 하고 작은 나라가 되기도 하는 것이다.

나라에 예가 없으면 바르지 않게 된다. 예를 가지고 나라를 바로잡는 것은 저울로 경중을 헤아리고, 먹줄로 곡선과 직선을 재고, 컴퍼스로 원을 그리고 자로 네모를 그리는 것에 비유할 수 있다. 이미 이것을 두었으면 사람을 속일 수 없는 것이다.

왕자가 되려고 하는 군주는 많고, 왕자를 세우고자 하는 선비도 세상에 끊이지 않았지만 천년이 지나도록 왕자가 나타나지 않은 것은 무엇 때문인가? 그것은 군주가 공평하지 못하고 신하들이 충성스럽지 못하기 때문이다. 군주는 어진 사람을 멀리하고 편파적으로 등용하며, 신하는 직위를 다투고 어진 사람을 질투하는 것이 바로 왕자가 나타나지 않은 까닭이다. 그런데도 군주는 어찌해서 마음을 넓혀 친소에 이끌리지 않고 귀천에 치우치지 않으며 오직 성실하고 능력 있는 사람을 구하려고 하지 않는가. 이렇게 한다면 신하는 자기 직분을 가볍게 여겨 어진 사람에게 양보하며 그 뒤를 따를 것이다. 이렇게 한다면 순임금과 우임금이 다시 나타난 것처럼 왕업도 다시 일어나고 그 공적은 천하를 통일하는 데 이르고, 명성은 순임금·우임금과 나란하게 될 것이다. 어떤 즐거운 일이 이처럼 아름다울 수 있겠는가?

아아! 군주가 된 사람은 이 말을 잘 살펴야 할 것이다. 양주(楊朱)는 갈림길에 서서 통곡하며 말하기를 "여기서 한 발을 잘못 내딛는다면 천 리까지 어긋날 것이다. 그래서 슬프게 통곡하는 것이다."라고 했다. 어진 사람을 등용할 것인가의 여부가 역시 국가의 영예와 수치, 안녕과 위험, 생존과 패망의 갈림길에 서게 하는 것이다. 이 슬픔은 양주가 갈림길에 놓인 슬픔보다 더 심한 것이다. 아아! 슬프구나. 군주들이 천년 동안 이 진리를 깨닫지 못하고 있구나.

✤ 국가가 편안하고 위태롭게 되는 것은 한순간이다. 공평한 자세로 어질고 능력 있는 사람을 등용하는 군주가 있어야 하며, 군주의 잘못을 간언하는 신하가 있다면 왕자가 될 수 있다. 누구나 왕자가

되기를 희망하지만 실제 마음은 부국강병한 국가를 희망하기 때문에 결국 패자가 되는 것이다. 군주가 이러한 마음을 가지고 있기 때문에 신하들도 바르지 못하게 된다.

양주는 전국 시대의 학자로 위아설(爲我說)을 주장했는데, 위아설은 이기주의라고 맹자에 의해 비판을 받았다. 즉, 양주는 털 오라기 하나를 뽑아 천하를 이롭게 할 수 있다고 해도 결코 하지 않겠다고 한 인물이다. 그래서 위아설을 극단적 이기주의라고 한다. 양주가 갈림길에서 한 발만 잘못 내딛는다면 천 리까지 어긋날 것이라 말한 것은 왕도와 패도, 패망의 차이가 바로 한 걸음에 의해서 결정되기 때문이었다.

군주의 길은 먼 것이 아니라 가까운 것을 다스리며, 어두운 것이 아니라 밝은 것을 다스리고, 여러 가지가 아니라 한 가지를 다스리는 것이다. 군주가 가까운 것을 다스릴 수 있으면 먼 것도 다스려지며, 군주가 밝은 것을 다스릴 수 있으면 어두운 것도 교화되고, 군주가 하나를 잘 처리할 수 있으면 백 가지 일도 바르게 될 것이다. 천하의 일을 모두 들으면서도 날마다 여유가 있고 다스리는 일이 별로 없게 된다는 것은 이러한 방법을 취했기 때문이다. 이것이 바로 정치의 극치다.

✛ 이 문장은 통치의 방법에 대해서 말하고 있다. 통치를 복잡하게 생각해서 이것저것 많은 것을 처리하고자 하지만 실제는 한 가지만을 잘 다스리면 나머지는 쉽게 다스려지게 되는 것이다. 가까운 사람을 친하게 대하고, 백성을 어진 마음으로 대하며, 그 마음을 미루어 만물을 사랑하는 데까지 확장시키는 것이 유가의 사랑법이다. 정치도 이와 마찬가지다. 사랑을 확대하듯 가까운 곳의 백성을 편안하게 하면 먼 곳의 백성들도 편안하게 될 수 있다.

12 군주의 도리[君道]

군주는 나라를 다스리는 사람이다. 혼자서 나라를 다스릴 수 없기 때문에 어질고 지혜로운 재상을 선발해서 등용하는 것이 군주의 도리요, 각자의 재능에 맞는 관직에 적절하게 분배하는 것도 군주의 몫이다. 군주가 올바르게 인재를 등용하고 정치를 한다면 아첨하는 사람은 저절로 멀어지고, 이익을 탐내는 사람도 사라지며, 청렴하고 깨끗한 사람이 활발하게 일어날 수 있다. 이 편에서는 군주의 역할이 얼마나 중요한 것인가를 논하고 있다.

  군주가 행해야 할 것에 대해 물으니 답하기를 "신하에게 예에 맞게 분배하고 베풀며, 균등하고 공평하며 치우치지 않아야 한다."라고 했다. 신하가 행해야 할 것에 대해 물으니 "예로 임금을 대하고 충성하고 순종하며 게으르지 않아야 한다."라고 했다. 부모가 행해야 할 것에 대해 물으니 "자식에게 너그러운 마음으로 은혜를 베풀고 예로 대해야 한다."라고 했다. 자식이 행해야 할 것에 대해 물으니 "부모를 공경하고 사랑하며 예를 지극하게 하는 것이다."라고 했다. 형이 행해야 할 것에 대해 물으니 "아우를 자애롭게 대하며 우애를 보여 주어야 한다."라고 했다. 아우가 행해야 할 것에 대해 물으니 "형을 공경하고 복종하며 구차하게 하지 않는 것이다."라고 했다. 남편이 행해야 할 것에 대해 물으니 "자기 일을 열심히 하고 다른 여자를 탐하

지 않고, 위엄을 갖추고 남녀의 분별을 명확하게 하는 것이다."라고
했다. 아내가 행해야 할 것에 대해 물으니 "남편이 예의가 있으면 유
순하게 따르며 받들어 모시고, 남편이 예의가 없으면 두려운 마음을
가지고 스스로 조심스레 되돌아보아야 한다."라고 했다.

✿ 군주와 신하의 도리, 부모와 자식의 도리, 형제의 도리, 부부의
도리에 대해서 간명하게 표현하고 있다. 대부분의 사람들은 유교를
군주·부모·남편의 일방적인 강요와 신하·자식·아내의 복종과 희
생으로 생각하는 경우가 많다. 오륜(五倫, 유학에서 사람이 지켜야 할 다섯
가지 도리로 부자유친, 군신유의, 부부유별, 장유유서, 붕우유신을 말함)의 윤리
도 마찬가지다. 그러나 공자와 맹자 그리고 순자까지 쌍방 간의 의
무를 성실하게 행하는 것이 올바른 관계라고 말한다. 강한 쪽이 일
방적으로 명령하거나 지시하는 것이 아니라 서로의 도리를 다했을
때 온전한 관계가 정립되고 바람직한 사회가 되는 것이다.

나라를 다스리는 도리에 대해 물으니 다음과 같이 대답했다. "군주
가 자기 자신을 수양한다는 말은 들었어도 나라를 다스린다는 말은
일찍이 듣지 못했다. 군주는 모범이므로 모범이 바르면 그림자도 바
르게 된다. 군주는 대야와 같아서 대야가 둥글면 물도 둥글게 되고,

군주는 사발과 같아서 사발이 네모지면 물도 네모가 된다. 군주가 활을 쏘면 신하들도 깍지를 끼고 활을 당긴다. 초(楚)나라 장왕(莊王)은 허리가 가는 사람을 좋아했기 때문에 조정에서는 굶어 죽은 사람이 있었다. 그러므로 '군주가 자기 자신을 수양한다는 말은 들었어도 나라를 다스린다는 말은 일찍이 듣지 못했다.'라고 말하는 것이다."

✠ 군주 한 사람의 바른 모습에 의해 모든 것이 안정될 수도 있고, 혼란하게 될 수도 있다. 그만큼 군주가 차지하는 위치가 중요한 것이다. 공자는 군주를 북극성에 비유했다. 어두운 밤하늘에 떠 있는 북극성은 누구나 쉽게 구별할 수 있는 별이다. 군주는 북극성처럼 모든 사람들이 바라보는 사람이다. 그렇기 때문에 군주의 일거수일투족은 신중하지 않을 수 없고, 군주의 언행은 모든 사람의 모범이 되어야 하는 것이다.

도(道)는 무엇인가? 그것은 바로 군주의 도리를 말한다. 그렇다면 군주란 어떤 사람인가? 군주란 바로 집단을 잘 이끄는 사람을 말한다. 집단을 잘 이끌어 간다는 것은 무엇을 말하는가? 그것은 바로 백성들이 경제적으로 잘 살도록 해 주는 것이요, 사람들에게 직분을 잘 배분하여 다스리는 것이요, 유능한 사람을 잘 드러내어 등용하는 것이요, 사람들이 신분에 따라 알맞은 복식을 하도록 하는 것이다. 경제적으로 잘 살도록 해 준다면 사람들도 그를 사랑할 것이요, 직분을 잘 배분하여 다스리면 사람들이 편안하게 될 것이요, 유능한 사람을 잘 드러내어 등용한다면 사람들이 즐거워할 것이요, 신분에 따라 알맞은 복식을 하도록 하면 사람들이 영광스럽게 여길 것이다. 이 네 가지가 갖추어지면 천하가 모두 그에게 돌아올 것이다. 이것을 바로 집단을 잘 이끈다고 하는 것이다.

이와 반대로 백성들이 경제적으로 잘 살 수 없게 하면 그를 친애하지 않을 것이요, 직분을 잘 분배하지 않으면 사람들이 편안하지 않을 것이며, 유능한 사람을 등용하지 않으면 사람들이 즐거워하지 않고, 신분에 따라 알맞은 복식을 하지 못하게 하면 사람들은 영광스럽게 여기지 않을 것이다. 이 네 가지를 잃어버리면 천하의 백성들은 모두 떠나갈 것이다. 이러한 사람을 평범한 사내라고 말한다. 그러므로 도를 잘 보존하면 나라도 보존되고, 도를 잃어버리면 나라도 잃게 된다고 하는 것이다.

✤ 순자는 군주가 해야 할 네 가지 도리를 경제적 풍요, 직분에 따른 통치, 능력에 따른 등용, 신분에 따른 복식이라고 했다. 여기서 직분에 따른 통치나 신분에 따른 복식을 주장한 것은 당시 사회가 신분제 사회였음을 감안해야 한다. 군주가 인심을 얻으면 나라를 얻

고, 인심을 잃으면 나라를 잃는다고 하는 것이 일반적으로 유가에서 말하는 정치론이다. 여기서 순자는 유교적인 군주의 도를 중심에 놓고 구체적인 내용을 제시한 것이다.

군주가 지켜야 할 지극한 도의 큰 모습은 다음과 같다. 군주가 예를 숭상하고 법을 지극하게 하면 나라는 변함없이 안정을 유지하고, 어진 사람을 숭상하고 유능한 사람을 등용하면 백성들은 자신들이 갈 방향을 알게 된다. 공론을 모아 공평하게 살피면 백성들이 의심하지 않게 되고, 열심히 일하는 사람에게는 상을 주고 남의 것을 훔치는 사람에게 벌을 주면 백성들이 게으르지 않게 된다. 백성의 말을 널리 들어서 분명하게 처리한다면 천하가 모두 그에게 돌아올 것이다.

그런 다음에 직분을 분명하게 하고, 사업을 순서에 맞게 하며, 재능과 기술이 있는 사람을 능력에 따라 관직에 등용하여 잘 다스리면 공적인 도리가 통하고 사적인 문은 막히게 될 것이다. 그리고 공정한 의리는 밝혀지고 사적인 일은 멈추게 될 것이다.

이와 같이 된다면 덕망이 두터운 사람은 벼슬을 하고, 아첨하는 사람은 멈추게 되며, 이익을 탐내는 사람은 물러가고, 청렴하고 절개가 있는 사람은 일어서게 된다.

군주는 강하기를 바라고 약한 것을 싫어하며, 편안하기를 바라고 위태로운 것을 싫어하고, 번영하기를 바라고 수치스러운 것을 싫어한다. 이것은 우왕이나 걸왕도 모두 같은 것이다. 바라는 세 가지를 택하고, 싫어하는 세 가지를 피하는 것은 과연 어떻게 할 수 있는가? 그것은 바로 신중하게 재상을 선택하는 것인데, 이것보다 좋은 지름길은 없다. 그러므로 재상은 지혜롭다고 해도 어질지 못하면 안 되고, 어질다고 해도 지혜롭지 못하면 안 된다. 이미 지혜로운 동시에 어질어야 군주의 보배이며 왕자와 패자를 보좌할 수 있을 것이다. 이러한 재상을 빨리 구하지 않으면 지혜롭지 못한 것이요, 구했는데 등용하지 않는 것은 어질지 못한 것이다. 그런 인물이 없는데 요행으로 공을 쌓으려 한다면 이보다 더 어리석은 것이 없다.

✤ 군주가 해야 할 가장 중요한 일은 어질고 지혜로운 사람을 재상으로 등용하는 것이다. 어진 사람을 얻는 것도 쉬운 일이 아닌데, 동시에 지혜까지 갖춘 신하를 얻는다는 것은 매우 어려운 일이다. 하지만 군주의 역할은 용인술에 있다. 인재를 등용하고, 인재를 활용하는 방법에 능통하다면 나라를 다스리는 일은 어렵지 않게 된다. 지혜로운 사람은 어질지 못하고, 어진 사람은 지혜롭지 못한 경우가 많다. 두 가지를 모두 갖춘 인재를 재상으로 등용하는 것은 군주의 복이다.

인재를 선발하는 방법은 다음과 같다. 성실하고 근면하며, 계산에 능하고 세밀하며, 감히 실수하는 일이 없는 사람은 하급 관리의 재능을 가진 사람이다. 단정하게 몸을 닦고, 법을 준수하며 신분을 공경하고, 치우치는 마음이 없으며, 직무를 잘 지키고 자기 일을 잘 처리하여 감히 손해나 이익이 없으며, 대대로 전해서 남에게 빼앗기는 일이 없도록 하는 사람은 사대부로 관청의 우두머리로 쓸 재능을 가진 사람이다. 예의를 숭상하는 것은 군주를 존중하기 위한 것이요, 선비를 좋아하는 것은 이름을 아름답게 하기 위한 것이요, 백성을 사랑하는 것은 나라를 편안하게 하기 위한 것이요, 일정한 법을 두는 것은 풍속을 통일하기 위한 것이다. 어진 사람을 숭상하고 유능한 사람을 등용하는 것은 공을 크게 하기 위한 것이요, 근본에 힘을 쓰고 말단을 억제하는 것은 재물을 늘리기 위한 것이요, 백성과 더불어 적은 이익을 다투지 않는 것은 일을 편하게 하기 위한 것이다. 제도를 명확하게 하고 사물을 저울질하여 실용에 맞게 하는 것은 막힘이 없게 하고자 한 것이다. 이러한 것들을 알면 재상이나 보좌관의 재능이 있는 사람이다.

하지만 이러한 것만으로는 군주의 도리에 미치지 못한다. 이상에서 말한 세 가지 재능을 가진 사람에게 적합한 관직을 주고 그 순서를 잃지 않는 것을 군주의 도리라고 한다.

✢ 하급 관리가 될 재능, 사대부로서 고위 관리가 될 재능, 재상이
나 보좌관이 될 재능은 각기 다르기 때문에 각자의 능력에 맞는 자
리에 적절하게 배분하는 것이 바로 군주의 도리다. 하급 관리의 재
능을 가진 사람을 사대부나 재상에 앉히거나, 이와 반대로 재상의
능력을 가진 사람에게 하급 관리의 일을 맡긴다면 모두 좋은 성과를
내지 못할 것이다. 하루에 천 리를 달리는 천리마를 좁은 부엌에 둔
다면 천리마는 그 재능을 발휘할 수 없는 것이다.

공자는 군자는 일정한 그릇이 되어서는 안 된다고 했다. 이것이
바로 군자불기(君子不器)라는 말이다. 대부분의 그릇은 용도가 한정
되어 있지만 큰 그릇으로 나라를 이끌 군자는 특정한 용도에 한정되
는 것이 아니라 언제 어느 상황에서든 자신의 능력을 발휘할 수 있
어야 한다는 의미다.

13 신하의 도리[臣道]

순자는 신하를 아첨하는 태신(態臣), 찬탈하는 찬신(篡臣), 공을 세우는 공신(功臣), 군주를 성스럽게 만드는 성신(聖臣)으로 구분했으며, 군주는 성군(聖君), 중군(中君), 폭군(暴君)으로 나누어 설명하고 있다. 또한 충성에 대해서도 가장 큰 충성인 대충(大忠), 그 다음 가는 차충(次忠), 가장 낮은 단계의 하충(下忠), 나라를 해치는 국적(國賊)으로 구분하여 설명하고 있다. 이러한 구분은 각각의 역할과 행동의 범위가 규정되어야 신하가 군주를 올바른 도리로 섬기게 된다는 점을 강조하기 위한 것이다. 따라서 순자는 신하가 지켜야 할 기본적인 도리와 군주에 따라 적절하게 섬기는 신하의 도리를 구분해서 설명하고 있다. 그리고 순자는 신하가 군주의 힘과 권위에 따르는 것이 아니라 올바른 도리에 따라야 한다고 강조한다.

신하에 대해서 다음과 같이 논한다.

군주에게 아첨하는 신하 태신이 있고, 군주의 자리를 찬탈하는 찬신이 있으며, 공을 세워 군주를 빛내는 공신이 있고, 군주를 성스럽게 만들어 주는 성신이 있다.

안으로는 백성을 통일시키기에 부족하고, 밖으로는 적을 물리치기에 부족하며, 백성과 친하지 않고, 제후에게 신용도 없으나 교묘하고 민첩하며 말을 잘해서 군주에게 총애를 잘 받는 것이 바로 '태신'이다. 위로는 군주에 대한 충성심이 없으면서 아래로는 백성에게 교묘하게 명성을 얻으며, 공정한 도와 세상에 통하는 의리를 돌아보지 않고 붕당을 지어 군주의 주위를 돌며 사적인 이익에 힘쓰는 것이 바로 '찬신'이다.

안으로는 백성을 통일시킬 수 있고, 밖으로는 적을 물리칠 힘이 있으며, 백성과도 친하고 선비에게 신임을 받으며, 위로는 군주에게 충성하고 아래로는 백성을 사랑하는 데 게으르지 않는 것이 바로 '공신'이다. 위로는 군주를 존중하고 아래로는 백성을 사랑하며, 마치 그림자가 형체를 따르듯 정치적인 법령과 교화를 처리하며, 메아리처럼 갑작스런 변화에 대응하고, 처리할 방법이 없는 일에 대해서는 유추에 따라 처리하며, 자세하게 법과 제도를 제정하는 사람이 바로 '성신'이다. 그러므로 성신을 등용하는 군주는 왕자가 되고, 공신을 등용하는 군주는 강자가 되고, 찬신을 등용하는 군주는 위태롭게 되며, 태신을 등용하는 군주는 망한다.

✤ 순자는 신하의 종류를 성신, 공신, 찬신, 태신으로 구분하며 각각의 특징에 대해서 상세하게 설명하고 있다. 군주가 비록 실수를 하더라도 성신과 공신이 있다면 위험에 처하지 않을 것이다. 그러나 군주가 아무리 훌륭하더라도 아래의 신하들이 태신과 찬신 같은 사람만 있다면 나라는 위험에 빠지거나 멸망할 것이다.

군주의 도리가 중요한 것처럼 신하의 도리도 매우 중요하다. 그렇기 때문에 역사적으로 안정된 국가에는 훌륭한 군주만이 아니라 훌

룽한 신하도 많았던 것이다.

　공경스러우며 겸손하고, 명령을 따르되 민첩하게 행동하며, 감히 사사로이 결정하거나 선택하지 않고, 감히 사사로이 물건을 취하거나 주는 일이 없으며, 군주에게 순종하는 것을 자신의 마음으로 삼는 것이 바로 성군(聖君)을 섬기는 의리다. 충성스럽고 믿음직스러우면서도 아첨하지 않고, 간언하되 아첨하지 않으며, 의연하고 강직하며 마음을 단정히 하고, 치우치는 마음이 없이 옳은 것을 옳다고 말하고 그른 것을 그르다고 말하는 것이 중군(中君)을 섬기는 의리다. 조화롭게 하면서도 나쁜 길로 가지 않고, 부드러우면서도 신념을 굽히지 않으며, 너그러우면서 난폭하지 않고, 지극한 도리로 분명하게 하면서도 조화롭지 않음이 없고, 군주를 교화시켜 그릇된 모습을 바르게 바꾸며, 때를 맞추어 신하의 바른 말을 군주가 잘 받아들이도록 하는 것이 바로 폭군을 섬기는 의리다.

　✢ 군주를 성군과 중군, 폭군으로 구분하고 각각을 섬기는 도리에 대해 설명하고 있다. 성군은 가장 이상적인 군주를 말하고, 중군은 일반적인 보통의 군주이고, 폭군은 가장 나쁜 군주에 해당한다. 군주가 어떠한 사람인가에 따라 신하의 적절한 대응이 필요하다고 본

것이다. 모두 똑같은 방법으로 군주를 섬길 수는 없다. 따라서 폭군을 변화시켜서 성군이 되게 하려면 군주를 섬기는 방법도 순차적으로 바꾸도록 해야지 하루아침에 달라질 수는 없다. 옛날에 조조는 자신의 마음을 잘 아는 신하는 바로 죽였다. 하루는 손님을 초대한 조조가 세 명의 시녀들에게 참외를 가져오라고 했다. 그런데 두 명의 시녀는 조조의 마음을 알지 못해서 죽임을 당했고, 마지막 시녀는 조조의 마음을 너무 잘 알아서 죽임을 당하고 말았다. 즉, 화근을 없애려고 한 것이다. 군주가 폭군일 때는 특히 목숨을 잃을 각오로 섬기지 않으면 군주를 교화시킬 수가 없다.

남을 섬기면서 그 사람을 만족시키지 못하는 것은 부지런하지 않기 때문이다. 부지런한데도 그 사람을 만족시키지 못하는 것은 공경하지 않기 때문이다. 공경을 다했는데도 그 사람을 만족시키지 못하는 것은 충성스럽지 못하기 때문이다. 충성스러운데도 그 사람을 만족시키지 못하는 것은 공로가 없기 때문이다. 공로가 있는데도 그 사람을 만족시키지 못하는 것은 덕이 없기 때문이다. 그러므로 덕이 없는 사람이 도를 행하면 부지런함은 헛수고가 되고, 공로도 무너지고 고생도 사라지고 만다. 그렇기 때문에 군자는 이러한 것을 행하지 않는다.

✤ 사람을 섬기는 데 있어서 가장 중요한 것은 덕이다. 순자는 사람을 섬기는 몇 가지 덕목 가운데 덕, 충성, 공경, 부지런함의 순서로 중요하다고 본 것이다. '덕'이란 훌륭한 인격이라고 표현해도 좋다. 부지런하다는 한 가지 사실만으로도 충분히 존중받을 수 있는 덕목인데, 거기에 공경과 충성하는 마음을 갖춘 사람은 부족함이 없는 것 같다. 하지만 순자는 덕이 없는 사람에게는 부지런함이나 공경, 충성도 의미가 없다고 말한다. 이미 알고 있듯이 훌륭한 인격을 갖추는 것은 쉬운 일이 아니다. 인격은 지속적인 학문을 통해서 지혜를 쌓고, 훌륭한 스승에게 배우며, 선왕이 제정한 예를 실천하면서 서서히 완성되는 것이다. 그렇기 때문에 덕을 갖춘 사람은 나머지 세 가지도 이미 갖추어진 사람일 것이다.

충성의 종류에는 가장 큰 충성인 대충이 있고, 그 다음 가는 차충이 있으며, 가장 낮은 단계의 하충이 있고, 나라를 해치는 국적이 있다. 덕으로 군주를 덮어 주고 교화시키는 것이 가장 큰 충성인 대충이요, 덕으로 군주를 조정하고 보필하는 것이 다음 가는 차충이며, 군주의 잘못을 간언하다가 노여움을 사는 것이 가장 낮은 단계의 하충이다. 군주의 영예와 치욕을 생각하지 않고, 국가의 흥망도 돌아보지 않으며, 자신의 봉록을 유지하고 사교의 범위를 넓히는 것만 힘쓰는 것이 바로 나라를 해치는 국적이다.

주공(周公)이 성왕(成王)에 대해서 한 것이 바로 대충이요, 관중(管仲)이 환공(桓公)을 패자로 만든 것이 차충이며, 오자서(伍子胥)가 부차(夫差)에게 간언하다 노여움을 샀던 것이 하충이고, 조촉룡(曹觸龍)이 폭군 주왕(紂王)을 멸망하게 한 것이 국적이라 할 수 있다.

✤ 주공은 주(周)나라를 세운 무왕(武王)의 동생인데, 무왕이 죽고 조카인 성왕이 어린 나이에 왕위에 오르자 성왕을 보좌하여 국가의 기반을 다진 인물이다. 자신이 충분히 왕위를 차지할 수 있었지만 성왕이 스스로 통치할 수 있게 되자 자연스럽게 권력을 넘긴 인물이었기에 공자는 주공을 몹시 사모했다고 한다.

관중과 환공의 이야기는 너무 많이 알려졌기 때문에 굳이 설명이 필요하지 않을 것이다. 자신을 죽이려고 했던 관중을 믿고 그를 재상으로 등용한 환공, 환공을 첫 번째 패자국의 제후로 만든 관중의 관계는 역사상 가장 성공한 군주와 신하의 관계로 보기도 한다. 오나라와 월나라는 서로 원수 관계에 있었는데, 오나라 부차가 왕위에 오르면서 부친의 원수를 갚으려고 월나라를 정벌했다. 부차의 보좌관인 오자서는 월나라 왕 구천을 죽일 것을 건의했지만 부차는 그 말을 받아들이지 않고 월나라를 속국으로만 만들었다. 또한 오나라의 재상이었던 백비가 부차와 오자서의 사이를 계속 이간질하기도 했다. 결국 오자서는 제나라에 갔다가 돌아오는 길에 아들을 제나라에 맡기고 왔다. 오나라에 있다가는 반드시 화를 당할 것이기 때문이었다. 이 문제가 발각되어 오자서는 부차에게 죽임을 당하고, 부차는 월나라 구천에게 멸망하고 말았다. 부차는 국경까지 도망갔다가 오자서를 믿지 않았던 자신을 질책하며 자결했다. 조촉룡은 은나라의 마지막 왕인 주왕의 좌사(左師)로 아첨을 잘하던 신하였다.

이상과 같이 순자는 어떠한 신하가 군주를 어떻게 섬기느냐에 따라서 국가의 흥망이 결정된다는 역사적 교훈을 들어 신하의 올바른 도리를 설명하고 있다.

14 선비를 끌어들이는 방법[致士]

순자는 이 편에서 선비를 끌어들이는 방법에 대해서 논하고 있다. 선비는 나라의 기둥이므로 간악한 사람을 물리치고 선비를 등용하면 나라가 안정된다고 생각했던 것이다. 국가를 다스리는 것은 자연의 현상만 보고도 알 수 있다. 숲이 무성하면 짐승들이 많이 모이고, 연못이 깊으면 고기들이 모여드는 것처럼 예가 잘 갖추어지면 선비들이 모여들게 된다. 덕망이 높은 군자는 한순간도 없어서는 안 될 중요한 존재다. 그렇기 때문에 군주가 절도를 갖추고 예의를 극진하게 해서 나라를 다스리면 군자와 선비가 몰려들 것이고, 그 결과 백성들은 편안한 삶을 살게 될 것이라고 주장하고 있다.

  냇물이나 연못이 깊으면 물고기와 자라가 모여들고, 산림이 무성하면 금수가 모여들며, 국가의 형벌이 공평하면 백성들이 모여들고, 예의가 갖추어지면 군자가 모여든다. 그러므로 예의가 몸에 넘치면 행실이 닦여지고, 정의가 나라에 가득차면 정치가 분명해지며, 예를 널리 보급해 나가면 귀한 이름이 빛나서 천하가 모두 원할 것이며, 명령이 행해지고 금지령 또한 지켜질 것이니, 왕자의 사업이 여기서 끝날 것이다. 《시경》에 "이 나라 서울에 은혜를 베풀면 사방이 모두 편안할 것이다."라고 했으니 이것을 말한 것이다.
  냇물과 연못은 고기와 자라가 사는 곳이며, 산림은 새와 짐승이 사는 곳이고, 국가는 선비와 백성이 거주하는 곳이다. 냇물과 연못이 마르면 고기와 자라가 떠나고, 산림이 황폐하면 새와 짐승이 떠나며, 국가가 정치를 잘못하면 선비와 백성들이 떠나는 것이다. 토지가 없으면 사람이 편안히 살 수 없고, 사람이 없으면 토지를 지킬 수 없다. 도와 법이 없으면 사람이 오지 않고, 군자가 없으면 도가 행해지지 않는다. 그러므로 토지와 백성, 도와 법은 국가의 근본이요, 군자는 도와 법을 총괄하는 중요한 사람이므로 잠시도 없어서는 안 된다.

군자를 얻으면 다스려지고, 군자를 잃으면 혼란해지며, 군자를 얻으면 편안하고 그를 잃으면 위태롭게 되며, 그를 얻으면 보존되고 그를 잃으면 멸망하게 된다. 그러므로 좋은 법이 있어도 난은 일어날 수 있지만 군자가 있는데 난이 일어났다는 것은 예로부터 지금까지 일찍이 들은 적이 없다. 전해 오는 말에 "나라가 다스려지는 것은 군자에서 생겨나고, 나라의 혼란은 소인에게서 생겨난다."라고 했으니 바로 이것을 두고 한 말이다.

군주의 걱정은 어진 사람을 등용하겠다고 말하지 않는 데 있는 것이 아니고 진실로 어진 사람을 등용하느냐에 있다. 어진 사람을 등용하겠다고 말하는 것은 입으로만 하는 소리이므로 도리어 어진 사람을 물리치는 행동이다. 말과 행동이 상반되면서 어진 사람이 모여들고 어질지 못한 사람이 물러가기를 바란다면 또한 어려운 것이 아니겠는가? 매미를 잡으려고 하는 사람은 불을 밝히고 나무를 흔드는 데 힘쓸 뿐이니, 불이 밝지 않으면 비록 나무를 흔들어도 아무 소용이 없다. 지금 군주가 덕을 밝힐 수 있으면 천하가 그에게 돌아가는 것이 마치 매미가 밝은 불로 모여드는 것과 같다.

❖ 군주는 말로 정치를 하는 것은 아니다. 특히 어진 사람을 등용해야 한다는 것을 알면서도 자신의 욕심 때문에 등용하지 않고 다른 사람에게는 등용할 것이라고 계속 말로만 하는 경우가 많다. 군주가 언행일치(言行一致)하지 않으면 어진 사람도 모이지 않을 뿐만 아니라 어려움이 닥치게 된다. 유가에서는 말과 행동이 일치하는 '언행일치', 또 자신이 배운 학문과 행동을 일치시키는 '학행일치(學行一致)'를 중시했다. 남의 윗자리에 있는 사람은 자신의 말과 행동을 조심해야 하며, 한 번 내뱉은 말은 반드시 지키려고 해야 한다. 그렇게 되면 비록 명령하지 않아도 백성들이 저절로 따르게 되고, 정치는 안정될 것이다.

정사를 처리하고 백성을 대할 때는 도의로써 변화에 맞게 대응하고, 너그러움과 관대함으로 용납하고, 공경한 자세로 솔선수범하는 것이 정치의 시작이다. 그런 다음에 중화(中和)로 관찰하고 결단하여 이것을 보충해 나가는 것이 정치의 중간 과정이다. 그런 다음에 진퇴와 상벌을 내리는 것이 정치의 끝이다. 그러므로 처음 1년은 시작에 해당하고, 3년째 마무리해야 한다. 끝을 처음으로 여기는 것처럼 처음과 끝의 순서를 바꾸면 정치적 명령은 시행되지 않고, 상하가 서로 원망하고 미워할 것이니 혼란이 여기서 일어나는 것이다. 《서경》에 "아무리 옳은 형벌과 옳은 사형이라 할지라도 곧바로 집행하지 말라. 너는 오직 일의 순서가 아직 정해지지 않았다고 생각하여라."라고 했으니, 형벌을 내리기 전에 먼저 교화에 힘써야 함을 말한 것이다.

✛ 순자는 정치의 시작과 중간 그리고 마지막 끝의 과정을 설명하고 있는데, 이것은 본과 말, 시작과 끝을 바르게 할 것을 강조한 것이다. 근본이 확립되면 올바른 도가 생겨나는 것이다. 그렇기 때문에 《대학》에서는 "사물에는 근본적인 것과 말단적인 것이 있고, 일에는 시작과 끝이 있다. 먼저 해야 할 것과 나중에 해야 할 것을 알면 도에 가까울 것이다."라고 했다.

사형을 시켜야 할 죄인이 있다고 해도 곧바로 사형시키지 말라는 말은 스스로 자신을 돌아보고 반성하라는 말이다. 백성을 교화시키지 않고 벌을 주는 것은 함정으로 몰아넣고 죽이는 것과 같은 것이다. 군주는 백성이 죄를 짓지 않도록 미리 교화시켜야 할 의무 또한 있다.

도량형은 사물의 표준이요, 예는 절도의 표준이다. 도량형에 따라 수량을 정하고, 예에 따라 인륜을 정하고, 덕에 따라 위계 순서를 정하고, 능력에 따라 관직을 준다. 대개 절도는 엄밀하게 지켜지고, 백성에게는 너그럽게 해야 한다. 절도가 엄밀하면 아름다운 빛이 나고, 백성에게 너그러우면 백성이 편안하게 된다. 위에서 절도를 극진하게 해서 아름다운 빛이 나고 아래에서 편안하다면, 이것이야말로 최고의 공로이므로 더 이상 더할 것이 없다.

군주는 나라에서 가장 높은 사람이다. 부모는 가정에서 가장 높은 사람이다. 높은 사람이 하나면 잘 다스려지고, 둘이면 혼란스럽게 된다. 예로부터 지금까지 두 명의 어른이 권력을 다투면서 국가가 오래 지속된 경우는 없었다.

스승이 되는 자격에는 네 가지가 있는데, 많이 아는 것은 그 속에 포함되지 않는다. 존엄한 인품을 지니고 있으면서 남의 공경을 받으면 스승이 될 수 있고, 나이가 50, 60세가 되도록 신뢰를 받으면 스승이 될 수 있고, 경전을 외우고 해설하면서 성인들의 말씀을 능멸하거나 범하지 않으면 스승이 될 수 있고, 작은 부분까지 알고 있으면서 이론을 정립하면 스승이 될 수 있다. 그러므로 스승이 되는 자격에는 네 가지가 있지만 많이 아는 것은 그 속에 포함되지 않는다.

물이 깊으면 소용돌이가 일어나고, 나뭇잎이 떨어지면 뿌리에 거름이 된다. 이와 같이 제자가 성공하면 반드시 스승을 생각하게 된다. 《시경》에 "말에는 대답이 없을 수 없고, 덕에는 보답이 없을 수 없다."라고 했으니 이것을 두고 하는 말이다.

✚ 스승이 되는 것은 어려운 일이다. 순자는 스승의 자격을 훌륭한 인품, 신뢰, 성인의 말씀을 따르는 것, 이론의 정립을 들고 있다. 그러면서 지식이 많은 것은 여기에 포함시키지 않았다. 당나라 말기의 문장가이자 학자였던 한퇴지는 〈사설(師說)〉이라는 글에서 스승의 역할을 세 가지로 정리했다. 첫째가 도를 전하는 것, 둘째는 의문점을 해결해 주는 것, 셋째는 평생의 직업을 주는 것이다.

맹자는 당시의 병폐가 남의 스승이 되려고 하는 데 있다고 비판하기도 했다. 사실 다른 사람의 스승이 된다는 것은 매우 어려운 일이다. 그런데 오늘날 대부분의 사람들은 스승을 지식 전달자로 생각하고 있다. 그 사람의 인품이나 덕망은 생각하지 않고 얼마나 잘 가르치는 사람인가 또는 얼마나 아는 것이 많은가에 관심이 있을 뿐이다. 그래서 스승을 존경하는 사람이 없게 되고, 오히려 스승을 무시하는 경우도 많아지게 되었다. 스승이 된 사람은 스스로 스승이 될 자격이 있는지 먼저 생각해야 하고, 학문을 하는 사람은 스승에 대한 존경의 마음을 가져야 한다.

상을 내릴 때는 일정한 기준을 넘지 말아야 하며, 형벌을 줄 때도 기준을 넘어서는 안 된다. 상이 기준을 넘으면 소인이 이익을 받고, 형벌이 기준을 넘으면 군자가 해를 보게 된다. 만약 불행하게도 잘못을 저지른다면 차라리 상을 줄지언정 벌을 주지 말아야 한다. 형벌로 착한 사람을 해치는 것보다는 차라리 상을 내려 소인까지 이익을 보는 것이 낫기 때문이다.

✤ 상과 벌은 항상 신중해야 한다. 오늘날 우리 사회는 법치 국가를 표방하고 있다. 하지만 법이 공정하게 집행되지 않으면 국민은 법을 믿지 않게 되고, 죄를 지어도 뉘우칠 줄을 모르게 된다. 법은 최소한이 될수록 좋다. 법망이라는 말처럼 법이 그물처럼 빽빽하면 백성들은 수족을 둘 데가 없다. 또한 죄를 짓지 않고도 벌을 받는 경우도 발생한다. 따라서 차라리 상을 줄 때는 넘치게 주어도 좋지만 벌을 줄 때는 더욱 신중하게 해야 한다. 상벌이 명확할 때 국가의 통치는 백성의 신뢰를 얻게 되므로, 상벌을 줄 때는 일정한 기준을 벗어나지 않는 공정함이 지켜져야 한다.

15 병법에 대한 논의[議兵]

어진 사람이 전쟁을 하는 이유는 사랑하는 사람들이 폭정에 시달리고 죽음에 이르기 때문이다. 사랑하는 백성을 구하지 않는 것은 어진 사람의 마음이 아니다. 하지만 대부분의 제후는 영토를 넓혀 국가를 부강하게 만들기 위해 전쟁을 일으킨다. 병법에 대한 순자의 생각은 덕으로 백성의 마음을 통일시키고, 그로 인해 어떠한 전쟁도 이길 수 있다는 것이다. 이웃 나라를 병합하는 방법도 힘이나 경제력이 아니라 덕을 통해서 다스리는 것이라고 했다. 이 편에서는 전쟁에 대해 논하고 있지만 근본적으로는 전쟁을 통하지 않고 백성을 잘 따르게 하면 전쟁을 하지 않아도 승리할 수 있으며 천하를 통일하게 된다는 생각이 저변에 깔려 있다.

초나라의 장군 임무군(臨武君)이 순자와 더불어 조(趙)나라 효성왕(孝成王) 앞에서 병법에 관하여 논의하고 있었다. 효성왕이 말했다.

"병법의 요점은 무엇이라고 생각하오?"

임무군이 대답했다.

"위로는 천시(天時, 하늘의 도움이 있는 시기)를 얻어야 하고, 아래로는 지리(地利, 땅의 형세에 따라 얻는 이로움)를 얻어야 하며, 적의 변화를 관찰한 다음에 움직이되 먼저 기선을 잡는 것이 바로 병법의 요점입니다."

순자가 말했다.

"그렇지 않습니다. 제가 들은 옛날의 도리에 따르면 병사를 쓰고 전쟁을 하는 근본은 백성의 마음을 통일시키는 데 있습니다. 활과 화살이 고르지 못하면 예(羿)와 같은 명사수라 할지라도 과녁을 맞힐 수 없으며, 수레를 끄는 말이 조화롭지 못하면 조보와 같이 말을 잘 타는 기수라고 할지라도 먼 곳까지 이르지 못할 것입니다. 군사와 백성이 친근하게 따르지 않으면 탕왕(湯王, 중국 은나라의 초대 왕)과 무왕(武王, 중국 주나라의 제1대 왕)이라 할지라도 반드시 승리할 수 없습니다. 그러므로 백성을 잘 따르게 하는 것이 용병을 잘하는 것이니, 병법의 요점은 백성을 잘 따르게 하는 데 있을 뿐입니다."

임무군이 말했다.

"그렇지 않습니다. 병법에서 귀중하게 여기는 것은 세력을 이용하는 것이요, 실행하는 것은 변화와 속임수에 있으니 용병술이 뛰어난 사람은 움직임이 황홀하고 신비하여 어디서부터 나왔는지를 알 수 없습니다. 손무(孫武)와 오기(吳起)도 이 방법을 사용했기 때문에 천하에서 그를 대적할 자가 없었습니다. 어찌 백성을 잘 따르게 하는 것으로 되겠습니까?"

순자가 대답했다.

"그렇지 않습니다. 제가 말하는 것은 어진 사람의 병법과 왕자의 뜻입니다. 임무군이 귀중하게 여기는 것은 권모술수와 세력이며, 실행하는 것은 공격해서 빼앗고 속임수를 쓰는 것이니 이것은 제후의 일입니다. 어진 사람은 병법에서 속임수를 쓰지 않습니다. 속임수는 상대방이 태만하거나 피폐한 상태 또는 군신 상하의 사이가 덕에서 이탈된 상태에 사용하는 것입니다. 그러므로 폭군 걸왕이 자신과 같은 폭군을 속일 때는 술수에 따라 요행이 있을 수 있겠지만, 걸왕이 요임금을 속이는 것은 계란을 바위에 던지는 격이며, 손가락으로 끓는 물을 휘젓는 격이고, 물불에 달려드는 것과 같은 것이니, 그 속에 들어가면 불에 타거나 물에 빠져 죽을 뿐입니다. 그런 까닭에 어진 사람이 위아래에 있으면 백 명의 장군이라도 마음이 하나가 될 것이며, 모든 군대가 함께 힘을 발휘할 것입니다. 그러니 신하가 군주를 대할 때나 아랫사람이 윗사람을 대할 때 마치 자식이 부모를 섬기고 형이 아우를 섬기는 것 같으며 손이나 팔로 머리와 눈을 막아 주고, 배와 가슴을 덮어 보호하는 것과 같습니다. 속임수를 사용해서 어진 사람을 습격하는 것은 먼저 놀라게 한 다음에 공격하는 것과 마찬가지라 아무 소용없는 일입니다.

또한 어진 사람이 십 리의 나라를 다스리면 백 리 밖의 일까지 들려오고, 백 리의 나라를 다스리면 천 리 밖의 일까지 들려오며, 천 리의 나라를 다스리면 온 세상의 모든 일이 들려오는데, 이것은 반드시 총명하게 서로 경계하고 화합하여 따르는 사람들이 하나가 되기 때문입니다. 그러므로 어진 사람의 군사는 모이면 대오를 이루고, 흩어지면 행렬을 이루며, 늘어서면 마치 막야(莫邪, 중국 오나라 때 명검을 만든 사람으로 칼의 이름 또한 막야로 지음)의 긴 칼과 같아 한 번 휘두르면 모두 끊어지고, 예리하게 대열을 지으면 막야의 날카로움과 같아 그것에 닿으면 모두 무너지고 맙니다. 둥근 원을 만들거나 네모지게 진을 치면 마치 반석과도 같아 여기에 닿는 것은 모두 꺾이고, 머리를 숙이며 눈물을 흘리고 달아날 것입니다.

난폭한 나라의 군주가 장차 누구를 데리고 공격해 오겠습니까? 그가 데리고 온 사람들은 반드시 그의 백성일 것입니다. 그러나 그 백성들이 나를 친애하기를 부모처럼 환영할 것이며, 나를 향기로운 풀처럼 좋아할 것입니다. 그리고 오히려 자기 군주를 돌아보고 무서워하며 원수같이 여길 것이니, 비록 걸왕 같은 폭군이나 도척 같은 도둑이라도 미워하는 사람을 위해 좋아하는 사람을 해치지 않는 것이 사람의 마음입니다. 이것은 마치 남의 자손으로 하여금 그 부모를 해치는 것과 같아서 반드시 와서 알려 주게 될 것입니다. 그러하니 어떻게 속일 수 있겠습니까? 그러므로 어진 사람이 병사를 동원하면 나라가 날로 밝아져 먼저 따르는 자는 편안하고, 뒤에 따르는 자는 위태롭게 되는 것입니다. 또한 대적하려고 생각하는 사람은 해를 당하고 반대하는 자는 망할 것입니다."

✤ 유가의 학자들은 병법에 대해 말하는 것을 꺼린다. 병법은 사람을 죽이는 전쟁에 필요한 것이기 때문에 어진 사람이 통치하는 나라에서는 병법을 사용할 필요가 없기 때문이다. 위나라 영공이 공자에게 병법에 대하여 묻자 공자는 배운 적이 없다고 말한 다음에 그

나라를 떠나고 말았다.

　순자는 병법의 요체를 백성을 잘 따르게 하는 것, 즉 백성의 마음을 통일시키는 데 있다고 했고, 임무군은 변화와 속임수, 즉 권모술수에 있다고 했다. 어진 사람이 백성을 다스리면 백성은 마음으로 복종하여 그를 따르기 때문에 어떠한 전쟁도 이길 수 있다. 무왕이 은나라의 폭군 주왕(紂王)을 정벌하러 가자 은나라 군사들은 창과 방패를 거꾸로 들고 무왕을 맞이했다. 결국 은나라 백성마저 자기 임금을 버렸던 것이다. 이것이 바로 폭군이 초래한 결과다. 백성이 군주를 부모처럼 따르면 어떤 군대가 쳐들어오더라도 막아낼 수 있다는 것이다.

　제자인 진효(陳囂)가 말했다.

　"선생님께서 병법에 대해 말씀하실 때는 항상 인의(仁義)를 근본으로 삼으셨습니다. 인이란 사람을 사랑하는 것이고, 의란 도리를 따르는 것입니다. 그런데 어떻게 전쟁을 할 수 있겠습니까? 일반적으로 전쟁이란 쟁탈하는 것이지 않습니까?"

　순자가 말했다.

　"그것은 그대가 알 수 있는 것이 아니다. 인이란 사람을 사랑하는 것인데, 사람을 사랑하기 때문에 다른 사람을 해치는 것을 미워하는 것이다. 의는 도리를 따르는 것인데, 도리를 따르기 때문에 다른 사람을 어지럽게 하는 것을 미워하는 것이다. 전쟁이란 난폭한 행위를 금지하고 해악을 제거하기 위한 것이지 결코 쟁탈을 위한 것이 아니다. 그러므로 어진 사람의 군대가 머물면 신성하게 되고, 지나가면 교화가 된다. 마치 때에 맞게 내리는 비와 같아서 기뻐하지 않는 사람이 없다. 그런 까닭에 요임금은 환도(驩兜)를 정벌하고, 순임금은 유묘족(有苗族)을 정벌했고, 우임금은 공공(共工)을 정벌하고, 탕임금은 하나라 걸왕을 정벌하고, 문왕은 숭(崇)나라를 정벌했으며, 무왕은 주왕을 정벌했다. 위에 말한 네 명의 황제와 두 명의 왕은 모두 인의의 군대를 가지고 천하에 실행했던 것이다. 그러므로 가까운 자들은 그들의 선정을 친근하게 여기고, 먼 자들은 그들의 덕을 사모했다. 군대는 칼에 피를 묻히지 않고도 먼 데서 가까운 곳까지 복종시켰다. 그들의 덕은 여기서 성대해지고 사방까지 미쳤던 것이다."

❖ 제후의 전쟁은 쟁탈을 위한 것이 대부분이다. 그러나 때로는 백성을 지키기 위해 전쟁을 해야 하는 경우도 있다. 그것이 바로 인자(仁者, 마음이 어진 사람)의 전쟁이다. 인자는 백성을 사랑하기 때문에 폭정에 시달리는 백성을 외면할 수 없는 것이고, 혼란한 나라를 안정시켜야 할 책무가 있는 것이다. 순자는 이러한 인자의 전쟁은 찬성하고 있다. 《맹자》〈만장〉 편에는 "순임금이 공공을 유주로 유배

시키고, 환도를 숭산으로 내쫓고, 삼묘를 삼위에서 죽이고, 곤을 우산에서 죽였다."라고 했는데 이는 순자의 말과는 약간 차이가 있다.

　무릇 다른 나라를 병합하는 데는 세 가지 방법이 있다. 덕으로 병합하는 방법, 힘으로 병합하는 방법, 경제력으로 병합하는 방법이 바로 그것이다. 그들이 우리의 명성을 존귀하게 여기고, 우리 덕행을 아름답게 여겨 우리 백성이 되기를 원하기 때문에 문을 열고 길을 쓸어 우리가 들어오는 것을 맞이한다. 그 백성을 그 자리에 받아들이면 모든 백성들이 편안하고, 법을 세워 명령을 내리면 따르지 않는 자가 없을 것이다. 그러므로 영토를 얻으면 권세가 더욱 무거워지고 백성들을 병합하면 군대는 더욱 강해진다. 이것은 바로 덕으로 병합했기 때문이다.
　우리 명성을 존귀하게 여기지 않고, 우리 덕행을 아름답게 여기지 않지만 우리의 위엄을 두려워하고 우리 세력을 겁내기 때문에 백성들이 비록 이탈하려는 마음이 있어도 감히 배반할 생각을 하지 못한다. 이와 같이 된다면 병사와 무기가 많아지게 되고 군대를 유지하는 비용도 많이 들게 된다. 그러므로 영토를 얻어도 권세는 더욱 가벼워지고 나라를 병합했더라도 군대는 더욱 약하게 된다. 이것은 바로 힘으로 병합했기 때문이다.

우리 명성을 존귀하게 여기지 않고, 우리 덕행을 아름답게 여기지 않으면서도, 가난 때문에 부유함을 찾고, 기근 때문에 배부름을 찾으며, 배가 고파서 입을 벌리고 백성들이 내게로 얻어먹으러 오게 된다. 이와 같이 된다면 반드시 작은 창고를 열어서라도 곡식을 먹여야 하며, 재물을 가지고 부유하게 해 주며, 선량한 사람을 관리로 세워서 대접하여 3년이 지난 뒤에 백성으로서 믿을 수 있을 것이다. 그러므로 영토를 얻어도 권세는 더욱 가벼워지고, 나라를 병합해도 더욱 가난하게 된다. 이것은 바로 경제력으로 병합했기 때문이다. 그러므로 덕으로 병합하면 왕자가 되고, 힘으로 병합하면 약해지고, 경제력으로 병합하면 가난하게 되는 것이니, 이것은 예나 지금이나 마찬가지다.

✤ 전국 시대에는 다른 나라를 정벌하기 위한 전쟁이 끊임없이 계속되었다. 순자는 다른 나라를 통합하는 방법으로 덕과 무력, 경제력을 제시했으며 이 가운데 덕으로 통합하는 것을 가장 이상적인 방법으로 제시하고 있다.

16 강한 나라[彊國]

이 편에서는 나라를 부강하게 만드는 방법에 대해서 논하고 있다. 순자는 국가를 다스리는 데 가장 중요한 것은 예의와 법도라고 보았다. 그 가운데서도 예는 나라의 운명이 달린 것이며 강한 나라는 경제력이나 군사력이 튼튼한 것을 말하는 것이 아니라 군주의 도덕적 권위와 정의로움, 그리고 세력보다 올바른 도리를 중시하는 데 있다고 주장한다. 그래서 순자는 "사람의 운명은 하늘에 있고, 나라의 운명은 예에 달려 있다. 군주가 된 사람이 예를 높이고 어진 사람을 존중하면 왕자가 되고, 법을 중시하고 백성을 사랑하면 패자가 되고, 이익을 좋아하고 속이는 일이 많으면 위태롭게 되고, 권모술수에 힘쓰고 음험한 짓을 하면 망한다."라고 했다. 권불십년(權不十年)이라는 말처럼 권력은 한순간이지만 올바른 삶의 도리는 영원히 존재하는 힘이다.

　주물을 만드는 거푸집이 반듯하고, 철재 재료가 아름다우며, 장인의 기술이 교묘하고, 화력이 적당했을 때 주물을 빼면 막야와 같은 명검이 된다. 그러나 아무리 명검이라도 표면을 매끄럽게 벗겨내고 숫돌에 갈지 않으면 새끼줄도 끊을 수 없게 된다. 표면의 이물질을 벗겨내고 숫돌에 갈아야 대야와 소반 같은 쇠붙이도 자를 수 있고, 소와 말 같은 짐승도 한 번에 베어 버릴 수 있다. 국가라고 하는 것 또한 강한 나라를 주물 틀에 넣었다 빼는 것과 같다. 그런즉 가르치지 않고 조화롭게 통일시키지 않으면 나라를 지키지도 못하고 밖으로 나가서 전쟁을 할 수도 없다. 백성을 가르치고 조화롭게 통일시키면 군대가 강력해지고 성곽이 견고해져서 적국이 감히 넘보지 못하는 것이다. 국가에도 또한 숫돌과 같은 것이 있는데 예의와 법도가 바로 그것이다. 그러므로 사람의 운명은 하늘에 있고, 나라의 운명은 예에 달려 있다. 군주가 된 사람이 예를 높이고 어진 사람을 존중하면 왕자가 되고, 법을 중시하고 백성을 사랑하면 패자가 되고, 이익을 좋아하고 속이는 일이 많으면 위태롭게 되고, 권모술수에 힘쓰고 음험한 짓을 하면 망한다.

✤ 국가의 운명을 좌우하는 것은 예라는 주장이다. 백성을 가르치는 것도 바로 예로 가르쳐야 하는 것이다. 아무리 좋은 칼이라도 숫돌에 갈아야 날카롭게 되는 것처럼, 아무리 강한 국가일지라도 백성을 조화롭게 통일시켜야 한다. 백성을 조화롭게 통일시키는 것이 바로 예의와 법도다. 그런데 법으로 나라를 강하게 만드는 것은 예보다 한 단계 낮은 방법이다. 그렇기 때문에 예를 가지고 나라를 다스리면 왕자가 되지만 법을 가지고 나라를 다스리면 패자가 되는 데 그치고 만다.

나라의 위엄에는 세 가지가 있는데, 도덕적인 위엄, 폭력적인 위엄, 미치광이 같이 망령된 위엄이 있다. 이 세 가지 위엄은 깊이 살펴야 한다.

예와 음악을 닦고, 상하의 분별을 명확하게 하며, 일은 때에 맞게 하고, 백성을 사랑하고 이롭게 하는 것이 법도에 맞으면 백성이 군주를 상제(上帝)처럼 귀하게 여기고 하늘처럼 높이며 부모처럼 친하게 대하고 신처럼 두려워할 것이다. 그러므로 상을 주지 않아도 백성들이 좋아하고 벌을 주지 않아도 위엄이 행해진다. 이것을 바로 도덕적인 위엄이라고 하는 것이다.

예와 음악이 닦여지지 않고, 상하의 분별도 분명하지 않으며, 일은 때에 맞지 않고, 백성을 사랑하고 이롭게 하는 것은 법도에 맞지 않게 한다. 그러면서도 포악함을 금지하는 데는 엄중하고, 복종하지 않는 사람을 죽이는 데는 세밀하며, 형벌을 중시하여 자신이 지시한 대로 따르게 하고, 죄인을 죽이는 일은 기필코 행하여 갑자기 천둥이 치고 담장이 무너지는 것처럼 한다. 이렇게 하면 백성들은 위협을 받을 때는 두려워 떨다가 도를 넘으면 임금에게 오만하게 굴며, 구속을 당할 때는 모이다가 틈이 보이면 흩어지고, 중간 정도로 대응하면 전세마저 빼앗긴다. 형세로 위협하지 않거나 극형으로 이끌지 않으면 다스려 갈 방법이 없다. 이것을 폭력적인 위엄이라고 한다.

사람을 사랑하는 마음이 없고, 이롭게 하는 일도 없으며, 날마다 백성들을 혼란하게 하는 일만 하며, 백성들이 소란을 일으키면 쫓아가서 포박하여 잔인한 형벌을 줄 뿐 사람의 마음을 화합하려고 하지 않는다. 이와 같이 하면 백성들은 서로 흩어져 임금 곁을 떠나게 될 것이니, 나라가 전복되고 멸망할 날을 서서 기다릴 것이다. 이것을 미치광이 같이 망령된 위엄이라고 한다.

그렇기 때문에 이 세 가지 위엄은 깊이 살피지 않을 수 없다. 도덕적인 위엄은 나라를 편안하고 강하게 만들 것이요, 폭력적인 위엄은 나라를 위태롭고 약하게 만들 것이며, 미치광이 같이 망령된 위엄은 나라를 멸망하게 할 것이다.

✢ 군주의 위엄을 세 가지로 분류하고 있는데, 도덕을 통해서 위엄을 갖추는 경우가 있고, 힘을 통해서 위엄을 보이는 방법이 있으며, 백성을 혼란하게 하는 망령된 위엄이 있다. 위엄이란 오늘날 용어로는 '카리스마'라고 하는데, 통치자가 갖는 카리스마는 보통 권력이나 힘에서 나오는 것으로 생각한다. 그런데 순자는 도덕적 카리스마를 가장 큰 위엄이라고 생각했다. 오늘날 정치인들이 국민에게 신뢰받지 못하는 것은 도덕성이 부족하기 때문이다. 위정자들은 다른 사람보다 높은 도덕성을 갖추어야 한다. 만약 권력이나 포악한 힘으로 위엄을 세우려고 한다면 굳이 지금의 위정자가 정치를 할 필요는 없다. 길 가는 행인 가운데 아무나 붙잡아 정치를 맡기고 권력과 힘을 주어도 다르지 않을 것이기 때문이다. 도덕성은 위정자가 갖추어야 할 가장 첫 번째 위엄이다.

순자가 제(齊)나라의 재상에게 다음과 같이 말했다.

"남을 이길 만한 세력을 차지하고 남을 이길 만한 도리를 행하면서도 세상의 모든 사람이 원망하지 않게 한 것은 은나라 탕왕과 주나라 무왕의 경우라 하겠습니다. 남을 이길 만한 세력을 차지하고 있으면서도 남을 이길 도리가 없고, 천하를 차지할 만한 두터운 세력이 있으면서도 스스로 필부가 되어 천하를 얻지 못한 것은 하나라 걸왕과 은나라 주왕의 경우라 하겠습니다. 그러므로 남을 이길 만한 세력보다 남을 이길 만한 도리가 훨씬 중요한 것입니다. 임금이나 재상은 남을 이길 만한 세력을 가진 사람입니다. 옳은 것은 옳다 하고, 그른 것은 그르다 하고, 유능한 것은 유능하다, 무능한 것은 무능하다고 해야 하는 것입니다. 자신의 사적인 욕심을 버리고, 반드시 도리를 통해 공정한 방법과 공통된 의리를 서로 겸해야 합니다. 이것이 곧 남을 이길 수 있는 길입니다.

걸왕과 주왕은 성왕의 뒤를 이은 자손이요, 천하를 소유한 왕의 대를 이은 사람입니다. 또한 세력을 차지하고 있으며 천하의 종실로서 토지의 크기는 경내가 사방 천 리나 되고, 백성의 숫자는 억만이나 되었습니다. 그러나 갑자기 천하 사람들이 걸과 주를 버리고 탕왕과 무왕에게 달려갔습니다. 동시에 걸·주를 미워하고 탕·무를 귀하게 여겼으니 이것은 도대체 무슨 까닭이겠습니까? 걸·주는 무엇 때문에 천하를 잃었으며, 탕·무는 무엇 때문에 천하를 얻었겠습니까? 이것은

다른 이유가 아니라 걸·주는 다른 사람이 싫어하는 짓을 하고 탕·무
는 남이 좋아하는 짓을 했기 때문입니다. 다른 사람이 싫어하는 것은
무엇이겠습니까? 그것은 더러운 행실과 쟁탈과 이익을 탐내는 행위
때문입니다. 다른 사람이 좋아하는 것은 무엇이겠습니까? 그것은 곧
예의와 사양과 충신(忠信)입니다. 오늘날의 임금들은 자신을 비교할 때
탕·무와 나란히 언급되기를 바랍니다. 자기 나라를 통치하는 방법은
걸·주와 다르지 않으면서 탕·무와 같은 명성을 구하고자 하니 가능
한 말이겠습니까?

　인간에게는 생명보다 귀중한 것이 없고, 편안한 것보다 즐거운 것
이 없습니다. 또한 삶을 잘 누리고 편안하게 즐기기 위해서는 예의보
다 중요한 것이 없습니다. 인간이 생명의 귀중함과 편안하게 즐겨야
한다는 것을 알면서도 예의를 버리는 것은 마치 오래 살고자 하면서
스스로 목을 매는 것과 같은 것이니 이보다 더 어리석은 일은 없습니
다. 그러므로 군자는 백성을 사랑하는 데서 편안함을 느끼고, 선비를
좋아하는 데서 영예롭게 되는 것입니다. 이 두 가지 가운데 하나만
없어도 망하게 되는 것입니다."

✤ 다른 사람을 이길 만한 세력보다 남을 이길 만한 도리가 더욱
중요하다는 주장이다. 세력은 한순간이지만 도리는 오랜 세월 지탱
하는 힘이기 때문이다.

다른 제후국과 경쟁을 하며 전쟁을 하던 제나라는 항상 경계하고 두려움에 떨어야 했다. 그런데 제나라가 이러한 두려움을 떨칠 수 있는 방법은 바로 세력을 키우는 것보다 백성에게 올바른 도리를 실천해서 모든 백성이 공감하는 의리를 실천하는 것이었다. 폭군으로 명성이 자자한 걸과 주는 성왕의 뒤를 계승한 종실의 인물이었지만 결국 멸망하고 말았다. 그 이유는 백성이 싫어하는 행위를 했기 때문이다. 그와 반대로 탕·무는 백성들이 좋아하는 행동을 했기 때문에 쉽게 천하를 차지할 수 있었다.

그러므로 군주는 백성이 좋아하는 것을 해야 하며, 생명을 존중하는 행위를 해야 한다. 생명을 귀중하게 여기고 백성을 즐겁게 하는 데는 예의가 최고다. 순자는 나라를 유지하는 데 그 어떤 것보다 예를 중요하게 여겼다. 예를 잃으면 나라도 잃게 되는 것이라고 생각했다.

간사한 사람이 생겨나는 까닭은 윗사람이 의(義)를 소중하게 여기지 않고 의를 공경하지 않기 때문이다. 의라는 것은 사람이 악한 짓과 간사한 행위를 하지 못하도록 금지하기 위해서 있는 것이다. 지금 윗사람이 의를 소중하게 여기지 않고 공경하지도 않으면 아래에 있는 백성들은 모두 의로운 뜻을 버리고 간사한 마음만 추구할 것이다. 이것이 간사한 사람이 생겨난 이유다. 또 윗사람은 아랫사람의 스승이다. 아랫사람이 윗사람과 조화를 이루는 것은 마치 소리에 따라 울리는 메아리나 형체에 따라 움직이는 그림자와 같은 것이다. 그러므로 남의 윗사람이 된 사람은 의(義)에 순응하지 않으면 안 된다. 의라는 것은 안으로는 사람을 절제하고 밖으로는 만물을 절제하는 것이다. 또 위로는 군주를 편안하게 하고, 아래로는 백성을 조화롭게 하는 것이다. 안과 밖, 위와 아래를 절제하는 것이 의(義)의 뜻이다. 그러므로 천하를 다스리는 요체는 의가 근본이 되고 믿음이 그 다음이다.

옛날에 우왕과 탕왕이 의를 근본으로 하고 믿음에 힘써서 천하를 다스렸고, 걸과 주는 의를 버리고 믿음을 배반하여 천하가 혼란에 빠졌다. 그러므로 남의 임금이 된 사람은 반드시 예의를 갖추고 충신에 힘쓴 뒤에야 비로소 임금 노릇을 할 수 있을 것이니, 이것이 군자의 큰 근본이다.

✤ 의(義)는 '정의' 또는 '의리'라고 풀이할 수 있다. 유가에서는 모두 인과 의와 예를 중시했다. 그 가운데 공자는 인을 더욱 중시하고, 맹자는 의를 중시했으며, 순자는 예를 중시했다고 말할 수 있다. 인이 편안한 집이라고 한다면, 의는 편안한 집으로 가는 길이고, 예는 올바른 길을 따라 단정한 모습으로 가는 것이다.

특히 '의'는 '이(利)'와 서로 대비해 설명되는 경우가 많은데, 이익

이란 정의를 해치는 경우가 많기 때문이다. 나라를 다스리는 데에서
도 의는 매우 중요한 덕목이며, 특히 윗사람이 모범을 보여야 하는
덕목이기도 하다.

17 천도에 대해 논함[天論]

이 편의 핵심은 자연법칙과 인간의 도리는 서로 구분되어야 한다는 점이다. 즉, 순자의 자연관을 살펴볼 수 있는 곳이다. 특히 자연과 인간은 서로 분리되어 있다는 '천인상분(天人相分)'의 논지는 당시로서는 매우 탁월한 주장이라고 할 수 있다. 하늘은 인간 사회를 지배하는 존재가 아니며, 화복을 내리는 존재도 아니다. 하늘은 그저 자연의 한 현상일 뿐이다. 화복은 인간 자신이 만드는 것이다. 따라서 인간으로서의 도리를 다하면 자신의 운명을 개척할 수 있다는 것이 순자의 생각이다. 천도와 인도가 상호 연관되어 있다고 하는 주장이 당시 사회에서는 보편적인 생각이었다. 순자는 이러한 생각을 벗어나 인간 자신의 도리와 노력을 강조하고 있다.

천도의 운행에는 불변하는 법칙이 있다. 요임금을 위해서 존재하는 것도 아니고 걸을 위해서 없어지는 것도 아니다. 좋은 정치로 대응하면 길하고, 혼란으로 대응하면 흉하게 된다. 근본에 힘쓰고 절약하면 하늘도 가난하게 할 수 없고, 건강을 준비하고 때에 맞게 운동을 한다면 하늘도 병들게 할 수 없으며, 도를 닦아서 두 가지 마음을 품지 않으면 하늘도 재앙을 내릴 수 없다. 그러므로 홍수와 가뭄도 사람을 배고픔과 목마름에 빠뜨릴 수 없고, 추위와 더위도 아프게 할 수 없으며, 괴상한 일도 나쁘게 만들 수 없다.

근본이 황폐하고 사치하면 하늘도 그를 부유하게 할 수 없고, 건강을 돌보지 않고 운동을 하지 않으면 하늘도 그를 온전하게 할 수 없고, 도를 배반하고 행동을 함부로 한다면 하늘도 그를 좋게 만들 수 없다. 그러므로 홍수와 가뭄이 오지 않아도 굶주리고 목마르게 될 것이고, 추위와 더위가 이르지 않아도 병에 걸리며, 괴상한 일이 일어나지 않아도 나쁘게 될 것이다. 때를 만나는 것은 잘 다스려진 세상과 같다. 하지만 재앙이 일어나는 것이 잘 다스려진 세상과 다르다고 해서 하늘을 원망하는 것은 옳은 태도가 아니다. 이것은 사람들의 도리가 그렇게 만든 것이다. 그러므로 하늘과 인간의 구분에 밝은 사람이면 지인(至人, 더없이 덕이 높은 사람)이라고 할 것이다.

✛ 고대에는 인간의 운명이 하늘의 법칙에 따라서 달라진다고 생각하거나 인간이 하늘의 지배를 받는다고 생각했다. 그런데 순자에 의해서 비로소 하늘과 인간이 분리되는 천인지분(天人之分)의 주장이 나오게 된다. 즉, 자연계의 법칙과 인간의 법칙이 서로 분리되어 독립된다는 의미다. 인간이 화를 당하거나 복을 받는 것은 모두 인간 자신의 행위에 의해 결정되는 것이지 하늘에 의해서 화복이 내려지는 것은 아니다. 후대의 학자들은 이러한 순자의 주장 때문에 순자를 유물론자로 분류하기도 한다.

하는 일이 없어도 완성되고, 구하려고 노력하지 않아도 저절로 얻어지는 것을 '천직(天職)', 즉 자연의 직분(마땅히 하여야 할 본분)이라고 한다. 이처럼 자연의 직분이 아무리 심오하더라도 성인과 같은 사람은 거기에 자기 생각을 더하려고 하지 않고, 비록 자연의 직분이 위대하다고 하더라도 거기에 지능을 더하려 하지 않으며, 비록 정밀하더라도 거기에 세밀한 관찰을 가하려고 하지 않는다. 이것을 하늘과 더불어 직분을 다투지 않는다고 하는 것이다. 하늘에는 하늘의 직분인 사시(四時)가 있고, 땅에는 땅의 직분인 자원이 있으며, 사람에게는 사람의 직분인 다스림이 있다. 이것을 천지의 직분과 함께 참여한다고 말하는 것이다. 인간이 자신이 참여해야 할 것을 버리고 천지의 일에 참여하고자 한다면 어리석은 일이다.

✛ 사계절이 운행되거나 해와 달이 번갈아 뜨고 지는 것은 자연현상이다. 이것은 인간의 힘이 가해지지 않아도 완성되는 것이다. 인간이 자기 생각을 더하거나 지능을 더한다고 해도 아무런 영향을 미치지 못하는 것이므로 성인(聖人)이나 지인(至人)과 같은 사람들은 그러한 행위를 하지 않는다. 자연의 법칙이 저절로 운행되는 것처럼 인간에게도 인간의 직분이 있다. 그것은 바로 안정된 사회를 만드는 정치다. 하늘에 사계절이 있고, 땅에 자원이 있듯이 인간에게는 안정된 사회를 이루는 자기 직분이 있다는 말이다.

세상이 잘 다스려지는 것과 혼란한 것은 하늘에 의해서 결정되는 일일까? 해, 달, 별의 운행은 우왕 때나 걸왕 때나 모두 같았지만 우왕은 통치를 잘했고, 걸왕은 혼란을 만들었다. 그렇다면 다스려지는 것과 혼란한 것은 하늘에 의해서 결정되는 것이 아니다. 그러면 때에 따라 결정되는 것일까? 봄에 곡물의 싹이 트기 시작하고, 여름에 성장하며, 가을에 수확하고, 겨울에 저장하는 것은 우왕 때나 걸왕 때나 모두 같았으나 우왕은 통치를 잘했고, 걸왕은 혼란을 만들었다. 그렇다면 다스려지는 것과 혼란한 것은 때에 따라 결정되는 것이 아니다. 그럼, 땅에 의해서 결정되는 것일까? 땅을 얻으면 생존하고, 땅을 잃으면 죽는 것은 우왕 때나 걸왕 때나 모두 같았지만 우왕은 통치를 잘했고, 걸왕은 혼란을 만들었다. 그렇다면 다스려지는 것과 혼란한 것은 땅에 의해서 결정되는 것도 아니다.

✤ 세상의 안정과 혼란은 모두 인간의 바른 정치에 의해서 결정되는 것이지 하늘이나 땅에 의해서 결정되는 것이 아니다. 똑같은 자연 현상을 겪으며 살았지만 우왕은 현명하게 통치를 잘했고, 걸왕은 세상을 혼란하게 만들었다. 여기서 순자는 하늘과 땅, 때와 같은 예를 들며 자연법칙과 인간 사회의 도리를 구분하고 있다.

하늘은 사람이 추위를 싫어한다고 해서 겨울이 하는 일을 멈추지 않는다. 땅은 사람이 먼 길을 싫어한다고 해서 땅의 넓이를 줄이지 않는다. 군자는 소인이 잔소리를 하며 시끄럽게 한다고 해서 바른 행위를 멈추지 않는다. 하늘에는 불변하는 법칙이 있고, 땅에는 불변하는 수리의 법칙이 있고, 군자에게는 불변하는 몸가짐이 있다. 군자는 불변하는 것을 도리로 여기고 살지만 소인은 이익만을 추구하며 공로를 계산한다.

✤ 하늘과 땅과 인간에게는 모두 불변하는 법칙이 있다. 그것을 상도(常道)라고 한다. 인간의 상도는 오륜과 같은 떳떳한 도리를 말한다. 그렇기 때문에 군자는 상도를 잘 지키지만 소인은 자신의 이익만을 따지면서 상도를 위반하려고 한다.

초나라 왕의 뒤에 따르는 수레가 천승이나 된다고 하더라도 그가 지혜로운 것은 아니다. 군자가 콩이나 먹고 물이나 마신다고 그가 어리석은 것은 아니다. 이것은 그 시절이 그러하니 생긴 일이다. 만약 마음과 의지를 닦고 덕행을 두터이 하며, 지혜와 사려를 밝게 하고 오늘날에 살면서 옛날의 도리를 마음에 둔다면, 이러한 일은 자신에게 달려 있는 문제다. 그러므로 군자는 자신에게 있는 것을 공경하고 하늘에 속하는 것을 사모하지 않는다.

이와 달리 소인은 자신에게 있는 것을 버려두고 하늘에 속하는 것을 사모한다. 군자는 자신에게 있는 것을 공경하고 하늘에 속하는 것을 사모하지 않기 때문에 날로 진보하고, 소인은 자신에게 있는 것을 버려두고 하늘에 속하는 것을 사모하기 때문에 날로 퇴보하는 것이다. 그러므로 군자가 날로 진보하는 것과 소인이 날로 퇴보하는 것은 같은 이유에서 나온다. 군자와 소인이 서로 차이가 나는 것은 바로 여기에 있을 뿐이다.

✤ 순자의 천인지분은 인간의 직분과 하늘의 직분이 다름을 인정하는 것이다. 인간의 힘으로 어찌할 수 없는 것에 대해서 군자는 애써 구하려고 하지 않는다. 군자는 부귀한 것이나 권력을 잡는 것을 목표로 삼지 않고 자신의 내면을 충실하게 하는 데 힘을 쓴다. 가난 속에서도 자신의 도를 즐길 수 있는 것이 바로 군자의 목표다. 벼슬하지 않아도 군자를 얕보는 사람은 없고, 가난하다고 흉보는 사람도 없으며, 말을 하지 않아도 저절로 위엄이 있는 것이 바로 군자다.

맹자는 세상에서 공통으로 존귀하다고 여기는 세 가지가 있는데 벼슬과 나이와 덕망이라고 말했다. 이 가운데 맹자가 가장 존귀하다고 여기는 것은 바로 덕망이었다. 군자는 자신의 내면에 있는 것을 충실하게 하고, 소인은 이와 반대로 자신의 내면을 충실하게 하는 것에는 게을리하면서 자신의 의지로 얻을 수 없는 것을 추구한다. 그러므로 결국 소인은 덕을 쌓을 수 없는 것이다.

기우제를 지내면 비가 오는데 이는 무엇 때문일까? 거기에는 아무런 이유가 없다. 마치 기우제를 지내지 않아도 비가 내리는 것과 같은 것이다. 일식이나 월식 때 해와 달을 구제하려고 하는 것이나 가뭄에 기우제를 지내는 일, 점을 쳐서 큰일을 결정하는 것 등은 좋은 결과를 얻기 위해서 하는 것이 아니라 의례적으로 행하는 것이다. 그러므로 군자는 그것을 꾸밈으로 생각하고, 백성은 그것을 신령스럽게 여긴다. 꾸밈으로 생각하면 길하게 되고, 신령스럽게 생각하면 흉이 된다.

✿ 순자는 가뭄이 들었을 때 기우제를 지내는 행위나 점을 쳐서 일을 결정하는 것을 부정하고 있다. 그것은 형식적으로 하는 행위에 불과하기 때문이다. 공자가 병이 깊이 들었을 때 제자인 자로(子路)가 기도하기를 간청했는데, 공자는 "내가 기도한 지가 오래되었다."라고 했다. 공자가 기도한 지 오래되었다고 한 것은 하늘에 기도할 만큼 잘못을 저지른 일이 없다고 생각했기 때문이다. 공자와 순자의 태도는 서로 비슷한 것이다. 어려운 환경에 처하면 하늘에 기도를

드리고 싶은 것이 인지상정이다. 하지만 하늘에 의지한다고 해결되는 것은 없다. 게다가 하늘에 운명을 맡기면서 노력을 하지 않고 게을러질 수 있기 때문에 더욱 바람직한 일이 아니다.

　　하늘에 있는 것 가운데 해와 달보다 밝은 것이 없고, 땅에 있는 것 가운데 물과 불보다 밝은 것이 없고, 사물 가운데는 진주와 옥보다 밝은 것이 없고, 사람에게 있는 것 가운데는 예와 의보다 밝은 것이 없다. 그러므로 해와 달이 높지 않으면 빛이 밝게 빛나지 않고, 물과 불도 쌓이지 않으면 광택이 넓지 못하고, 진주와 옥도 밖으로 드러나지 않으면 왕공(王公, 신분이 높은 사람)도 보물로 여기지 않으며, 예와 의도 국가에 시행되지 않으면 공을 세워 이름을 드러내는 일도 없을 것이다. 그러므로 사람의 운명이 하늘에 있는 것처럼 나라의 운명은 예에 있는 것이다.

　　군주가 된 사람이 예를 높이고 어진 사람을 존중하면 왕자가 되고, 법을 중시하고 백성을 사랑하면 패자가 되고, 이익을 좋아하고 속이는 일이 많으면 위태롭게 되고, 권모술수에 힘쓰고 음험한 짓을 하면 망한다.

✤ 순자에는 이와 비슷한 내용이 매우 많다. 국가의 운명이 예에

있다고 생각한 순자는 군주가 예를 지켜서 왕자가 되기를 희망했다. 예는 인간이 인간답게 되는 가장 중요한 행위 법칙이다. 동서고금을 막론하고 예를 중시하지 않은 시대는 없었다. 그러나 순자가 말하는 예는 일반적인 예절이나 예의와 차원이 다르다. 고대로부터 악한 본성을 교화시키는 수단을 예라고 보았고, 예는 성왕이 만든 것이라 여겼다. 그러니 국가의 운명을 결정하는 것도 예에 달렸다고 주장한 것이다. 악한 본성을 가진 인간을 그대로 두면 서로 다투고 이익을 추구하며 욕망을 채우려고 하기 때문에 혼란한 사회가 될 수밖에 없다. 따라서 예를 통해 악한 본성을 교화시키고 안정된 사회를 만들어야 한다. 그렇기 때문에 예는 국가의 운명이 달린 중요한 문제라는 주장이다.

18 올바른 이론[正論]

이 편에서 순자는 제자백가[諸子百家, 춘추 전국 시대(기원전 770년~기원전 221년)의 여러 학파]의 잘못된 학설에 대해 비판을 가하고 있다. 순자 당시에 많은 논객들이 활동했는데, 그 가운데 묵자와 송견과 같은 사람들의 학설을 주로 비판의 대상으로 삼고 있다. 순자는 학자들의 이름을 밝히지 않고 논객이라는 말로 통칭하며, 〈비십이자〉 편에서처럼 구체적인 사례를 들어 잘못된 주장을 비판한다. 이 편을 통해서 당시 사회의 다양한 견해를 비교할 수 있을 것이다.

세속의 논객들은 "군주의 도리는 비밀스러워야 이롭다."라고 하는데, 이것은 잘못된 것이다. 군주는 백성보다 앞서 주장하는 사람이고, 윗사람은 아랫사람의 모범이다. 백성들은 먼저 주장하는 사람에 따라서 호응하고 모범을 보고 움직인다. 앞서서 주장해야 할 군주가 조용히 입을 다물고 있으면 백성은 호응할 수 없고, 윗사람이 모범적인 행동을 숨기면 아랫사람들은 움직일 수가 없다. 아래에서 호응도 하지 않고 움직이지도 않으면 상하가 서로 존재할 수 없다. 이와 같으면 윗사람이 없는 것과 같은 것이니, 이보다 큰 불행은 없다. 그러므로 윗사람은 아랫사람의 근본인 것이다.

윗사람의 명령이 분명하면 아랫사람은 통치가 분명해질 것이요, 윗사람이 바르고 성실하면 아랫사람도 성실할 것이요, 윗사람이 공정하면 아랫사람도 정직하게 될 것이다. 아래에서 통치가 분명하면 백성을 통일시키기 쉽고, 백성이 성실하면 부리기 쉽고, 백성이 정직하면 민심을 알기가 쉽다. 백성을 통일시키기 쉬우면 나라가 강력해지고, 백성을 부리기 쉬우면 공로가 쌓이게 되고, 민심을 알기 쉬우면 밝은 세상이 된다. 이것이 바로 통치가 잘 이루어지는 원인이다.

✝ 윗물이 맑아야 아랫물이 맑은 것처럼 유가에서는 윗사람이 아랫사람의 모범이 되어야 한다고 주장한다. 순자 역시 마찬가지 주장을 하고 있다. 다만 백성을 부리는 존재로 파악하고 있다는 점은 순자를 포함, 고대 사상가들의 한계라 하겠다. 백성이 근본이라는 생각은 백성이 주인이라는 생각과 다르다. 당시 사회에서 백성을 정치의 주인이라고 본 경우는 거의 없었다. 공자나 맹자도 이러한 한계를 벗어나지 못하는데 순자 또한 그러한 신분제 사회의 변혁을 고민할 정도에 이르지는 못했던 것이다.

세속의 논객들은 말한다.

"잘 다스려지던 옛날에는 몸에 벌을 가하는 육형(肉刑)은 없었고 옷을 구별하는 상형(象刑)만 있었다. 묵형(墨刑) 대신에 검은 수건을 머리에 두르게 하고, 코를 베는 의형(劓刑) 대신에 솜으로 관의 끈을 달게 하고, 성기를 자르는 궁형(宮刑) 대신에 푸른빛이 나는 백색의 앞가리 개를 하게 만들고, 발꿈치를 베는 비형(剕刑) 대신에 삼으로 엮은 신을 신고 다니게 하고, 사형을 대신해 단이 없는 붉은 옷을 입는 형벌을 가했다. 잘 다스려지던 옛날은 이와 같았다."

하지만 이것은 잘못된 말이다. 세상이 잘 다스려졌다고 한다면 사람들은 진실로 죄를 짓지 않았을 것이고, 그로 인해 육형을 사용하지 않을 뿐 아니라 상형조차 쓰지 않았을 것이다. 그러나 사람들이 혹시라도 죄를 짓게 되더라도 형벌이 가볍게 되면, 살인자도 사형시키지 않고, 남을 다치게 한 자도 형벌을 받지 않게 된다. 죄는 무거운데 형벌은 너무 가벼워 일반 백성은 악이 무엇인지 알 수 없게 되어 이보다 더 큰 혼란은 없을 것이다. 형벌의 근본은 포악함을 금지하고 악한 행위를 미워하게 해서 미래를 경계하는 데 있다. 살인자를 사형시키지 않고 남을 다치게 한 자도 처벌받지 않으면 이것은 포악한 자에 은혜를 베풀고, 도둑에게 관용을 베푸는 것이니 악을 미워하는 것이 아니다. 그러므로 상형은 잘 다스려지던 옛날에 생긴 것이 아니고 혼란한 오늘날 생긴 것이다.

✢ 육형은 사람의 몸에 형벌을 가하는 체벌이다. 중국 고대에는 먹물로 몸에 글자를 새겨 죄인임을 표시하는 묵형, 코를 베는 의형, 발꿈치를 베는 비형, 거세를 하는 궁형, 목을 베는 대벽(大辟)이 있었

다. 상과 벌이 적절하지 않으면 나라가 혼란해지게 된다. 따라서 순자는 과거에 육형이 없었다고 한 논객의 말은 잘못되었다고 지적한 것이다. 죄를 짓고 그에 상응하는 벌을 주지 않으면 사회는 혼란해졌을 것이라는 말이다.

태평성대에는 죄를 짓는 사람이 적었겠지만 그렇다고 범죄가 없었던 것은 아니다. 다만 범죄에 대해서 적절한 형벌로 다스렸기 때문에 나라가 안정되었던 것이다. 공자도 노나라의 재상이 되어 당시 사회를 혼란에 빠뜨린 소정묘(少正卯)를 사형시켰다. 무왕이 은나라를 정벌하고 폭군 주왕(紂王)의 목을 베었다는 기록도 있다. 이와 같이 죄인에게 그에 합당한 형벌을 주지 않으면 나라가 혼란하게 되므로, 상형과 같이 옷으로 죄인을 나타내는 것은 나라를 더욱 혼란하게 만들 뿐이라는 주장이다.

세속의 논객들은 "요임금과 순임금도 백성을 교화할 수가 없었다."라고 말한다. 이것은 무엇을 말하는가? "요임금의 아들 단주(丹朱)와 순임금의 동생인 상(象)도 교화시키지 못했기 때문이다." 그런데 이렇게 말하는 것은 잘못된 것이다. 요임금과 순임금은 세상에서 가장 교화를 잘한 사람이다. 임금이 되어서 천하 사람들의 소리에 귀를 기울이자 백성들이 감동되어 복종하고 교화되어 순응하지 않은 사람이 없었다. 그러나 단주와 상만이 유독 교화되지 않은 것은 요임금과 순임금의 잘못이 아니라 단주와 상의 죄였다. 요임금과 순임금은 이 세상에서 가장 뛰어난 사람이고, 단주와 상은 세상에서 쓸모없는 나쁜 사람이다. 그런데 요즘 세속의 논객들은 단주와 상을 괴이하게 여기지 않고 요임금과 순임금을 비난하니 어찌 잘못이 아니겠는가? 이것이 바로 쓸데없는 말이라고 하는 것이다.

예(羿)와 봉문(蠭門)은 세상의 명사수였지만 휘어진 활과 화살로는 적중시킬 수 없고, 왕량(王良)과 조보는 세상에서 말을 가장 잘 타는 사람이었지만 다리를 다친 말과 부서진 수레를 타고 먼 곳에 갈 수는 없다. 요임금과 순임금은 세상에서 가장 교화를 잘하는 사람이었지만 쓸모없이 나쁜 사람을 교화시킬 수는 없었다. 어느 시대인들 쓸모없는 사람이 없게 되거나 어느 때인들 나쁜 사람이 없겠는가? 태호씨(太皞氏)와 수인씨(燧人氏)가 살았던 고대로부터 이런 사람이 없었던 적은 없었다. 그러므로 그런 말을 지어내는 사람은 상서롭지 못한 사람이고, 그런 것을 배우는 사람은 재앙을 받을 것이니, 그런 것을 잘못되었다고 말하는 사람에게 좋은 일이 생길 것이다.

✤ 요·순은 중국에서 가장 이상적인 선정을 베풀었던 임금들이다. 그런데 요임금은 아들 단주가 불초해서 왕위를 순에게 물려주었고, 순임금의 이복동생인 상은 간악하여 순을 죽이려고 했다. 이것

을 두고 논객들이 요·순이 백성을 모두 교화시키지는 못했다고 비난하자 순자는 그런 사람들은 교화시킬 수 없는 사람이라고 말한다. 아무리 교화시키고자 해도 되지 않는다는 말이다.

태호씨는 복희씨(伏羲氏)라고도 하고 수인씨, 신농씨(神農氏)와 함께 중국 고대 전설상의 제왕으로 삼황(三皇)이라고 한다. 복희씨는 그물을 만들어 백성에게 고기 잡는 법을 가르쳤고 팔괘를 지어 문자를 만들었다고 하며, 수인씨는 처음으로 불을 사용하는 법을 가르쳤으며 신농씨는 농사짓는 법을 알려 주었다고 한다.

송자(宋子)는 "인간의 감정은 본래 욕심이 적은 것인데, 사람들은 모두 자기의 감정은 욕심이 많은 것이라고 생각하니 이것은 잘못이다." 라고 말했다. 많은 제자들을 데리고 자기의 주장에 대해 변론하며, 일일이 비유를 들어 설명하면서 장차 인간의 감정은 욕심이 적은 것이라는 것을 알려 주려고 했다.

송자의 말에 대해 다음과 같이 대답한다.

"그렇다면 인간의 감정은 눈으로 아름다운 색을 보려고 하지 않고, 귀로는 아름다운 소리를 들으려고 하지 않고, 입으로는 좋은 음식을 먹으려 하지 않고, 코로는 좋은 냄새를 맡으려고 하지 않고, 몸으로는 편안하려고 하지 않는다는 뜻이 된다. 이 다섯 가지 욕망을 인간의 본성은 바라지 않는 것인가? 송자는 '인간의 감정에서만 하고 싶어 할 뿐이다.'라고 대답할 것이다.

만약 이렇게 대답한다면 송자의 학설은 반드시 행해지지 않을 것이다. 인간의 감정에서는 이 다섯 가지 욕망을 바라면서 많이 하려고 하지 않는다고 하는데, 이것은 비유하자면 인간의 감정은 부귀를 바라면서도 재물을 원하지 않고, 아름다움을 좋아하면서도 서시(西施)와 같은 미인을 싫어한다는 것과 같은 말이다.

옛날의 사람들은 그렇지 않았다. 인간의 감정은 욕심이 많기 때문에 욕심을 줄이는 것을 원하지 않는다고 생각했다. 그러므로 상을 줄 때는 넉넉하고 후하게 했으며, 벌을 줄 때는 줄여 주었던 것이다. 이것은 모든 왕들이 똑같이 해 오던 것이다. 그러므로 가장 현명한 사람은 천하를 녹으로 받고, 그 다음으로 현명한 사람은 한 국가를 녹으로 받고, 그 다음 현명한 사람은 한 고을을 녹으로 받았으며, 성실한 백성들은 의식이 부족하지 않게 되었다.

그런데 송자는 인간의 본성이 본래 욕심이 적어서 많은 것을 바라지 않는다고 했다. 그렇다면 선왕은 사람이 바라지 않는 것으로 상을 내리고, 사람이 원하는 대로 벌을 준다는 말인가? 만약 그렇다면 이것보다 큰 혼란은 없을 것이다. 지금 송자는 엄숙한 모습으로 자신의 학설을 즐기며 많은 제자를 모아 자기 학설을 확립하고 문장을 만들고 있다. 그러나 송자의 학설은 지극한 다스림을 지극한 혼란으로 만든 죄를 면할 수 없는 것이다. 이 어찌 엄청난 과실이 아니겠는가?"

✤ 송자는 송견을 말하는데 《맹자》에는 송경(宋牼)으로 되어 있다. 맹자와 같은 시기인 전국 시대에 활동한 인물로 그의 학설은 도가 학파에 가깝고 과욕(寡欲)을 주장한 것으로 알려져 있다. 송자는 인간은 본래 욕망이 적은 존재라고 주장했고, 순자는 그와 반대로 인간은 욕망을 많이 가진 존재라고 생각했다. 유가에서는 인간의 욕망을 인정한다. 다만 그 욕망이 다른 사람의 욕망과 충돌을 일으킬 수 있기 때문에 절제해야 한다는 절욕(節欲)을 주장한다.

서시는 고대 중국 4대 미녀의 한 명으로 본명은 시이광(施夷光)이다. 서시는 본래 춘추 시대의 월나라의 미인인데, 오나라 부차와 월나라 구천이 전쟁을 하다 월나라가 패하게 되자 그로 인해 서시를 오나라에 공물로 보내게 되었다. 부차는 서시의 용모에 빠져 정사를 돌보지 않다가 결국 월나라 구천에게 멸망을 당하고 만다.

19 예에 대한 논의[禮論]

순자 사상의 핵심인 예에 대해서 체계적으로 언급한 가장 중요한 부분이다. 예의 기원과 필요성 등은 물론 구체적인 예의 실제에 대해서도 설명하고 있다. 특히 부모가 돌아가셨을 때와 군주의 상을 당했을 때 삼년상을 입어야 하는 이유에 대해서도 설명하고 있다. 그리고 예는 형식과 내용의 적절한 조화를 통해서 유지되어야 함을 강조하고 있다. 순자는 인간의 악한 본성을 개조시키기 위해서는 예를 통하지 않으면 안 된다고 주장했으며, 예의 근원을 천지와 조상, 군사(君師, 군주와 스승)라고 주장하고 있다. 본성을 개조시키는 것은 인위적인 힘에 의해서 가능하고, 그 인위적인 힘이 바로 예인 것이다.

예는 어떻게 생기는 것일까? 사람은 태어날 때부터 욕망이 있다. 욕망이 있는데 얻지 못하면 구하려고 하지 않는 경우가 없다. 구하는 데 한계가 정해져 있지 않으면 다른 사람과 다투지 않을 수 없다. 다투면 혼란하게 되고, 혼란해지면 궁색해진다. 선왕은 이러한 혼란을 싫어했던 것이다. 그러므로 예의를 만들어 욕망에 한계를 짓고, 그것을 통해 사람의 욕망을 충족시켜 주고 사람이 추구하는 것을 공급했다. 그리고 욕망이 반드시 물질로 인해 막히지 않도록 하고, 물질은 반드시 욕망에 의해 모두 없어지지 않게 했다. 이 두 가지가 서로 유지하면서 성장하도록 했던 것이다. 이것이 바로 예가 생겨난 이유다.

❖ 순자는 인간의 욕망을 제어하기 위한 수단으로 예가 만들어지기 시작했다고 주장한다. 그러나 동시에 예는 인간의 욕망을 양육하는 기능도 있다고 하며, 분별을 통해서 욕망의 적절한 제어를 요구하고 있다. 귀천의 분별, 연령의 분별, 빈부의 분별 등에 모두 그에 맞는 정해진 예법이 있다는 것이다.

군주는 인간이 가진 욕망을 채울 수 있도록 물질을 충분하게 공급해야 하며, 그 욕망을 각자 처한 다양한 위치에 따라 적절하게 누릴 수 있도록 예로 제어하자는 주장이다. 결국 순자는 강제로 인간의 욕망을 없앨 수 없기 때문에 도덕적인 힘에 의해 규제하자고 주장한 것이다. 인간의 욕망을 방임하면 혼란이 야기되므로 일정한 한계를 두고 욕망을 키울 수 있도록 하며, 그 한계를 넘으면 통제해야 한다는 것이다. 하지만 궁극적으로 순자는 예에 의한 분별을 통해 신분제 사회의 계급 질서 안정을 도모한 것으로 생각된다.

예에는 세 가지 근본이 있다. 천지는 생명의 근본이요, 선조는 종족의 근본이며, 군사(君師)는 통치의 근본이다. 천지가 없다면 어떻게 태어나며, 선조가 없다면 어떻게 자손이 나오고, 군사가 없다면 어떻게 통치되겠는가? 따라서 세 가지 가운데 하나라도 없으면서 편안한 사람은 없을 것이다. 그러므로 예는 위로 하늘을 섬기고 아래로 땅을 섬기며, 선조를 존경하고, 임금과 스승을 높이는 것이다. 이것이 예의 세 가지 근본이다.

그러므로 왕자(王者)는 나라를 세운 태조를 하늘과 나란히 모시고, 제후는 시조의 사당을 헐지 않고, 대부와 선비는 불변하는 종가(宗家)를 둔다. 이것은 각기 시조를 귀하게 여기는 예를 구별하는 것이니, 시조를 귀하게 여기는 것이 덕의 근본이다.

하늘에 제사를 지내는 교제(郊祭)는 천자만 지내고, 땅에 제사를 지내는 사제(社祭)는 제후까지 하는 것이고, 선조에 대한 도리는 사대부까지 이르는 것이다. 신분이 높은 사람은 존귀한 것을 섬기고, 신분이 낮은 사람은 낮은 것을 섬기며, 마땅히 크게 할 것은 크게 하고, 마땅히 작게 할 것은 작게 하여 구별을 명백하게 했다. 그러므로 천하를 소유한 사람은 7대의 조상까지 섬기고, 한 나라를 소유한 사람은 5대의 조상까지 섬기며, 사방 오십 리의 땅을 받은 사람은 3대의 조상까지 섬기며, 삼십 리의 땅을 받은 사람은 2대의 조상까지 섬기며, 노동을 하며 사는 백성은 사당을 세우지 못하게 했다. 이것은 공적의 많고 적음을 구별하는 것으로, 공적이 많은 사람은 후손에게 베푸는 덕택 또한 넓고, 공적이 적은 사람은 후손에게 베푸는 덕택 또한 적은 것이다.

✤ 예의 근본을 천지와 조상과 군사라고 주장하고 있는데, 천지와 조상은 자신을 존재하게 한 근원이고, 군사는 도덕적으로 스승의 덕

망을 갖춘 군주를 말한다. 천지는 성실하게 운행하며 한순간도 멈춤이 없는 질서를 의미하고, 선조는 대대로 이어온 도리를 배우고 익히는 표본이다. 그리고 군사는 군주의 지위에 도덕적 능력을 갖춘 스승의 지위를 합해서 만든 용어로 사회적 예의 근거를 윗사람에게 두고 있다는 뜻이다.

　예라고 하는 것은 재물을 가지고 능력을 보여 주며, 귀천을 가지고 형식적인 겉치레를 만들고, 물품의 많고 적음으로 상하의 구별을 짓고, 때로 융성하게 하고 때로 간소하게 하는 것으로 요령을 삼는다. 형식이 융성하고 감정이 생략되면 예가 융성한 것이고, 형식이 생략되고 감정이 융성하면 예가 간소한 것이요, 형식과 감정이 서로 내외가 되고 표리가 되어 나란히 잘 어울리는 것이 바로 예의 중도다. 그러므로 군자는 위로 융성함을 극진하게 하고, 아래로 간소함을 다하며, 가운데서는 중도에 처하는 것이다. 천천히 걷거나 빨리 걸을 때, 달릴 때와 매우 빨리 달릴 때에도 중도에서 벗어나지 않는다. 이것이 바로 군자의 궁궐이다.

　사람이 이 중도를 지키면 사군자(士君子)요, 중도에서 벗어나면 일반인에 불과하고, 마음이 중도에 있으면서 어떤 상황에서든 질서를 얻으면 이것이 바로 성인이다. 그러므로 덕이 두터운 것은 예를 많이 축적했기 때문이요, 덕이 큰 것은 예를 넓혔기 때문이요, 덕이 높은 것은 예를 융성하게 했기 때문이요, 덕이 밝은 것은 예를 극진하게 했기 때문이다.

✦ 예는 형식과 내용으로 구성되는데, 형식이 지나친 것도 옳지 않고, 내면의 감정이 지나친 것도 옳지 않다. 형식과 내용이 적절하게 조화를 이루는 중도가 가장 중요한 것이다. 공자는 "사람이 어질지 않으면 예와 같은 것이 무슨 소용이며, 사람이 어질지 않으면 음악과 같은 것이 무슨 소용이겠는가?"라고 했다. 공자는 예의 형식보다 예의 바탕이 되는 어진 마음을 더욱 중요하게 생각했다. 그렇다고 공자가 예의 형식을 부정한 것은 아니다. 예의 절차와 형식은 예를 표현하는 중요한 방법이기도 한 것이다. 그렇기 때문에 순자는 형식과 내용의 적절한 조화인 중도를 중요하게 본 것이다.

예는 인간의 생사를 다스리는 데 신중한 것을 말한다. 태어남은 인간의 시작이요, 죽음은 인간의 끝이다. 끝과 시작을 모두 잘하면 사람의 도리인 인도(人道)가 무사히 끝나는 것이다. 그러므로 군자는 시작을 공경하며 마침을 신중히 하여 끝과 시작을 한결같이 한다. 이것이 군자의 도리요, 예의(禮義)의 형식이다.

살아 있는 사람을 후하게 대하고 죽은 사람을 박하게 하면 이것은 지각이 있는 것은 공경하게 하고 지각이 없는 것은 태만하게 취급하는 것이다. 그러므로 이러한 행위는 간사한 사람의 방법이요, 사람의 도리를 배반하는 것이다. 군자는 어긋나는 마음으로 노예와 어린아이를 대하는 것도 부끄러워하는데 하물며 존중하고 친애하는 사람에 대해서 그렇게 하겠는가? 그러므로 죽음에 대한 도리는 한 번 지나가면 다시는 되풀이할 수 없는 것이다. 신하가 자기 임금에게 소중함을 다하고, 자식이 부모에게 소중함을 다하는 것이 이 죽음의 의식을 극진하게 모시는 일이다. 그러므로 살아 있을 때 진심을 다하여 섬기고 예를 지극하게 하지 않으면 야만이라 하며, 죽은 사람을 보낼 때 진심을 다하고 예를 지극하게 하지 않으면 인정이 메말랐다고 하는 것이다.

✤ 공자는 살아 있는 사람을 섬길 때도 예를 다하고, 돌아가셨을 때도 예로 섬기며, 제사지낼 때도 예를 극진하게 해야 한다고 했다. 그것이 부모에 대한 자식의 효라고 본 것이다. 순자 역시 죽은 사람에 대해서 예를 지키지 않으면 인간의 도리를 배반하는 것이라 여겼다. 태어나서 죽을 때까지, 처음부터 끝까지 변함없는 마음으로 한결같이 신중하고 공경하는 마음을 갖는 것이 군자의 올바른 예절이란 의미다.

본성이란 근본적인 시작부터 소박한 것을 말하고, 인위란 꾸밈이 융성한 것이다. 본성이 없으면 인위가 더해질 수 없으며, 인위가 없으면 본성은 아름답게 될 수 없다. 본성과 인위가 합해진 다음에 성인의 명성이 완성되고, 천하를 통일하는 공적도 여기서 성취되는 것이다. 그러므로 천지가 합해져 만물이 생기고, 음양이 서로 만나 변화가 일어나며, 본성과 인위가 합해져 천하가 다스려진다고 하는 것이다. 하늘은 만물을 생성시킬 수는 있어도 만물을 분별하여 다스릴 수는 없고, 땅은 사람을 실을 수는 있어도 사람을 다스릴 수는 없다. 우주에 가득한 만물과 살아 있는 모든 사람은 성인을 기다린 다음에 그 역할이 나누어지는 것이다.

✦ 성인(聖人)은 인간의 극치다. 따라서 성인이 없으면 예가 만들어지지 않았을 것이고, 인간 사회는 혼란의 연속이었을 것이다. 순자는 인간이 태어날 때 악한 본성을 가졌기 때문에 인위적인 예를 통해서 교화된다고 생각했다. 그리고 예를 제정하는 것은 바로 성왕과 성인이라고 주장했다. 그렇기 때문에 순자에게 인위적인 행위는 매우 중요한 것이다. 타고난 본성에 인위적인 힘이 가해지면 선하게 변화된다. 인위적인 행위가 없으면 인간은 선하게 되지 못하고 욕망에 이끌려 쟁탈만 벌이고 이익만 추구하게 된다.

부모가 돌아가셨을 때 지내는 상을 3년으로 한 것은 무엇 때문인가? 삼년상은 사람의 인정에 맞춰서 형식을 만든 것이다. 이것으로 사회를 장식하고, 친소와 귀천의 제도를 구별한 것이니 더하거나 줄일 수 없는 것이다. 그러므로 어느 곳을 가든 바꿀 수 없는 법칙이라고 하는 것이다.

마음의 상처가 크면 오랜 시일이 지나야 나아지고, 아픔이 심하면 치유도 더디게 된다. 삼년상은 사람의 정에 맞춰서 형식을 만든 것이니 부모를 잃은 아픔이 너무 크기 때문에 만든 것이다. 거칠게 만든 자최복을 입고 지팡이를 짚으며, 움막에 거처하면서 죽을 먹고, 풀로 자리를 만들고 흙덩이를 베고 자는 것은 부모를 잃은 아픔이 크기 때문에 그렇게 하는 것이다. 삼년상은 25개월에 마치게 된다. 슬프고 아픈 심정은 아직 끝나지 않았고, 사모하는 마음도 잊을 수 없지만 예에서는 25개월에 끝내도록 했다. 이것은 죽은 사람을 보내는 데는 끝이 있고, 다시 일상으로 돌아오는 데에도 절도가 있기 때문이다.

✤ 유가에서는 부모가 돌아가시면 3년 동안 상복을 입고 부모의 묘소 곁을 지키는데, 이러한 형식은 자식이 부모에게 해야 하는 최소한의 도리라고 여겼기 때문이다. 고대에는 자식이 세 살이 되어야 부모의 품에서 벗어나 살 수 있다고 여겼다. 그래서 부모가 돌아가시면 그에 합당한 3년 동안 상복을 입고 예를 지극하게 했던 것이

다. 3년으로 한정을 짓는 것은 끝이 있음을 보여 준 것이다. 살아 있는 사람도 다시 일상으로 돌아와 생활을 해야 하고 몸을 상하게 하지 않아야 하기 때문에 3년이라는 시간을 정해 놓은 것이다.

부모가 돌아가시면 자식이 상복을 입는데, 그것을 자최복(齊衰服) 또는 재최복이라고 한다. 가장 높은 상복이 참최복(斬衰服)이고, 그 다음이 자최복이다. 참최는 아버지의 상에 입고 자최는 어머니의 상에 입는데, 참최는 가장 거친 베로 옷을 짓고 옷의 하단을 꿰매지 않고 자최는 참최복보다 조금 좋은 베로 옷을 짓고 하단도 꿰매어 입는다.

군주의 상을 3년으로 하는 것은 무슨 까닭인가? 군주는 통치와 분별의 중심이요, 예의 형식의 근원이고, 인간의 본성과 외모를 극진하게 만드는 사람이다. 이러한 이유 때문에 서로 이끌면서 융성하게 하는 것이 또한 옳은 것이 아니겠는가? 《시경》에 "즐거우신 군자여, 백성의 부모로다."라는 말이 있다. 저 군자는 진실로 백성의 부모가 된다는 말이다. 아버지는 낳기는 해도 기를 수 없고, 어머니는 먹일 수는 있어도 가르칠 수는 없다. 군주는 먹일 수도 있고 또한 잘 가르칠 수도 있는 사람이다. 그러니 어찌 3년으로 끝내겠는가? 젖을 먹여 주는 유모를 위해서도 3개월의 상복을 입고, 길러준 서모를 위해서도 9

개월의 상복을 입는데, 군주는 모두 갖추게 해 주었는데 어찌 3년으로 끝내겠는가?

좋은 군주를 얻으면 잘 다스려지고, 좋은 군주를 잃으면 혼란하게 되니 군주는 바로 형식의 극치다. 좋은 군주를 얻으면 편안해지고, 좋은 군주를 잃으면 위태롭게 되니 군주는 바로 인정의 극치다. 이 두 가지 극치가 모두 군주에게 갖추어져 있으니 3년 동안의 상으로 섬긴다고 해도 오히려 부족한 것이다. 다만 더 길게 할 수 없어서 3년으로 정한 것일 뿐이다. 그러므로 사제(社祭)를 지낼 때는 토지신에게만 제사 지내고, 직제(稷祭)를 지낼 때는 곡식 신에게만 제사를 지내지만, 하늘에 지내는 교제(郊祭)는 모든 군주를 합하여 하늘에 제사를 지낸다.

✤ 군주의 상도 부모의 상과 같이 3년 동안 상복을 입는다. 그 이유는 먹여 주고 가르쳐 주기 때문이라고 한다. 오히려 순자는 군주가 부모보다 더 큰 공이 있기 때문에 3년이 넘는 상복을 입어야 하지만 3년이 가장 긴 상복이기 때문에 거기서 멈춘 것이라고 했다. 순자에게 군주는 모든 제도와 가르침, 인륜의 중추적인 인물이다. 따라서 예를 극진하게 해야 하는 것이다.

상복 제도는 우리나라에도 그대로 전해져 조선 시대에는 삼년상을 지내는 경우가 많았다. 그리고 복상 기간의 문제 때문에 유학자들 사이에 논란이 벌어지고, 그것이 정치적 문제로 비화되기도 했다. 예법에서 상복 입는 기간을 정한 것은 사람의 정에 따라 길고 짧은 것을 보여 주기 위한 것이었다. '지나침은 예의가 아니다.'라는 말이 있듯이 이렇게 복상 기간을 정한 이유도 본래 취지는 지나치게 상을 치르는 것을 막자는 의도가 있었던 것이다.

20 음악에 대한 논의[樂論]

이 편은 음악의 사회적 기능에 대한 설명이 중심이다. 예와 음악은 유가에서 중요하게 여기는 두 축이다. 특히 순자는 예를 중시하는데, 음악 역시 인간의 감정을 순화하고, 사람들이 조화를 이루도록 한다는 측면에서 매우 중요한 기능을 한다고 보았다. 그런데 묵자는 백성들의 삶과 유리되어 음악에 심취하는 것을 반대했다. 그렇기 때문에 순자는 음악의 중요성을 이야기하며 묵자의 이론을 반박하고 있다. 순자는 "군자는 귀로는 음탕한 소리를 듣지 않고, 눈으로는 아름다운 여색을 보지 않으며, 입으로는 나쁜 말을 하지 않는 것이다. 군자는 이 세 가지를 신중하게 하는 것이다."라고 하여 군자가 좋은 음악을 듣고 백성들의 마음을 순화시켜야 한다고 생각한 것이다.

무릇 음악이란 즐거운 것으로, 사람의 감정에서 벗어날 수 없는 것이다. 그런 까닭에 사람은 즐거움이 없을 수 없고, 즐거우면 반드시소리로 나타내게 되고, 행동으로 드러나기도 한다. 그래서 사람의 도리는 소리와 행동으로 나타나게 되며, 본성의 변화도 여기서 극진하게 이루어진다. 그러므로 사람은 즐겁지 않을 수 없고, 즐거우면 드러나지 않을 수 없고, 드러나서 도에 맞지 않으면 혼란이 일어나지않을 수 없다.

선왕은 혼란을 싫어했기 때문에 아(雅)와 송(頌)의 음악을 만들어 인도했으니, 그 소리는 즐거움을 다하되 음란한 데로 흐르지 않도록 하고, 그 악장은 분명하면서도 번거롭지 않았다. 또 굽어지는 소리와 곧게 뻗는 소리, 복잡한 소리와 단순한 소리, 높은 소리와 낮은 소리, 멈추었다 이어지는 소리가 사람의 선한 마음을 감동시키기에 충분하고, 사악하고 더러운 기운이 사람의 마음에 머물지 않게 했던 것이다. 이것이 바로 선왕이 음악을 제정한 법칙이다.

그런데 묵자가 음악을 비난한 것은 어찌 된 일인가? 본래 음악은 종묘에서는 군신 상하가 함께 들으면 화합하고 공경하게 되며, 가정 안에서는 부자와 형제가 함께 들으면 화합하고 사랑하는 마음이 생기고, 시골 마을의 친척들 가운데서는 어른과 아이들이 함께 들으면 화합하고 순종하게 되는 것이다. 그러므로 음악은 한 가지를 잘 살펴서 화합을 정하는 것이요, 사물을 모방하여 음절을 꾸미는 것이며, 모두 모여 연주해서 아름다운 형식을 이루는 것이다. 이것으로 사람의 도리를 통일하여 이끌어 갈 수 있고 만 가지 변화를 다스릴 수 있게 된다. 이것이 바로 옛 선왕이 음악을 만든 법칙이다. 그런데 묵자가 음악을 비난한 것은 어찌 된 일인가?

아와 송의 음악을 들으면 사람의 마음이 넓어지고, 방패와 도끼를 잡고서 몸을 숙였다 펴는 동작을 익히면 용모가 엄숙해지고, 무대에서 반주에 맞춰 춤을 추면 행렬이 바르게 되고 진퇴가 가지런하게 되기 때문이다. 그러므로 음악이라고 하는 것은 나라 밖에서는 죄 있는 사람을 정벌하고 벌주는 역할을 하고, 나라 안에서는 서로 읍하고(예를 갖추어 인사하고) 사양(양보)하도록 한다. 정벌하고 벌주거나 읍하고 사양하는 것은 그 의미가 한 가지다. 나라 밖에서 정벌하고 벌주기 때문에 이 음악을 듣고 복종하지 않는 사람이 없게 되고, 안으로 서로 읍하고 사양하도록 만들기 때문에 따르고 복종하지 않는 사람이 없게 된다. 그러므로 음악이란 천하를 가지런하게 만드는 것이요, 중도와 조화를 이루는 실마리가 되어 사람의 감정에서는 없을래야 없을 수 없는 것이다. 이것이 바로 옛 선왕이 음악을 만든 법칙이다.

✤ 음악은 예와 함께 유교에서 중요하게 여기는 부분이다. 가장 이상적인 상태에 이르면 예와 음악으로 충만한 사회가 된다고 보았다. 음악이 중요한 이유는 조화로움을 추구하기 때문이다. 각기 다른 악기들이 서로 조화를 이루어 아름다운 소리를 내는 것이 마치 서로 다른 인간이 조화를 이루어 사회를 구성하는 것과 같기 때문이다. 또한 음악은 사람의 감정을 표현하는 것인데, 감정의 표출이 바르게 되기 위해서는 성인이 만든 음악을 배우고 익혀야 한다고 생각했다.

아(雅)는 《시경》의 대아(大雅)와 소아(小雅)를 말하는데, 조정에서 연주하는 음악으로 정악(正樂)이고, 송(頌)은 조상의 업적을 찬미하는 음악으로 종묘에서 제사 지낼 때 연주했다. 민간에서는 풍(風)이라고 하여 민요와 같은 음악을 연주하고 불렀다고 한다. 공자 이전에는

음악에 대해 기록한 《악경(樂經)》이 있었는데, 진시황이 분서갱유(焚
書坑儒, 중국 진나라 시황제가 학자들의 정치적 비판을 막기 위해 서적을 불태우고
수많은 유생을 구덩이에 묻어 죽인 일)를 단행한 이후 사라지고 말았다.

　묵자가 음악을 비난한 것은 백성들은 굶주리는데 통치자들이 음
악이나 연주하며 백성을 돌보지 않는다고 생각했기 때문이다. 본래
묵자는 유가의 학문을 배우다 스스로 소외된 계층을 위해 그들의 이
익을 대변해 주는 학자가 되었다. 따라서 유가의 형식적인 예와 음
악을 비난했던 것이다.

　백성들에게 좋아하고 싫어하는 감정이 있는데, 이에 대응하여 기
뻐하고 성내는 반응이 없다면 혼란하게 된다. 선왕은 혼란이 일어나
는 것을 매우 싫어했다. 그러므로 자신의 행실을 닦고, 음악을 바르
게 만들어 주니 천하 사람들이 모두 그에게 순응했던 것이다. 그러므
로 자최의 상복을 입고 곡하는 소리는 사람의 마음을 슬프게 하고,
띠를 매고 갑옷을 입고 행군하면서 부르는 노래는 사람들의 마음을
아프게 만든다. 예쁘게 꾸민 자태와 같은 정(鄭)나라와 위(衛)나라의
음악은 사람의 마음을 음탕하게 만들지만, 넓은 띠를 두르고 장보관
을 쓰고 소(韶)의 음악에 맞추어 춤추고 무(武)의 음악으로 노래 부르
는 것은 사람들의 마음을 엄숙하게 한다. 그러므로 군자는 귀로는 음

탕한 소리를 듣지 않고, 눈으로는 아름다운 여색을 보지 않으며, 입으로는 나쁜 말을 하지 않는 것이다. 군자는 이 세 가지를 신중하게 하는 것이다.

✢ 사람의 감정을 가장 잘 드러내는 것이 음악이다. 그러므로 군주는 백성들이 감정을 잘 표현할 수 있도록 해야 하고, 이에 호응하여 자신의 감정도 잘 표현해야 한다. 그런데 음악이 모두 바른 것은 아니다. 정나라와 위나라 같은 경우는 나라의 풍속이 음란하여 음악도 음란하게 되었다. 따라서 이러한 음악은 배척했던 것이다. 그리고 순임금의 음악인 '소'와 무왕의 음악인 '무'를 통해서 사람의 감정을 절제하고 바르게 인도하고자 했던 것이다. 장보관은 중국 은나라 이래로 써 온 관의 하나로, 공자가 썼으므로 후세에 와서 유생(儒生)들이 쓰는 관이 되었다.

어지러운 세상의 징조는 이렇다. 복장이 화려하고, 용모는 지나치게 아름답고, 풍속은 음란하고, 마음은 이익을 추구하며, 행실은 난잡하고, 노래와 음악은 바르지 않고, 그 문장은 사악하며 너무 화려하다. 살아 있는 사람을 봉양하는 데에 법도가 없고, 죽은 사람을 보내는 데도 박절하며, 예의를 천박하게 여기고, 용맹함과 힘을 귀중하게 여기고, 가난하면 도둑질을 하고, 부유하면 다른 사람을 해친다. 잘 다스려진 세상은 이와 반대가 된다.

✤ 순자는 혼란한 세상의 모습을 다양하게 표현하고 있다. 외모를 지나치게 치장하는 것, 풍속과 행실이 난잡하고 음악과 노래도 음란하며, 예를 중시하지 않고, 남의 것을 훔치는 행위는 모두 혼란한 세상에서 일어나는 일이다. 이러한 행위는 예로 절제되지 않기 때문에 일어나는 현상이다. 소박한 본성을 잘 닦아서 다른 사람과 조화를 이루어야 하는데, 이러한 과정이 없으면 결국 소박한 본성이 거친 상태로 드러나게 되어 혼란을 빚게 된다. 음악은 인간의 감정을 표출하여 나쁜 감정이 쌓이지 않도록 하는 기능을 한다. 요즘 표현으로 한다면 소리를 지르며 스트레스를 날리는 것과 같다. 한바탕 시원하게 노래를 부르면 그동안 쌓였던 피로와 스트레스가 사라지기도 하고, 슬픔과 기쁨이 모두 노래로 표현되어 감정이 순화되기도 한다. 따라서 음악은 통치자에게는 매우 중요한 통치 수단이었던 것이다.

21 닫힌 마음을 열다[解蔽]

이 편에서는 한쪽으로 치우친 학설과 견해에 대해서 비판하고 있다. 묵자, 송자, 혜자, 장자, 신불해, 신도 등 당시 제자백가의 학설은 편견에 치우쳐서 올바른 도를 볼 수 없도록 만들기 때문에 이러한 편견을 제거해야 한다는 주장이 담겨 있다. 여기서 순자는 제자백가를 비판하면서 자신의 인식론과 사유 방법에 대해 설명하고 있다. "묵자는 실용에 가려서 문화의 가치를 알지 못하고, 송자는 욕망을 줄여야 한다는 것에 가려서 정당하게 얻는 것의 가치를 알지 못하고, 신자(愼子, 신도)는 법에 가려서 어진 사람의 가치를 알지 못하고, 신자(申子, 신불해)는 세력에 가려서 지혜의 가치를 알지 못하고, 혜자는 언어에 가려서 실제의 가치를 알지 못하고, 장자는 자연에 가려서 인위적인 것의 가치를 알지 못했다."라는 표현은 순자의 비판 내용을 압축해 보여 준다.

무릇 사람의 병통은 하나의 그릇된 말에 가려서 큰 도리에 어둡게 되는 것이다. 잘 다스리면 다시 조리에 맞게 되지만 옳은 것과 그른 것 모두를 의심하게 되면 의혹만 쌓이게 된다. 세상에는 두 가지 길이 없고, 성인에게는 두 가지 마음이 없다.

오늘날 제후들의 정치 방식은 각기 다르고, 많은 사상가들의 학설도 각기 다르다. 그 속에는 반드시 옳은 것과 그른 것이 있고, 좋은 정치와 혼란한 정치가 있다. 혼란한 나라의 군주와 혼란한 학파의 사람들도 자신을 위해서 진심으로 정도(正道)를 구하려고 다짐한다. 하지만 시기와 질투에 의해 잘못된 도에 빠졌는데도 사람들은 자기 입

맛에 맞게 이끌려서 유혹을 당하게 된다. 그들은 자신이 그동안 배우고 익혔던 것을 사사롭게 여겨 오직 남들이 그것을 비난할까 두려워하고, 또 사사로운 것에 의지하여 다른 학설을 보고 오직 그것만을 좋다고 여길까 두려워하는 것이다. 그리하여 사도(邪道)를 정도(正道)로 믿고 비록 달려가지만 끝내 스스로 돌이킬 수 없게 된다. 이것이 어찌 하나의 그릇된 말에 가려서 정도를 구하려는 마음을 잃어버린 것이 아니라 하겠는가?

마음을 잘 조절하지 못하면 흑백이 앞에 있어도 눈으로 보지 못하고, 천둥소리와 북소리가 바로 옆에서 들려도 귀로 들을 수가 없다. 하물며 마음을 조절하는 것이야 말해 무엇하겠는가? 도덕적인 사람에 대해 혼란한 나라의 군주가 위에서 비난하고, 혼란한 학파 사람들이 아래에서 비난하니 어찌 슬프지 않겠는가?

✠ 그릇된 학설과 잘못된 도리에 가리면 정도를 보지 못하고 결국 혼란에 이르게 된다. 사이비(似而非)라는 말이 있다. 공자는 "나는 참된 것 같으면서 참되지 않은 사이비를 싫어한다. 가령 강아지풀을 미워하는 것은 그것이 곡식의 싹을 어지럽힐까 두렵기 때문이고, 말을 잘 둘러대는 인간을 미워하는 것은 의를 어지럽힐까 두렵기 때문이며, 구변이 좋은 인간을 미워하는 것은 신의를 어지럽힐까 두렵기 때문이다. 정나라의 음란한 음악을 미워하는 것은 정악을 어지럽힐

까 두렵기 때문이고, 자주색을 미워하는 것은 붉은색을 어지럽힐까 두렵기 때문이고, 향원(시골에서 근후한 척하며 세상의 흐름에 영합하는 사람)을 미워하는 것은 덕을 어지럽힐까 두렵기 때문이다."라고 했다. 이 말은 《맹자》에 나온다. 비슷한 것 같지만 결국 사람을 혼란에 빠뜨리는 것이 사이비다.

사이비도 인간 사회에 해악이 되지만 더욱 중요한 것은 옳고 그른 것을 가릴 수 있는 안목이다. 아무리 도덕 군자가 나라를 다스린다고 해도 군주가 흔들고 여러 사이비 같은 학자들이 흔들어 댄다면 결국 아무것도 할 수 없게 된다. 순자는 사람들이 잘못된 이론과 학설에 가려질 것을 걱정한 것이다.

어떤 것이 사람의 마음을 가리는가? 사람의 마음은 욕망, 증오, 시작과 끝, 멀고 가까움, 넓고 얕음, 고금(古今)에 의해서 가린다. 만물은 제각기 다른데 서로 상대를 가려 어둡게 한다. 이것이 마음을 다스리는 공부의 공통된 근심이다.

✤ 인간의 올바른 판단을 흐리게 하는 요소는 매우 많다. 《대학》에도 "사람이 친하고 사랑하는 것에 치우치게 되고, 천하게 여기고 미워하는 것에 치우치게 되고, 두려워하고 공경하는 것에 치우치게 되

고, 슬퍼하고 불쌍히 여기는 것에 치우치게 되고, 거만하고 게으른 것에 치우친다.", "사람을 좋아하면서도 그의 나쁜 점을 알고, 미워하면서도 그의 좋은 점을 아는 사람은 세상에 드물다."라고 했다. 친한 사람에게 잘해 주는 것은 좋지만 공적인 일이 친분으로 결정된다면 일을 그르치고 만다. 이와 같이 사랑하는 마음이나 증오하는 마음 때문에 공평무사하지 못한 경우도 많다. 이러한 것들이 모두 인간의 판단을 흐리게 하므로 수신(修身)을 통해 극복해야 한다.

묵자는 실용에 가려서 문화의 가치를 알지 못하고, 송자는 욕망을 줄여야 한다는 것에 가려서 정당하게 얻는 것의 가치를 알지 못하고, 신자(愼子)는 법에 가려서 어진 사람의 가치를 알지 못하고, 신자(申子)는 세력에 가려서 지혜의 가치를 알지 못하고, 혜자는 언어에 가려서 실제의 가치를 알지 못하고, 장자는 자연에 가려서 인위적인 것의 가치를 알지 못했다. 그러므로 실용적인 것만 따르는 것을 도라고 말하면 이익을 추구하는 것에만 힘을 다하고, 욕망을 줄이는 것만 따르는 것을 도라고 말하면 만족을 추구하는 것에만 힘을 다하고, 법을 따르는 것을 도라고 말하면 술수를 추구하는 것에만 힘을 다하고, 세력만을 따르는 것을 도라고 말하면 방편을 추구하는 것에만 힘을 다하고, 언어를 따르는 것을 도라고 말하면 변론을 추구하는 것에만 힘을 다하고, 자연을 따르는 것을 도라고 말하면 일이 되어 가는 대로 놓아 두는 것에 힘을 다한다. 이러한 여러 가지 것들은 모두 도의 한 측면만을 말한 것이다.

　도라고 하는 것은 불변하는 것을 원칙으로 해서 끊임없이 변화하는 것을 말하기 때문에 한 가지만 가지고 설명하기에는 부족한 것이다. 작은 지혜를 가진 사람들은 도의 한 측면만을 보아도 오히려 다 알 수 없는 것이다. 그러므로 자신이 알고 있는 것만을 만족하게 여기고 여기에 장식을 해서 안으로는 자신을 혼란하게 하고, 밖으로는 사람들을 의혹되게 하며, 윗사람이 되어서는 아랫사람의 마음을 가리고, 아랫사람이 되어서는 윗사람의 마음을 가린다. 이것이 바로 마음이 막혔을 때 발생하는 재앙이다.

✤ 순자는 한쪽으로 치우친 학자들의 견해가 결국 인간의 마음을 가로막아서 재앙이 발생한다고 생각했으며, 그 대표적인 인물로 겸애를 주장한 묵자(墨子), 인간은 애초부터 욕망이 없다고 주장한 송자, 법으로 세상을 다스릴 수 있다고 주장한 신도, 권세로 세상을 통치할 수 있다고 하는 신불해, 명가학파의 혜시(惠施), 도가학파의 장자(莊子)를 들었다. 이들은 모두 자신들의 학설이 최고라고 주장하지만 결국 한쪽으로 치우친 편견에 사로잡힌 것에 불과하며, 이러한 편견이 백성을 혼란하게 만들고 나라를 위태롭게 만든다고 보았다.

사람은 어떻게 도를 아는가? 그것은 바로 마음으로 아는 것이다. 그러면 마음은 어떻게 도를 알 수 있는가? 마음이 텅 비고 한결같으며 고요하기 때문에 알 수 있다. 마음은 일찍이 어떤 것을 감추어 두고 있으면서도 텅 비어 있고, 여러 가지 생각으로 가득 차 있으면서도 한결같은 것을 가지고 있고, 움직이면서도 고요한 것이 있다.

　사람은 누구나 태어나면서부터 지각 능력이 있고, 지각 능력이 있으면 기억을 하게 되는데, 기억이란 무엇인가를 저장하는 곳이다. 그러면서도 텅 비었다고 하는 것은 이미 저장된 것이 새로 받아들일 것을 방해하지 않는 것이니, 이것을 텅 비었다고 하는 것이다. 마음이 생기면 지각 능력이 있고, 지각 능력이 있으면 다른 것을 구별할 수 있다. 구별이란 동시에 여러 가지를 겸해서 아는 것이요, 동시에 여러 가지를 겸해서 아는 것은 마음이 여러 가지로 갈라지는 것이다. 그러면서도 한결같다고 하는 것은 이 하나로 저 하나를 방해하지 않기 때문이니, 이것을 한결같은 상태라고 하는 것이다. 마음이 잠자리에 들면 꿈을 꾸고, 마음이 한가하면 자기 맘대로 행하게 되며, 마음을 사용하면 꾀를 내게 된다. 그러므로 마음은 항상 움직이는 것이다. 그러면서도 고요하다고 하는 것은 꿈속에서의 여러 가지 생각이나 번거로운 생각이 지각 능력을 어지럽히지 못하기 때문이니, 이것을 고요하다고 하는 것이다.

✤ 마음을 중요하게 언급한 사람은 맹자다. 맹자의 성선설은 사실상 심선설(心善說)이라고 해야 맞을 것이다. 맹자는 인간에게 측은지심(惻隱之心, 남을 불쌍하게 여기는 착한 마음), 수오지심(羞惡之心, 자기의 옳지 못함을 부끄러워하고, 남의 옳지 못함을 미워하는 마음), 사양지심(辭讓之心, 겸손하여 남에게 사양할 줄 아는 마음), 시비지심(是非之心, 옳음과 그름을 가릴 줄 아는 마음)이라는 사단(四端)이 있기 때문에, 이 사단을 확충하면 인의예지가 된다고 했다. 인간은 누구나 사단을 가지고 태어나기 때문에 본심이 선한 존재라는 것이다. 따라서 맹자가 주장한 것은 성선이라기보다 심선이라고 해야 옳을 것이다.

그런데 순자도 이 글에서 심(心)의 중요성을 언급하고 있다. 그러면서 인간이 도를 아는 것은 마음에 의해서 가능한 것이고, 마음은 텅 비고 한결같으며 고요하기 때문에 알 수 있다고 했다. 순자는 이러한 마음을 대청명(大淸明)이라고 했다. 즉, 인간의 마음은 매우 맑고 깨끗하다는 말이다. 순자 역시 맹자와 유사한 주장을 하고 있음을 알 수 있다. 맑고 깨끗한 마음을 잘 유지하고 집중하면 다른 것에 가리지 않을 수 있게 된다는 유교적 수양론을 순자 역시 받아들인 것이다.

사물을 관찰할 때 의심이 있어 중심을 정하지 못하면 바깥 사물을 분명하게 알 수 없고, 자기 생각이 분명하지 못하면 사물의 옳고 그름을 결정할 수 없다. 어두운 밤길을 걸어가는 사람은 누워 있는 바위를 보고 호랑이가 엎드려 있는 것으로 생각하고, 서 있는 나무를 보고 사람이 서 있는 것으로 착각하게 되는데, 이것은 어둠이 눈을 가렸기 때문이다.

술에 취한 사람은 백 보나 되는 냇물을 건너면서 한 보밖에 안 되는 도랑이라고 생각하고, 엎드려 성문을 나오면서 작은 문이라고 생각하는데, 이것은 술이 정신을 혼란하게 했기 때문이다.

눈을 가리고 보는 사람은 하나를 보고 둘이라고 생각하고, 귀를 막고 듣는 사람은 막막해서 조용한 것을 시끄럽다고 여기는데, 이것은 가리는 힘이 감각 기관을 혼란하게 했기 때문이다. 그런 까닭에 산 위에서 소를 내려다보면 양처럼 작게 보이지만 양을 구하는 사람이 산에서 내려와 그것을 끌어가려 하지 않는 것은 먼 거리가 큰 것을 가렸기 때문이다. 산 아래서 산꼭대기에 있는 나무를 보면 열 길이나 되는 나무도 젓가락처럼 작게 보이지만 젓가락을 구하는 사람이 산에 올라가서 꺾으려고 하지 않는 것은 높다고 하는 것이 긴 것을 가렸기 때문이다. 고요한 물이 움직여서 거기에 비치는 그림자도 흔들리면 사람들은 이것 때문에 아름답고 추한 모습을 판단할 수 없는데, 이것은 물의 형세가 아른거리기 때문이다. 장님이 하늘을 우러러보고 별을 보지 못했다고 해서 사람들이 별이 있고 없고를 판단하지 않는데, 이것은 장님의 눈동자가 멀었기 때문이다.

어떤 사람이 이러한 잣대로 사물을 판단하려고 한다면 그는 세상에서 가장 어리석은 사람일 것이다. 어리석은 사람이 사물을 판단하는 것은 의문으로 의문을 해결하는 것이니 그 결단은 반드시 부당한 것이다. 따라서 어찌 허물이 없을 수 있겠는가?

✢ 인간의 감각 기관은 완벽한 것이 아니다. 시력이 아무리 좋은 사람이라도 눈앞에 보이는 산에 어떤 나무가 있는지 알 수 없다. 다른 감각 기관도 마찬가지다. 그렇기 때문에 인간의 감각 기관을 믿고 판단한다면 잘못된 판단이 생길 수 있다. 인간의 생각도 감각 기관과 유사한 측면이 있기 때문에 자신의 생각만을 지나치게 주장해서는 안 된다. 주관적인 판단이 객관적인 판단보다 설득력을 잃는 이유가 바로 여기에 있다. 어떤 하나의 사물에 집중하게 되면 다른 사물을 보지 못하고, 어떤 하나의 생각에 집중하면 다른 것을 생각할 겨를이 없다. 그렇기 때문에 올바른 도리가 있어도 그것을 따르지 못하게 된다. 이러한 것을 극복하는 방법이 바로 학문을 통해서 객관적인 지혜를 터득하고, 성인이 만든 제도와 예법을 익히는 것이다.

하수(夏水)라는 지역의 남쪽에 어떤 사람이 살고 있었는데, 그의 이름은 연촉량(涓蜀梁)이라고 한다. 그는 사람됨이 어리석고 잘 놀라는 편이었다. 달빛이 밝은 날, 밤길을 걷다가 허리를 숙여 자기 그림자를 보고 귀신이 구부리고 있는 것으로 생각하고, 머리를 들고 자기 머리카락을 보고는 도깨비가 서 있다고 생각하여 등을 돌려 달렸는데 자기 집에 도착해서 기절하여 죽었다. 그러니 어찌 슬프지 않겠는가?

사람들이 귀신이 있다고 생각하는 것은 반드시 어떤 무엇인가를 문득 느끼는 순간, 의심스런 것이 아른거릴 때 만나는 것이다. 이것이 곧 사람이 있는 것을 없다고 여기고, 없는 것을 있다고 여기는 때며, 이미 이것으로 일이 정해지는 것이다. 그러므로 습기로 인하여 병을 얻은 사람이 북을 치고 병을 쫓는 것은 반드시 북만 찢어지거나 돼지만 잃는 낭비가 될 뿐, 병이 치유되는 복은 없을 것이다. 그러므로 비록 하수의 남쪽에 살지 않더라도 연촉량의 어리석음과 다르지 않을 것이다.

무릇 인간의 본성을 알면 이것을 통해서 사물의 이치도 알 수 있다. 인간의 본성을 알면 이것을 통해서 사물의 이치를 추구하여 알 수 있지만 의심이 멈추는 곳이 없으면 죽을 때까지 두루 다 알 수 없다. 이치를 꿰뚫는 방법은 비록 억만 가지나 되지만 만물의 변화를 모두 알 수 없는 것이니, 이것은 어리석은 사람과 마찬가지다. 학문을 하다가 몸이 늙고 자식까지 다 성장했지만 한 걸음도 발전하지 못한 상태임에도 불구하고 여전히 학문을 멈추지 못하는 사람을 망령된 사람이라고 한다.

그러므로 학문이라고 하는 것은 진실로 멈추는 곳을 배워야 한다. 멈출 곳이 어디인가? 지극히 만족하는 데 그치는 것이다. 지극히 만족한다는 것은 무엇을 말하는가? 그것은 바로 성인의 경지를 말한다. 성인이란 인간의 윤리 도덕을 힘을 다해 추구했고, 성왕이란 제도를 힘을 다해 추구했으니, 이 두 가지를 힘을 다해 추구하면 천하의 표준이 되는 것이다. 그러므로 학자는 성왕을 스승으로 삼고, 성왕의 제도를 본보기로 삼아, 성왕의 법도를 법으로 행하며 큰 줄기를 구해서 성왕을 본받으려고 힘써야 한다. 이것을 향하여 힘쓰는 사람을 선비[士]라고 하고, 성왕과 비슷해지고 가까이 다가간 사람을 군자라고 하며, 성왕의 도리를 제대로 아는 사람을 성인이라고 한다.

✛ 《중용》에 보면 "오직 천하에서 지극히 성실한 사람이라야 자기의 본성을 다할 수 있으니, 자기의 본성을 다할 수 있으면 다른 사람의 본성을 다할 수 있고, 다른 사람의 본성을 다할 수 있으면 사물의 본성을 다할 수 있으며, 사물의 본성을 다할 수 있으면 천지의 화육(化育, 천지자연의 이치로 만물을 만들어 기름)을 도울 수 있고, 천지의 화육을 도울 수 있으면 천지와 더불어 참여할 수 있다."라고 했다. 순자의 말과 매우 비슷하다.

사람과 사물의 본성을 잘 알기 위해서는 학문을 해야 하고, 학문의 목표는 성인이 되는 데 있다. 성인은 인륜을 제정하고, 제도를 만든 사람이므로 성인과 성왕을 본받으려고 하는 사람이 바로 선비요, 군자인 것이다.

22 올바른 명칭[正名]

이 편에서는 올바른 명칭과 개념을 분석하고 있다. 올바른 명칭을 갖추는 것은 올바른 논리와 사고를 갖춘다는 말이다. 그러니 순자의 논리를 엿볼 수 있는 부분이다. 공자도 정명(正名)을 주장했는데, 순자는 더욱 정밀하게 개념을 분석하여 설명하고 있다. 명가학파와 같이 개념을 정확하게 사용하지 않고 자기 편의에 따라 사용하게 되면 혼란이 발생하게 된다. 순자는 개념은 사물의 실제를 그대로 표현하는 것이 가장 좋은 것이라고 주장한다. 명칭이란 사물의 의미를 전달하는 수단이므로 서로 의사가 통하면 된다. 그런데 사람들은 자꾸 말을 덧붙이거나 자기 마음대로 사용하는 경우가 있다. 이것이 사회를 혼란하게 하는 이유며, 이로 인해 의사소통이 어렵게 되는 것이다. 순자는 이 편에서도 제자백가의 자의적인 개념 설정에 대해 비판하고 있다.

인간이 태어날 때 본래부터 타고난 것을 성(性, 본성)이라 하고, 성이 조화롭게 생겨나서 정묘한 것이 합하고 감응하여 아무 일도 하지 않아도 자연스러운 것도 성이라고 한다. 성에서 호오(好惡)와 희로애락(喜怒哀樂)이 나오는데 이것을 정(情, 감정)이라고 한다. 정의 자연스런 상태를 마음이 선택하는데 이것을 려(慮, 사려)라고 한다. 마음으로 사려하여 행동이 되는 것을 위(僞, 인위)라고 한다. 사려가 쌓여 습관이 되어 완성된 것도 위라고 한다.

이익을 목표로 해서 행하는 것을 사(事, 일)라고 한다. 의(義)를 목표로 해서 행하는 것을 행(行)이라고 한다. 사물을 인식하는 까닭이 사람에게 있는 것을 지(知, 지각 능력)라고 한다. 지식이 사실과 합치되는 것을 지(智, 지혜)라고 한다. 지혜를 행할 수 있는 까닭이 사람에게 있는 것을 능(能, 본능)이라 한다. 본능이 사물에 합치되는 것도 능이라고 한다. 생명이 손상되는 것을 병(病, 질병)이라 한다. 우연히 만나는 것을 명(命, 운명)이라고 한다.

✤ 순자는 성과 정을 비롯하여 다양한 개념들을 명확하게 정리하고 있다. 명칭이 정확해야 의사 전달이 명확하게 이루어진다. 공자도 《논어》에서 "명칭이 바르지 않으면 말이 순하지 못하고, 말이 순하지 않으면 일이 이루어지지 않는다."라고 했다. 똑같은 사물을 보고 다르게 표현한다면 혼란이 일어날 것이고, 개인적인 필요에 따라서 다른 뜻으로 사용한다면 악용될 소지가 있다. 따라서 성왕이 만들었던 명칭에 근거하여 정확한 개념을 정립해야 한다고 주장했다.

송자는 "남에게 업신여김을 당해도 욕될 것이 없다."라고 했고, 묵자는 "성인은 자기를 사랑하지 않는다."라고 했으며, 《묵자서》에는 "도둑을 죽인 것은 사람을 죽인 것이 아니다."라는 말이 있다. 이러한 말은 명사를 잘못 사용함으로써 올바른 명사를 혼란하게 하는 것이다. 이런 말들은 그 명사가 있게 된 까닭을 조사하고, 어떤 명사가 어떻게 사용되어야 할 것인가를 관찰해 보면 금지시킬 수 있다.

혜시의 "산과 연못의 물은 평평하다."라든가, 송자의 "인간의 정(情)은 욕망이 적은 것이다."라든가, 묵자의 "쇠나 돼지고기 등이 더 맛있는 것이 아니고, 큰 종으로 연주하는 음악이 즐거움을 더해 주는 것은 아니다."라든가 하는 말 등은 실제 대상물을 잘못 이해하여 올바른 명사를 혼란시키는 것이다. 이것은 그 명사의 사용이 같고 다른 연유를 조사해 어떤 명사가 실제 대상물에 적합한 것인가를 관찰해 보면 금지시킬 수 있다. "흰 말은 말이 아니다."와 같은 말은 명사를 잘못 사용함으로써 실제 대상물을 혼란하게 한 것이다. 이것은 명사를 제정하는 준칙을 조사해 명사가 실제 사물과 서로 어긋날 때 그 어긋난 것을 버린다면 금지시킬 수 있는 것이다.

✤ 순자는 송자와 묵자가 명사의 개념을 잘못 사용한 예를 들면서 혼란을 야기한다고 주장하고 있다. "남에게 업신여김을 당해도 욕될 것이 없다[見侮不辱]."는 말은 욕(辱)이라는 개념 속에 이미 업신여긴다[侮]는 뜻이 내포되어 있기 때문에 모순이고, "성인은 자기를 사랑하지 않는다[聖人不愛己]."는 말은 인(人)이라는 개념 속에 자기[己]라는 말이 이미 포함되기 때문에 모순이며, "도둑을 죽인 것은 사람을 죽인 것이 아니다."라는 말은 역시 사람이라는 개념 속에 도둑이 포함되어 있기 때문에 모순이다. 순자는 개념의 내포와 외연의 관계

를 명확하게 하지 않고 자기 맘대로 사용하는 것을 철저히 배격하고, 올바른 명칭과 개념을 사용해야 모든 것이 바르게 된다고 주장했다.

　군자의 말은 넓고 깊으면서도 정밀하고, 주위의 말에 순응하면서도 조리가 있고, 들쑥날쑥한 것 같지만 질서가 있다. 군자는 명칭을 바르게 하고, 언사가 합당하며 그 의미를 명백하게 하는 데 힘쓰는 사람이다. 명칭과 말은 뜻과 의미를 전달하는 수단이므로 서로 의사가 통하면 그것으로 끝난다. 자꾸 덧붙이는 것은 간악한 일이다. 그러므로 명칭은 실제 사물을 가리키면 충분하고, 말은 중정(中正, 어느 한쪽으로 지나치거나 모자람이 없이 곧고 올바름)을 얻으면 충분한 것이다. 여기서 벗어나는 것을 인(訒)이라고 하는데 이것은 알기 어렵다는 뜻이다. 그래서 군자는 이것을 버리고, 어리석은 사람은 보배처럼 여긴다.

　어리석은 사람의 말은 희미하면서 거칠고, 새처럼 재잘거리지만 계통이 없고, 수다스러워 시끄럽기만 한 것이다. 그들은 명칭에 유혹되고 말에 현혹되어 그 의미에 대해 깊이가 없는 사람들이다. 그런 까닭에 꼬치꼬치 따져도 중정한 뜻이 없고, 애써 노력해도 공이 없으며, 탐을 내도 명예를 얻을 수 없다. 그러므로 지혜로운 사람의 말은 생각하면 알기가 쉽고, 행하면 편안하며, 또 이것을 지니고 있으면 자기 위치를 확고하게 만들기도 쉽다. 이것을 완성하면 반드시 자기가 좋아하는 것을 얻게 되고, 자기가 싫어하는 것을 만나지 않게 된다. 그러나 어리석은 사람의 말은 이와 정반대가 된다.

✤ 서양 철학에 궤변론자가 있다면 동양 철학에는 명가학파가 있다. 이들이 사용하는 개념은 거의 말장난에 불과한 것처럼 보이기도 한다. 그렇기 때문에 순자는 명칭은 사물을 간단명료하게 표현하는 것이 가장 좋다고 말하고 있다. 군더더기가 붙을수록 복잡해지고 이해할 수 없게 되어 결국 혼란을 일으킬 뿐이다. 학문이 깊은 사람의 글은 읽기 쉽지만 어설픈 학자의 글은 읽어도 무슨 말인지 모르는 경우가 많다. 그 이유는 명료하지 않기 때문이다. 명료하지 않은 것은 개념의 전달이 정확하지 않기 때문이고, 개념이 정확하게 전달되지 않은 것은 본인 스스로도 명확하게 알지 못하기 때문이다. 따라서 어떤 개념을 사용할 때는 스스로 개념에 대한 이해가 전제되고, 이리저리 군더더기를 붙이며 설명하는 방식에서 벗어나야 한다. 사람들과 대화를 할 때도 이런 현상은 얼마든지 발견할 수 있다. 그래서 말장난이라고 하는 것이다.

본성[性]이란 선천적으로 타고난 것이요, 감정[情]이란 본성의 바탕이요, 욕망이란 감정의 반응이다. 욕망에 따라 얻으려고 추구하는 것은 반드시 벗어날 수 없는 사람의 감정이다. 욕망에 따라 얻을 수 있다고 생각되어도 그것을 바르게 인도하는 것은 지각 작용이 있기 때문이다. 그러므로 비록 문을 지키는 사람이라 하더라도 살아 있는 한 욕망을 제거할 수 없고, 비록 천자라 할지라도 욕망을 모두 채울 수는 없다. 비록 욕망을 모두 채울 수 없을지라도 가깝게 갈 수는 있고, 욕망을 비록 제거할 수 없을지라도 추구하는 것을 절제할 수는 있다. 비록 욕망을 모두 채울 수는 없지만 그것을 추구하는 사람은 거의 가깝게 이룰 수 있고, 비록 욕망을 제거할 수는 없지만 추구할 것을 생각하지 않는 것은 욕망이 추구하는 것을 절제하기 때문이다.

✢ 여기서는 성과 정과 욕에 대해서 설명하고 있다. 이러한 개념의 분석이 순자에서 어느 정도 이루어지지만, 송나라 때의 성리학이 발전하면서 더욱 정밀한 개념이 정립된다. 하지만 송나라 성리학에서 사용하는 개념과 약간의 차이를 보인다. 그것은 순자는 철학적 분석이 아직 부족한 시대에 있었고, 송나라에는 철학적 분석을 통해서 개념을 설명하고 있기 때문이다. 또한 송나라 때의 성리학은 인간의 본성이 선하다는 것을 전제로 개념을 정립하고, 순자는 성악설에 근거하여 설명하기 때문이다. 똑같은 '성'이라는 용어에 대해서도 선천적이라고 보는 것과 후천적이라고 보는 것이 가장 대표적인

차이점이다. 성리학은 맹자 계통의 학문을 정통으로 인정하고 계승했기 때문에 순자의 개념과는 차이를 보이는 것이다.

물건을 바꾸는 사람이 한 개를 가지고 한 개와 맞바꾸면 사람들은 "얻은 것도 없고 잃은 것도 없다."라고 말하고, 또 한 개를 가지고 두 개와 바꾸면 사람들은 "잃은 것은 없고 얻은 것만 있다."라고 말하며, 또 두 개를 가지고 한 개와 바꾸면 사람들은 "얻은 것은 없고 잃은 것만 있다."라고 말한다. 셈을 하는 사람은 많은 것을 취하고, 도를 도모하는 사람은 옳은 것을 따른다. 두 개를 가지고 한 개와 바꾸는 것은 어떤 사람도 하지 않으려고 하는데 이것은 수량에 밝기 때문이다. 도를 따라서 나가는 것도 한 개를 가지고 두 개와 바꾸는 것과 같은데 무슨 손실이 있겠는가? 도에서 벗어나 스스로 선택하는 것은 두 개를 가지고 한 개와 바꾸는 것과 같으니 무슨 이득이 있겠는가? 백 년 동안 쌓아 올린 욕망을 일시적인 쾌락과 바꾸는 일을 하는 사람은 수량에 밝지 않기 때문이다.

✛ 물건을 교환할 때 이득이 되게 하는 방법이 있듯이, 도를 따르는 것은 하나의 물건으로 두 개와 바꾸는 셈이다. 도를 따르면 수많은 이익이 돌아오는데 일시적인 쾌락을 맛보기 위해 도를 벗어나는

것은 어리석은 일이다. 사람이 물질적인 외물에 유혹을 받으면 결국 물질에 의해서 부림을 당하게 된다. 즉, 물질의 노예가 된다는 말이다. 부유한 사람이 불행한 것은 물질을 통제하고 부리는 사람이 되지 못하고 물질에 의해 병들고 물질 때문에 괴로워하고 물질에 의해서 자신의 마음을 잃기 때문이다. 이것이 바로 물질의 노예가 되는 것이다. 그러나 도를 따르는 일은 오랜 세월 동안 성인과 조상, 스승들이 축적한 것이기에 수많은 지혜가 담겨 있다. 이것을 얻으면 자유를 얻게 되는 것인데 어리석은 사람들은 지혜보다 물질을 얻으려고 한다.

23 인간의 악한 본성[性惡]

이 편에는 순자의 주장 가운데 가장 중요하고 의미 있는 성악설에 대한 내용이 논술되어 있다. 순자는 인간이 타고난 본성을 악하다고 주장하고, 악한 본성은 예를 통해서 인위적으로 교화시켜야 한다고 보았다. 예는 성인에 의해서 만들어졌으니 그런 예를 배우고 익힌 스승이 일반 백성을 가르치면 선하게 될 수 있다는 것이다. 순자는 본성과 인위적인 것을 구별하고 있는데, 본성이란 선천적인 것이므로 배워서 되는 것이 아니며, 예의는 사람이 만든 것이므로 노력해서 성취할 수 있다는 것이다. 즉, 학문을 한다고 해도 악한 본성을 바꿀 수는 없지만 예를 배워서 실천하면 선한 모습으로 발전할 수 있다고 생각한 것이다.

사람의 본성은 악한데 그 선한 모습은 인위적으로 그렇게 만든 것이다. 이제 사람의 본성을 살펴보면, 태어날 때부터 이익을 좋아하는 성질이 있다. 이 성질을 따르기 때문에 쟁탈이 발생하고 사양하는 마음이 없는 것이다. 또한 사람의 본성에는 태어날 때부터 다른 사람을 미워하는 마음이 있다. 이 성질을 따르기 때문에 다른 사람을 해치는 일이 발생하고 충성과 믿음이 없는 것이다.

또 태어날 때부터 육체적인 욕망을 가지고 있어서 아름다운 소리와 아름다운 색을 좋아한다. 이 성질을 따르기 때문에 음란한 마음이 생기고 예의와 규칙이 없어지고 마는 것이다. 그러므로 사람이 타고난 본성을 따르고 사람의 감정에 순응하면 반드시 쟁탈이 일어나고 신분 질서를 해치고 이치를 어지럽혀서 포악한 사회로 돌아갈 것이다. 그렇기 때문에 반드시 스승과 법도에 의한 교화, 예의에 의한 인도가 있어야 한다. 그런 다음에 사양하는 마음을 갖게 되고, 사회 규범과 합치되어 잘 다스려진 사회로 돌아갈 것이다. 이것을 통해 본다면 사람의 본성이 악한 것은 분명하다. 사람이 선한 모습을 갖는 것은 인위적으로 그렇게 되는 것이다.

✤ 사람의 본성을 악하다고 규정하는 유명한 문장이 바로 여기서 유래한다. 사람이 타고난 본성을 그대로 둔다면 다툼이 발생하고, 남을 미워하며, 육체적 욕망을 따르게 된다. 이대로 방치한다면 결국에는 사회를 혼란하게 하고 질서를 어지럽히게 되는 것이다. 따라서 선한 모습으로 바꾸기 위해서는 인위적인 노력이 가해져야 한다. 착한 사람은 모두 후천적인 인위로 인해서 그렇게 된 것이다.

그런데 순자는 본성에 대해서 언급하면서 동시에 감정, 즉 정(情)에 대해서도 함께 언급하고 있음을 주목해야 한다. 성리학에서는 감정이란 아직 선악이 정해지지 않아서, 선이 될 수도 있고 악이 될 수도 있는 상태를 의미한다. 그렇기 때문에 감정을 잘 조절하면 선이 되는 것이지만, 감정을 잘 조절하지 못하면 악으로 나타난다는 것이다. 그런데 순자는 본성의 악함을 이야기하면서 감정에 대해서도 본성에서 나온 것으로 파악해 그 본질은 악한 것으로 본다. 바로 앞 편에서 "인간이 태어날 때 본래부터 타고난 것을 성(性, 본성)이라 하고, 성이 조화롭게 생겨나서 정묘한 것이 합하고 감응하여 아무 일도 하지 않아도 자연스러운 것도 성이라고 한다. 성에서 호오(好惡)와 희로애락(喜怒哀樂)이 나오는데 이것을 정(情, 감정)이라고 한다."라고 했다. 즉, 본성에서 감정이 나온다는 말이다. 이렇듯이 순자는 인간이 선천적으로 악한 모습을 가지고 태어나기 때문에 후천적인 교화를 통해 선하게 바뀌어야 한다고 주장하고 있다.

그러므로 구부러진 나무는 반드시 휜 물건을 반듯하게 하는 도지개에 넣거나 또는 증기로 쬐어 반듯하게 잡아 준 다음에야 비로소 반듯하게 되는 것이며, 무딘 쇠붙이는 반드시 숫돌에 간 뒤에야 비로소 예리해지는 것이다. 지금 사람의 본성이 악한 것은 반드시 스승의 가르침을 받은 다음에 비로소 바르게 되고, 예의를 얻은 다음에 비로소 다스려지는 것이다. 지금 혹시 어떤 사람이 스승의 가르침이 없게 되면 편벽되고 비뚤어져 바르지 않게 되고, 예의가 없다면 어그러지고 혼란해져서 다스려지지 않게 된다.

옛날의 성왕은 사람의 본성이 악하기 때문에 편벽되고 비뚤어져 바르지 않게 되고, 어그러지고 혼란하여 다스려지지 않게 된다고 여겼다. 이 때문에 예의를 만들고 법도를 제정하여 사람의 성정(性情, 타고난 본성)을 교정하고 수식해서 바르게 만들고 또 사람의 성정을 순화하고 변화시켜서 인도했다. 그래서 사람은 모두 잘 다스려지고 도리에 합치하게 되었다. 지금의 사람들은 스승의 가르침으로 교화가 되고 학문을 쌓아서 예의를 이끄는 사람을 군자라고 한다. 이와 반대로 타고난 성정을 방임하여 제멋대로 행동하며 예의를 위배하는 사람을 소인이라고 한다. 이로써 보건대, 사람의 본성이 악한 것은 분명하다. 사람이 선한 모습을 갖는 것은 인위적으로 그렇게 된 것이다.

✤ 타고난 본성이 악하기 때문에 교화시켜야 하는데, 그것은 바로 성왕(聖王, 성군)이 만든 예의를 스승에게 배워야 가능하게 된다. 즉, 스승의 가르침을 따라 배우면 군자가 되지만 타고난 그대로의 악한 본성을 따르면 소인이 된다. 모든 사람이 악한 본성을 타고난다면 성인의 본성 또한 악한 것이 아닌가? 성인은 어떻게 해서 악한 본성을 제거하고 예를 만들어 다른 사람을 교화시킬 수가 있었는가? 순자는 이 문제에 대한 명확한 해답을 제시하지 않고 있지만 그 또한 인위적인 노력으로 그리 되었을 것이다.

맹자는 "사람이 학문을 하는 것은 본성이 선하기 때문이다."라고 한다. 그러나 이것은 그렇지 않다. 이런 주장은 사람의 본성에 대해서 잘 알지 못하고, 사람의 본성과 인위적인 것에 대한 구분을 명확하게 살피지 못하기 때문에 나온 것이다.

무릇 본성이란 선천적으로 타고난 것이므로 학문이나 노력으로 되는 것이 아니다. 예의는 성인이 만든 것으로 사람이 배워서 이룰 수 있고, 노력해서 성취할 수 있는 것이다. 배우거나 노력해도 되지 않고 본래부터 사람에게 있는 것을 본성이라고 한다. 배워서 이룰 수 있고 노력해서 성취할 수 있는 것을 인위(人爲)라고 한다. 이것이 본성과 인위의 구분이다.

어떤 사람이 묻기를 "사람의 본성이 악하다고 한다면 예의는 어디서 생기는가?"라고 했다. 이에 순자가 대답했다. "무릇 예의는 성인이 인위적으로 만든 것으로 사람의 본성에 처음부터 있었던 것은 아니다. 그런 까닭에 도공이 흙을 이겨서 그릇을 만든다면 그릇은 도공의 인위적인 행위로 만들어진 것이지 사람의 본성에 처음부터 있었던 것이 아니다. 또한 목수가 나무를 깎아서 그릇을 만든다면 그릇은 목수의 인위적인 행위로 만들어진 것이지 사람의 본성에 처음부터 있었던 것은 아니다. 성인은 생각을 쌓아서 예로부터 내려온 인위적인 것을 습득하여 예의를 만들고 법도를 제정한 것이다. 그렇다면 예의와 법도는 성인의 인위적 행위로 만들어진 것이지 사람의 본성에 처음부터 있었던 것은 아니다."

✛ 예의를 만든 사람이 성인이고, 성인은 자신의 생각을 축적하고 동시에 예로부터 전해 오는 것을 습득하여 예를 만들었다고 한다. 그렇다면 성인이 아니더라도 얼마든지 예를 만들 수 있는 것이 아닐까?

순자가 말하는 성인은 인간의 범위를 넘어서 초인적인 능력을 가진 존재라야 가능한 일이다. 순자의 설명이 치밀하지 못한 부분인 것 같다. 도공이 흙으로 그릇을 만드는 일이나, 목수가 나무를 깎아서 그릇을 만드는 일이 사람의 본성에 있는 것이 아니라고 했는데, 이것을 증명할 방법은 없다. 이미 인간에게 사고하는 능력이 내재해 있다면 얼마든지 가능한 일이 아닌가? 그러므로 순자가 예로 들었던 비유는 그가 말한 대로 바른 명칭에 부합하는 정명이 아니다. 맹자도 역시 이와 유사한 비유를 들고 있는데, 전국 시대까지 아직은 철학적 섬세함이 갖추어진 상태가 아니어서 그런 것으로 보인다.

저자거리의 사람도 우임금과 같은 성인이 될 수 있다고 하는데 무엇을 말하는 것인가? 우임금이 훌륭한 임금이 된 까닭은 인의와 법도를 바르게 실천했기 때문이다. 그러므로 인의와 법도는 누구나 알 수 있고 행할 수 있는 도리인 것이다. 그렇기 때문에 일반 사람도 모두 인의와 법도를 알 수 있는 자질과 인의와 법도를 행할 수 있는 바탕을 가지고 있으므로 우임금처럼 될 수 있다는 것은 분명한 일이다.

만일 인의와 법도를 진실로 알 수 있거나 행할 수 있는 도리가 없다면, 우임금도 인의와 법도를 알 수 없거나 행할 수 없었을 것이다. 만약 일반 사람에게 인의와 법도를 알 수 있는 자질과 행할 수 있는 바탕이 없다면 그런 사람은 안으로는 부자의 도리를 알 수 없고 밖으로는 군신의 올바른 도리를 알 수 없을 것이다. 그렇다면 일반 사람도 알 수 있는 자질과 행할 수 있는 바탕을 가지고 있는 것은 분명하다. 그러므로 이제 일반 사람이 알 수 있는 자질과 행할 수 있는 바탕을 가지고서, 인의에 내포된 알 수 있는 도리와 행할 수 있는 자질을 근본으로 삼는다면 우임금같이 될 수 있다는 것은 명백한 것이다.

요임금이 순임금에게 물었다.

"인간의 감정은 어떠한 것인가?"

순임금이 대답했다.

"인간의 감정은 몹시 아름답지 못한 것인데 어찌하여 묻는 것입니까? 처자식이 생기면 부모에게 효도하는 마음이 쇠퇴하고, 자신이 좋아하는 것을 얻으면 벗에 대한 신의가 쇠퇴하며, 벼슬과 봉록이 가득

하면 임금에 대한 충성심이 쇠퇴하는 것입니다. 인간의 감정은 몹시 아름답지 못한 것인데 또 어찌하여 묻는 것입니까? 오직 현자만은 그렇지 않습니다."

사람에게는 성인의 지혜, 사군자(士君子)의 지혜, 소인의 지혜, 일꾼의 지혜가 있다. 말을 많이 해도 아름답고 법도에 맞으며, 하루 종일 논의해도 말하는 것이 수없이 변화하여 조리에 맞는 것이 바로 성인의 지혜다. 말은 적지만 쉽고 간략하며, 논리적이고 법도에 맞아 마치 먹줄을 친 것 같으니, 이것이 바로 사군자의 지혜다. 말만 하면 아첨하고, 행동을 하면 도리에 어긋나며, 일만 하면 뉘우칠 것이 많은 것은 소인의 지혜다. 말을 약삭빠르고 민첩하게 하지만 법도가 없고, 잡스럽게 아는 것이 많지만 쓸모가 없고, 말을 분석하는 것은 빠르지만 불필요한 것들에 지나지 않으며, 옳고 그른 것을 걱정하지 않고, 반듯하고 굽어진 것을 논하지 않으며, 남을 이기겠다는 생각만 하는데, 이것이 바로 일꾼의 지혜다.

✦ 인간의 본성이 악하다고 주장한 순자는 지각 능력에 있어서는 성인부터 일꾼의 지혜까지 구별하여 설명하고 있다. 공자가 상지(上知)와 하우(下愚) 또는 생이지지(生而知之)와 학이지지(學而知之)를 구분하여 설명하는 것과 비슷하다.

상지는 최고의 지각 능력 또는 지혜를 가진 사람이고, 하우는 어리석은 사람으로 지혜가 낮은 사람을 가리킨다. 또 생이지지는 태어날 때부터 현명하여 모든 것을 아는 사람으로 성인을 말하고, 학이지지는 배워서 아는 보통 사람을 말한다. 이렇게 공자는 지각 능력의 차이를 선천적인 것으로 간주하고 있다. 그런데 순자 역시 선천적인 차이를 인정하고 있는 것 같다. 만약 선천적 차이가 있다면 모든 사람의 본성이 악하다고 주장하는 것도 깊이 생각해야 할 문제다. 본성도 선한 사람이 있고, 악한 사람도 있으며, 선과 악을 모두 가지고 태어난 사람도 있을 수 있기 때문이다.

번약(繁弱)과 거서(鉅黍)는 옛날의 유명한 활 이름이다. 그러나 도지개가 없으면 스스로 바로잡히지 않는다. 제나라 환공의 총(葱), 제나라 태공망의 궐(闕), 주나라 문왕의 녹(錄), 초나라 장왕의 홀, 또 오나라 왕 합려의 간장(干將)·막야·거궐(鉅闕)·벽려(辟閭) 등은 모두 옛날의 유명한 검 이름이다. 그러나 이것을 숫돌에 갈지 않으면 예리하게 되지 않으며, 사람의 힘을 얻지 못하면 어떤 것도 끊을 수가 없다. 화류(驊騮)·여기(騄驥)·섬리(纖離)·녹이(綠耳) 등은 모두 옛날의 유명한 말 이름이다. 그러나 앞에서는 반드시 재갈과 고삐의 제어를 받고, 뒤에서는 또 채찍의 위력을 받으며, 여기에 다시 조보와 같은 명기수를 만난 다음에야 하루에 천 리 먼 길을 달릴 수 있는 것이다.

사람에게는 비록 본성과 타고난 바탕의 아름다움이 있고 마음의 변별력이 있지만 반드시 현명한 스승을 구해서 배우고, 현명한 벗을 선택해서 교제해야 한다. 현명한 스승을 얻어서 배우면 요·순·우·탕과 같은 어진 사람들의 말을 들을 것이다. 좋은 벗을 얻어서 사귀면 충성과 신의, 공경과 사양하는 행동을 볼 것이다. 자기 자신이 나날이 인의로 나가면서 스스로도 알지 못하는 사이에 점차 감화되기 때문이다. 지금 선하지 않은 사람과 함께 있으면 남을 속이거나 거짓말만 들을 뿐이요, 더럽고 음란하며 이익을 탐내는 행동만 보게 될 것이다. 자기 자신이 형벌을 당하는 상태에 이르러도 스스로 알지 못하는 것은 역시 모르는 사이에 점차 감화되기 때문이다. 그러므로 옛말에 "자식을 알 수 없으면 그 친구를 보고, 그 임금을 알 수 없으면 좌우의 신하를 보라."라고 했다.

✤ 순자는 여기서 본성의 아름다움이라는 표현을 사용하고 있다. 본성이 선하다는 말은 아니지만 아름답다는 말은 악하다고 말하는 것과 차이가 많다. 또한 앞에서는 인간이 알 수 있고 행할 수 있는 능력을 가지고 있다고 했다. 이러한 순자의 주장은 성악설과 달리 어느 정도 인간의 선천적 자질의 아름다움을 인정하는 것으로 보인다. 무엇이 좋은지 알 수 없다면 애초에 인의와 도덕을 가르쳐도 따

를 수 없기 때문에 부득이 이러한 능력이 있다고 말하지 않을 수 없었던 것일까? 순자에게는 본성에 대하여 애매한 두 가지의 입장이 있는 것 같다. 하나는 타고난 본성이 악하다는 주장이고, 다른 하나는 인간의 타고난 능력을 좋게 보는 관점이다. 이 두 가지 사이에서 필요에 따라 논리를 세우고 있는 것 같다.

24 군자에 대하여[君子]

제목은 군자로 되어 있지만 본문의 내용은 천자와 성왕에 대한 것이 대부분이다. 군자라는 용어에는 '덕이 있는 사람'이라는 뜻과 '통치자'라는 뜻이 함께 내포되어 있다. 이 편의 제목을 군자라고 한 것은 통치자의 뜻으로 사용했기 때문이다. 사실상 공자 이후 군자란 덕이 있는 사람이라는 뜻으로 많이 사용되었기 때문에 군주라는 제목이 어울릴 것 같다. 어쨌든 이 편에서는 천자와 성왕에 의한 통치가 이루어질 때 사회는 안정되지만, 그렇지 않을 경우 혼란하게 된다는 것을 말하고 있다.

천자에게는 처가 없는데, 이것은 천자와 필적할 사람이 없다는 것을 말한다. 또 모든 세상에서는 천자를 손님의 예로 맞이하는 경우가 없는데, 이것은 천자와 대적할 사람이 없다는 것을 말한다. 천자는 자기 발로 걸어갈 수 있지만 시종을 기다린 다음에 앞으로 가고, 입으로 말을 할 수 있지만 벼슬아치를 기다린 다음에 명령을 하며, 직접 보지 않아도 본 것처럼 알며, 듣지 않아도 들은 것처럼 알고, 말하지 않아도 모두 믿고, 생각하지 않아도 모두 알고, 움직이지 않아도 공적을 쌓는데, 이것은 천자의 몸에 모든 것이 갖추어져 있다는 것을 말한다. 천자는 권세가 지극히 무겁고, 몸은 지극히 편안하며, 마음은 지극히 즐겁고, 뜻은 굽히는 것이 없고, 형체는 고생하는 것이 없으니, 존귀함이 이보다 더 높은 것이 없다. 《시경》에 "넓은 하늘 아래왕의 땅이 아닌 곳이 없고, 이 땅 위 사방 끝까지 왕의 신하가 아닌 사람이 없네."라고 했으니, 바로 이것을 두고 한 말이다.

✢ '처(妻)'는 남편과 동등하다는 뜻이기 때문에 천자에게는 처가 없다고 한다. 천자의 부인은 왕후(王后)라고 표현하며 왕의 뒤에 있는 사람이 된다. 즉, 천자는 유일무이한 존재이기 때문에 그 누구와도 비교할 대상이 없는 것이다. 천자(天子)는 명칭부터 천제(天帝)의 아들로서 천제의 명령을 받아 인간 세상을 다스리는 사람이라는 의미를 담고 있다. 그렇기 때문에 천자는 권력을 가진 사람이라는 의미만이 아니라 도덕적으로도 가장 탁월한 존재라는 것을 의미한다. 천제의 아들로서 하늘의 순수하고 맑은 덕을 담은 존재이기 때문이다. 고대의 요·순 같은 천자가 대표적인 인물이다.

성왕이 위에 있고 아래에까지 의(義)가 행해지면 사대부들은 음탕한 행위를 하지 않을 것이다. 또한 그 밑에 있는 모든 관리들은 태만하지 않을 것이고, 모든 백성들도 간사하고 괴상한 풍속이 없을 것이다. 그리고 도둑질하는 죄인도 없을 것이고, 감히 나라에서 금하는 범령을 어기는 사람도 없을 것이다. 세상에서는 도둑질하는 사람이 부자가 될 수 없다는 것을 명백하게 알게 되고, 남을 해치는 사람이 천수를 누릴 수 없다는 것도 알게 되며, 나라에서 금하는 법령을 어기는 사람은 편안할 수 없다는 것을 알게 된다.

성왕의 도를 따르면 사람들은 자기가 좋아하는 것을 얻을 수 있고, 성왕의 도를 따르지 않으면 반드시 자신이 싫어하는 것을 만나게 될 것이다. 그러므로 형벌을 사용하지 않아도 위엄은 흐르는 물처럼 행해지고, 세상 사람들은 간사한 짓을 하면 비록 몸을 숨기고 도망을 쳐도 죄를 모면할 수 없다는 것을 분명하게 알게 된다. 그래서 죄를 지은 사람은 스스로 벌받기를 청하지 않는 사람이 없게 된다. 《서경》에 "사람들은 스스로 죄를 받고자 한다."라고 했는데, 바로 이것을 두고 한 말이다.

그러므로 형벌이란 그 죄에 꼭 들어맞으면 위엄이 서고, 들어맞지 않으면 사람들이 형벌을 깔보게 된다. 벼슬은 어진 사람에게 적당하면 귀하게 여기는데, 어진 사람에게 적당한 벼슬이 아니면 천박하게 여긴다. 옛날에는 형벌이 죄보다 지나친 경우가 없었고, 벼슬도 그 사람의 덕보다 넘치지 않았다. 그러므로 아버지가 죄를 얻어 죽어도 그 아들은 신하로 등용했으며, 형은 죄를 얻어 죽어도 그 동생은 신하로 등용했던 것이다. 형벌이 죄를 넘지 않고, 벼슬과 포상이 그 사람의 덕에 넘치는 일이 없을 때, 확연하게 각자 성심(誠心)으로 통하게 된다. 이 때문에 착한 일을 행하는 사람은 더욱 힘쓰고, 착하지 못한 일을 하는 사람은 저지당하며, 형벌을 사용하지 않아도 위엄이 흐르는 물처럼 행해져, 정치적 명령이 명백하게 되고 백성이 교화되어 바뀌는 것은 신통할 만큼 빠르게 된다. 옛말에 "한 사람의 천자에게 경사가 있으면 모든 백성이 그 혜택을 받는다."라고 했으니 이것을 두고 한 말이다.

그러나 난세에는 그렇지 않다. 형벌은 지은 죄에 비하여 무겁고, 벼슬과 포상은 그 사람의 덕에 비해 지나치며, 죄를 줄 때는 종족까지 미치고, 어진 사람을 등용할 때는 선조를 보고 한다. 그러므로 한 사람이 죄를 지으면 삼족이 모두 멸망하고, 그 가운데 덕이 순임금과 같이 높은 사람이 있어도 처형을 면하지 못한다. 이것이 바로 죄를 줄 때 종족까지 미친다는 것이다. 조상 가운데 어진 사람이 있으면 그 자손이 반드시 좋은 자리에 앉게 되며, 비록 그 가운데 걸왕이나 주왕과 같은 난폭한 행위를 하는 사람이 있어도 반드시 높은 자리에 앉게 된다. 이것이 바로 어진 사람을 등용할 때는 선조를 보고 한다는 것이다. 죄를 줄 때 종족까지 미치고 어진 사람을 등용할 때 선조를 보고 한다면 비록 혼란이 일어나지 않기를 바란다고 해도 그것이 가능하겠는가?

모든 논의에 대해서 성왕을 본받으면 귀하게 여길 것이 무엇인지 알게 되고, 의(義)에 따라서 일을 해낸다면 이로운 것이 무엇인지 알게 될 것이다. 논의할 때 귀한 것이 무엇인지 알면 자신이 해야 할 것을 알게 되고, 일을 할 때 이로운 것이 무엇인지 알면 자신의 행동이 어디서 나와야 하는지 알게 된다. 이 두 가지는 옳고 그름을 구분하는 근본이요, 득실의 근원이다. 그러므로 성왕(成王)이 주공의 말을 따르지 않은 적이 없었던 것은 귀하게 여길 것이 무엇인지 알았기 때문이다. 제나라의 환공이 관중(管仲)에게 나라 일을 맡기고 그대로 따랐던 것은 이로운 것이 무엇인지 알았기 때문이다. 이와 달리 오왕은 오자서같이 어진 신하가 있었는데도 그의 말을 듣지 않다가 나라를 멸망하게 했으니, 이것은 성왕(聖王)의 도를 배반하고 어진 사람을 잃었기 때문이다. 그러므로 성왕을 높이는 사람은 왕자가 되고, 어진 사람을 귀하게 여기는 사람은 패자가 되며, 어진 사람을 업신여기는 사람은 멸망하게 되는데, 이것은 예나 지금이나 한가지다.

그러므로 어진 사람을 존중하고 능력 있는 사람에게 일을 시키며, 귀천의 차등이 있고, 친소가 구별되며, 장유의 순서가 있는 것이 선왕의 도다. 그런 까닭에 어진 사람을 존중하고 능력 있는 사람에게 일을 시키면 임금은 존중받고 아래 백성은 편안하게 된다. 귀천의 차등이 있으면 명령이 어김없이 행해져 잠시도 멈추지 않고, 친소의 구별이 있으면 베풀어 행하는 것이 어긋나지 않고, 장유의 순서가 있으면 일이 빨리 이루어져 편안히 쉴 수 있는 것이다. 그러므로 인(仁)은 이상에서 말한 네 가지 도를 사랑하는 것이요, 의(義)는 이 네 가지를 분별하는 것이요, 절(節)은 이 네 가지와 생사를 함께 하는 것이요, 충(忠)은 성심을 다하여 성왕의 도를 따르는 것이다. 인, 의, 절, 충 이 네 가지를 한꺼번에 아울러 실천하면, 자신의 몸에 완전히 갖추어지게 된다. 덕이 완전히 갖추어져도 남에게 뽐내지 않고 오로지 선을 행하는 사람을 성인(聖人)이라고 한다. 남에게 뽐내지 않기 때문에 세상 사람들과 더불어 재능을 다투는 일이 없고, 도리어 여러 사람들의 공로를 잘 이용할 수 있으며, 갖고도 가진 체하지 아니하므로 더욱 천하의 귀한 존재가 된다.

✢ 성왕이 정치를 할 때 나타나는 현상과 혼란한 세상에 나타나는 모습을 구체적으로 설명하고 있다. 백성을 통치하는 가장 윗사람은 내면적으로는 성인이 되어야 하고 겉으로는 왕도를 실현하는 왕자가 되어야 한다. 이 두 가지를 합해서 성왕이라고 한다. 그렇기 때문에 유학에서는 이것을 내성외왕(內聖外王)의 도라고 한다. 성왕은 가장 도덕적인 사람이며, 성왕의 정치는 덕치이기 때문에 모든 사람에게 공평한 혜택이 돌아가고 안정된 삶을 살게 된다. 하지만 패자나 폭군이 정치를 맡으면 백성들은 혼란에 빠지고 사회는 다툼과 권모술수로 가득하며, 상벌이 적절하지 않아 백성들이 마음으로 복종하지 않게 된다. 한 사람이 죄를 지으면 그 죄가 가족 전체에게 미쳐

화를 당하게 된다. 이것을 연좌제(連坐制)라고 한다. 따라서 순자는 성왕에 의한 도덕 정치가 가장 이상적인 정치임을 거듭 강조한다.

25 성상(成相)

이 편은 다른 편과 다른 형식을 취하고 있는데, 그래서 순자가 직접 저술한 것이
아니라는 주장이 있다. 현존하는 책에 담겨져 있으므로 그 일부를 그대로 번역하
기로 한다. '성상'이라는 제목은 여러 가지 학설이 있지만 일종의 가곡과 같은 형
태로 보는 것이 좋겠다. 당시 유행하던 노래의 가사라고 생각하면 좋을 듯하다.
노래의 내용을 보면 군주와 신하의 도리, 어진 사람과 간악한 사람 등에 대해서
예화를 들어 설명하고 있다.

상의 형식을 빌려 노래를 불러 본다.

세상의 재앙은, 어리석고 간악한 무리들이 어진 사람을 소외시키
는 것이라네. 임금에게 어진 신하가 없으면 마치 눈 먼 사람에게 지
팡이가 없는 것과 같으니 어찌 넘어지지 않으리오.

청컨대 기초를 다지고 잘 지켜 사람을 성스럽게 하소서. 어리석은
사람이 혼자서 정사를 담당하면 나라는 다스려지지 않고, 임금이 신
하를 시기하고 이기려고 한다면 간언하는 신하가 없어 이내 반드시
재앙을 만나게 되리라.

신하의 과실을 논하려면 반드시 자기 자신부터 돌아보소서. 임금
을 존중하고 나라를 편안하게 하려면 어질고 의로운 사람을 숭상하

소서. 간언하는 사람을 물리치고 잘못된 것을 꾸며 대며, 어리석으면서 똑같은 사람을 높게 대하면 나라에 반드시 재앙이 있으리라.

쓸모없는 사람은 어떤 사람인가? 나라 일에 대해 사사로움이 많고, 아첨하며 편당을 만들고, 어진 사람을 멀리하고 아첨하는 사람을 가까이하면 충신은 가려져 보이지 않고 임금의 권세는 옮겨갈 것이리라.

어진 사람이란 어떤 사람인가? 임금과 신하의 도리를 명백히 하여 위로는 임금을 존중하고 아래로는 백성을 사랑하는구나. 임금이 진실로 그의 말을 들으면 천하가 통일되고 온 세상이 복종하리라.

임금의 재앙은 아첨하는 사람들이 성공하고, 어질고 능력 있는 사람들이 숨어 버려 나라가 전복되는 것이라네. 어리석은 사람이 더 어리석게 되고, 어두운 사람이 더 어둡게 되면 걸왕처럼 망하리라.

세상의 재앙은 어질고 능력 있는 사람을 시기하여 내쫓고, 비렴(飛廉)이 정사를 다스리고, 오래(惡來)에게 일을 맡기는 것이라네. 임금의 의지를 무시하고 동산을 크게 하고 누각만 높인 것이라네.

✚ 어진 사람을 멀리하고 아첨이나 하는 나쁜 신하를 등용할 때

생기는 폐단을 노래하고 있다. 비렴(飛廉 또는 蜚廉)은 은나라 말기의 장군이며, 폭군 주왕의 신하였다. 비렴은 은나라 말기에 북방으로 출사(出使)했는데, 이때 주나라 무왕은 강태공의 도움을 받아 은나라를 멸망시켰다. 비렴이 돌아와 보니 은나라 주왕이 이미 죽어서 보고할 곳이 없었다. 그는 곽태산(霍太山)에 제단을 쌓고 은나라 주왕에게 보고했다. 오래는 오래혁(惡來革) 또는 악래라고 하는데, 은나라의 천하장사로 비렴의 아들이다. 비렴과 오래는 은나라 주왕을 멸망의 길로 이끈 나쁜 신하였다. 은나라 말기에 비렴과 오래 부자는 군권을 장악하고 군주를 나쁜 길로 인도한 대표적인 신하다.

주나라 무왕이 크게 노하시어 목야(牧野) 들판으로 군사를 동원하니, 은나라 주왕의 병사들이 창을 거꾸로 들고, 미자계(微子啓, 은나라 말기의 현인)도 내려와 항복했네. 무왕이 그를 잘 대접하여 송(宋) 땅에 봉하고, 은나라 조상의 제사를 잇게 했네.

은나라가 쇠퇴하자 아첨하는 사람들이 모여 충신 비간(比干)을 죽이고 기자(箕子)를 옥에 가두었다네. 주나라 무왕이 그들을 죽이고, 여상(呂尙, 주나라 문왕에게 등용된 인물로 태공망으로도 불림)이 깃발로 불러 은나라 백성들을 품었다네.

세상의 재앙은 어진 선비를 미워하기 때문이니, 오자서(오나라의 정치가)가 죽임을 당하고 백리해(百里亥)는 도망갔다네. 진(秦)나라 목공(穆公)이 백리해를 얻어 오패의 하나가 되었고 육경(六卿)을 두었다네.

✤ 백리해는 우(虞)나라 출신으로, 등용되지 않자 제나라로 가게 되었다. 그러나 여의치 않아 다시 우나라로 돌아와 대부의 벼슬을 하게 되었는데 나라가 멸망하고 말았다. 하지만 그는 계속해서 자기 임금을 섬겼다. 그러다 진(秦)나라로 가서 종의 신세가 되기도 했다. 진나라에서 초나라로 도망가서 초성왕(楚成王) 밑에서 말 키우는 일을 담당했다. 진목공(秦穆公)은 백리해가 현명하다는 소문을 듣고 염소 가죽 다섯 장을 초나라에 예물로 보내서 백리해를 데려와 재상으로 삼았다. 진목공은 백리해의 도움으로 오패의 하나가 되었다. 백리해가 죽자 백성들이 어버이를 잃은 것처럼 통곡했다고 한다.

세상에서 가장 어리석은 일은 큰 선비를 미워하는 일이라네. 선비를 거역하고 배척하니 공자도 곤욕을 당했다네. 전금(展禽)은 세 번이나 쫓겨나고 춘신군(春申君)의 말도 듣지 않아 나라의 기초가 무너졌다네.

✤ 공자는 천하를 여행하며 자신의 학설을 받아 줄 임금을 찾았지

만 광 땅에서 곤욕을 치르기도 했고, 진나라와 채나라 사이에서는 식량이 떨어지는 곤경에 처하기도 했다. 전금은 유하혜(柳下惠)로 알려진 노나라의 어진 인물로 공자도 그의 인품을 칭찬했다. 춘신군은 중국 전국 시대 초나라의 정치가로 제나라의 맹상군(孟嘗君), 조나라의 평원군(平原君), 위나라의 신릉군(信陵君)과 함께 전국 시대 말기의 4군이라 불리었다. 초나라의 재상으로 있으면서 재능과 책략이 뛰어났다고 한다.

26 부(賦)

부는 시와 산문의 요소를 결합한 한문체의 한 종류다. 여기서는 문답 형식을 가지고 설명하고 있는데, 대답은 모두 성왕의 입을 빌려서 하고 있다. 예와 지혜, 누에와 구름, 바늘 등을 운문의 형태로 표현하고 있다. 마치 스무고개를 하는 것처럼 앞에서 설명하며 미리 간단하게 예시하고, 이 구체적인 내용은 성왕이 결론을 짓는 형태를 띠고 있다.

　여기에 위대한 물건이 있는데 실도 아니고 비단도 아니지만 반듯한 무늬와 빛나는 문채(文彩, 아름다운 광채)가 있습니다. 해도 아니고 달도 아닌데 천하를 위해 밝혀 줍니다. 산 사람은 이것 때문에 장수할 수 있고, 죽은 사람은 이것을 가지고 장례를 지내며, 성곽은 이것 때문에 견고해지고, 군대는 이것 때문에 강해집니다. 이것을 순수하게 지키면 왕자가 되고, 이것을 어긋나게 하면 패자가 되고, 이것이 하나도 없으면 나라가 멸망하는 것입니다. 신은 어리석어 잘 알지 못하오니 감히 성왕께서 알려 주실 것을 청합니다.

　성왕이 말하셨다.

　이것은 아마도 무늬는 있어도 화려한 채색은 없으며, 간단해서 알기 쉽지만 무늬가 조밀하고, 군자는 이것을 공경하지만 소인은 싫어한다. 본성에서 이것을 얻지 못하면 금수가 되고, 이것을 얻으면 매우 아름답게 될 것이다. 보통 사람이라도 이것을 높이면 성인이 되고, 제후가 이것을 높이면 천하를 통일할 수 있을 것이다. 지극히 명백하면서도 간략하고, 즐겁게 순응하면서도 체득하는 것이다. 이것은 바로 예라고 할 수 있다.

하늘이 물건을 내려 백성들에게 보여 주었는데, 어떤 사람은 두텁고 어떤 사람은 엷게 받아서 고르지가 않습니다. 걸왕과 주왕은 이것으로 난폭하게 되었고, 탕왕과 무왕은 이것으로 어질게 되었습니다. 이것은 흐리면서도 맑고, 환하면서도 심원(深遠)하며, 천하를 두루 돌아도 하루도 걸리지 않습니다. 군자는 이것으로 몸을 닦고 도척은 이것을 이용해 남의 집 담을 뚫게 됩니다. 이것을 크게 하면 천지의 도에 참여하게 되지만 정미하고 형체가 없습니다. 행위와 의리는 이것으로 반듯하게 되고, 사업은 이것으로 이루어지게 됩니다. 난폭함을 금지하고 궁핍함을 멈추게 하는 것도 이것이며, 백성들은 이것을 기다린 다음에 평안하게 되는 것입니다. 신은 어리석어 잘 알지 못하오니 성왕께서 그 이름을 알려 주십시오.

성왕이 말하셨다.

이것은 편안하고 관대하며 공평한 것이고, 좁은 것을 위험하게 여기는 것이다. 닦아서 깨끗한 것과 친하고, 잡되고 더러운 것을 싫어한다. 깊이 숨겨져 있으면서도 밖으로 나타나면 적을 이길 수 있는 것이며, 요·순을 본받아 그들의 자취를 따르는 것이다. 행위와 동정은 이것을 기다린 다음에 도리에 맞게 되고, 혈기는 이것을 기다려 정밀하게 되고, 의지는 이것을 기다려 빛나는 것이다. 백성들은 이것을 기다린 다음에 편안하게 되고, 천하는 이것을 기다린 다음에 평화롭게 된다. 모든 것을 밝게 비추고, 사리에 통달하며, 순수하여 티 하나 없는 것, 이것을 군자는 지혜라고 한다.

　여기에 어떤 물건이 있습니다. 생긴 모습은 벌거숭이 같은데 여러 번 변하는 것이 신통합니다. 공덕은 온 세상에 가득하여 만세토록 아름답게 빛나고 있습니다. 예와 음악은 이것으로 완성되고, 귀하고 천한 것도 이것으로 구분되며, 노인을 봉양하고 어린이를 기르는 것도 이것을 기다린 다음에 존재하는 것입니다. 이름이 좋지 않아 난폭하다는 뜻에 가깝습니다. 공로를 이루면 그 몸은 사라지고, 사업이 완성되면 집도 헐리게 됩니다. 늙은 것은 버리고 그 후손만을 거두어 둡니다. 사람들은 그것을 이용하지만 새들은 그것을 해치게 됩니다. 신은 어리석어 잘 알지 못하오니 다섯 분 성군께서 부디 일러 주십시오.
　다섯 성군이 말했다.
　이것의 몸은 여자같이 부드럽지만 머리는 말 머리와 비슷하다. 여러 번 변화하지만 목숨은 길지 못하며, 성장할 때는 잘 돌보지만 늙으면 쓸모없게 여겨지고, 부모는 있지만 암수의 구별이 없다. 겨울에는 움직이지 않고 엎드려 있다가 여름이 되면 활발하게 움직이며, 뽕잎을 먹고 실을 토해낸다. 앞에는 뒤엉켜 있지만 뒤에는 고르게 된다. 여름에 태어나지만 더위를 싫어하고, 습기를 좋아하지만 비를 싫어한다. 번데기를 어머니로 삼고 나비를 아버지로 삼아, 세 번이나 구부렸다 세 번이나 일어나서 일이 크게 완성된다. 이것을 가리켜 누에의 도리라고 하는 것이다.

27 여러 가지 견해[大略]

이 편에서는 여러 가지 다양한 견해를 특별한 논리적 형식을 빌리지 않고 표현하고 있다. 대부분의 내용은 이미 앞에서 언급된 내용들이며, 순자의 사상을 특별하게 나타내는 곳은 없다. 다만 이 부분에서는 인·의·예에 대해 설명하고, 사람을 사랑하는 데 차등적 사랑이 정당함을 설명하고 있다 그래서 순자는 "친한 사람을 친하게 대하고, 오랜 친구를 오랜 친구로 대하며, 노력한 사람을 노력한 사람으로 대하는 것이 사랑의 차등이다. 또 귀한 사람을 귀하게 대하고, 높은 사람을 높은 사람으로 대하며, 현명한 사람을 현명한 사람으로 대하고, 노인을 노인으로 대하며, 어른을 어른으로 대하는 것이 정의로운 질서다."라고 했다.

군주가 예를 존중하고 어진 사람을 높이면 왕자가 되고, 법을 중시하고 백성들을 사랑하면 패자가 되고, 이익을 좋아하고 속이는 일이 많으면 나라가 위태롭게 된다.

군주는 무엇보다도 어진 마음을 베풀어야 한다. 지혜는 어진 마음을 위해 일하는 것이고, 예는 어진 마음으로 힘을 다하는 것이다. 그러므로 왕자는 어진 마음을 먼저 가진 다음에 예를 행하는 것이니 저절로 그렇게 되는 것이다.

물을 건너가는 사람은 깊은 곳에 표시를 해 놓고 사람들이 빠지지 않게 한다. 백성을 다스리는 사람은 혼란한 것에 표시를 해 놓고 실수가 없게 한다. 예라고 하는 것이 바로 그 표시에 해당한다. 선왕(先王, 옛날의 어진 임금)은 예로써 천하의 혼란을 표시했다. 그러나 오늘날은 이러한 예를 없애 버리니 이것은 곧 표시를 없애는 행위다. 그러므로 백성들은 미혹하게 되어 재앙과 환난에 빠지게 된다. 이것이 바로 형벌이 무성하게 된 이유다.

행위라고 하는 것은 예를 행하는 것을 말한다. 예는 귀중한 사람에게 공경하고, 노인에게 효도하고, 어른에게 공손하고, 어린 사람에게 자애롭고, 천한 사람에게 은혜를 베푸는 것이다. 궁실(宮室)에 상을 줄 때는 국가에서 상을 내리는 것처럼 하고, 신첩(臣妾)에게 화가 날 때는 모든 백성에게 형벌을 내리듯이 해야 한다.

친한 사람을 친하게 대하고, 오랜 친구를 오랜 친구로 대하며, 노력한 사람을 노력한 사람으로 대하는 것이 사랑[仁(인)]의 차등이다. 또 귀한 사람을 귀하게 대하고, 높은 사람을 높은 사람으로 대하며, 현명한 사람을 현명한 사람으로 대하고, 노인을 노인으로 대하며, 어른을 어른으로 대하는 것이 의로움의 질서다. 인과 의를 행하여 절도에 맞는 것을 예의 순서라고 한다. 인은 사랑하는 것이기 때문에 친하게 대하는 것이요, 의는 도리이므로 실천하는 것이요, 예는 절도이므로 완성시켜 가는 것이다.

인에는 마을이 있고, 의에는 문이 있다. 인이 그 마을이 아닌데 그곳에 있다면 인이 아니다. 의가 그 문이 아닌데 그곳으로 드나든다면 역시 의가 아니다. 은혜를 베풀더라도 도리에 맞지 않으면 인을 완성할 수 없고, 도리를 따르더라도 굳세지 않으면 의를 완성할 수 없으며, 절도를 잘 살피더라도 제대로 알지 못하면 예를 완성할 수 없다. 조화를 얻었다고 하더라도 밖으로 들어나지 않으면 음악이 완성되지 않는다. 그러므로 인과 의, 예와 악은 모두 똑같은 것이다. 군자는 의를 바탕으로 인에 처한 다음에 비로소 인이 되고, 예를 바탕으로 의를 행한 다음에 비로소 의가 되고, 예를 제정하되 근본을 돌이켜 말단을 완성한 다음에 비로소 예가 된다. 그래서 인, 의, 예 세 가지를 통달한 다음에 비로소 도리가 되는 것이다.

선비에게 질투하는 친구가 있으면 어진 사람과 친해지지 않고, 임금에게 질투하는 신하가 있으면 어진 사람이 오지 않는다. 공적인 것을 가려 막는 것을 우매함이라 하고, 좋은 것을 감추는 것을 질투라고 한다. 질투와 우매함을 받드는 사람을 교활하다고 한다. 교활한 사람, 질투하며 우매한 신하를 사귀면 나라의 재앙이 된다.

입으로 말을 잘하고 몸소 그것을 잘 실천하는 사람은 나라의 보배다. 입으로 말을 잘하지 못하지만 몸소 그것을 잘 실천하는 사람은 나라의 중요한 그릇이다. 입으로 말을 잘하지만 몸소 실천하지 않는 사람은 그래도 등용할 수 있다. 입으로는 착한 것을 말하면서 몸소 악을 행하면 나라의 요물이다. 나라를 다스리는 사람은 보배를 공경하고 중요한 그릇을 아끼며, 쓰일 만한 사람을 임명하며, 요물을 제거해야 하는 것이다.

모르는 것이 있으면 요순(중국 고대 성인인 요임금과 순임금)에게 묻고, 가진 것이 없으면 자연의 창고에서 구해야 한다. 선왕의 도는 요순의 도이고, 육경(六經, 춘추 시대의 여섯 가지 경서로 옛 성현들이 유교의 사상과 교리를 써 놓은 책)이 바로 자연의 창고다. 군자가 학문하는 모습은 허물을 벗는 것과 같아서 갑자기 새롭게 바뀐다. 그러므로 군자는 걸을 때나 서 있을 때, 또는 앉아 있을 때도 요순을 본받고, 안색(顔色)과 말씨도 요순을 본받는다. 착한 일은 지체하는 경우가 없고, 질문을 묵혀 두는 일이 없다. 좋은 학자는 사물의 도리라도 힘을 다해 추구하고, 잘 실천하는 사람은 어려운 것을 끝까지 해낸다.

빗방울이 비록 작아도 모이면 한수(漢水)도 잠기게 된다. 작은 것에 힘을 다하는 사람은 위대하게 되고, 작은 것을 축적하는 사람은 밖으로 드러나게 되고, 덕이 지극한 사람은 얼굴빛이 윤택하게 되고, 행실에 힘을 다하면 소문이 멀리까지 들린다. 소인은 안으로 마음을 성실하게 하지 않고 밖으로 명예만 구한다.

　나라가 장차 흥하려면 반드시 스승을 존귀하게 여기고 시중드는 사람을 중요하게 대해야 한다. 스승을 존귀하게 여기고 시중드는 사람을 중요하게 대하면 법도가 잘 보존된다. 나라가 장차 쇠퇴하려고 하면 반드시 스승을 업신여기고 시중드는 사람을 가벼이 대한다. 스승을 업신여기고 시중드는 사람을 가벼이 대하면 사람들이 방종하게 되고, 사람들이 방종하면 법도가 무너진다.

28 유좌의 교훈[宥坐]

이 편에서는 공자와 제자와의 문답을 통해 공자의 지혜를 보여 주고 있다. 왜냐 하면 순자는 공자의 정치적 견해를 계승하여 자신이 공자의 사상을 계승한 진정한 유가라고 자처했기 때문이다. 공자는 세상을 살아가는 지혜를 유좌라는 그릇을 통해서 배우거나 물에서 배우기도 했다. 그리고 곤경에 처해서 깨달음을 얻기도 했다. 그래서 이 편에서는 공자와 제자들이 천하를 돌아다니며 곤경을 당했던 일이나 공자가 정치를 하면서 나쁜 사람을 처리했던 일화를 주로 소개한다.

공자가 노(魯)나라 환공(桓公)의 사당을 관찰하는데, 한쪽으로 기울어진 그릇이 하나 있었다. 공자가 사당을 지키는 사람에게 물었다.

"이것은 무엇에 사용하는 그릇이요?"

사당을 지키는 사람이 말했다.

"이것은 옆에 두고 교훈으로 삼는 유좌라는 그릇입니다."

공자가 말했다.

"나는 유좌라는 그릇은 텅 비어 있을 때는 기울고, 반쯤 차면 반듯해지고, 가득 차면 뒤집어진다고 들었습니다."

공자는 돌아보며 제자에게 그릇에 물을 붓도록 했다. 제자가 물을 가져다 부었다. 그런데 물이 중간에 이르자 그릇이 반듯해지고, 가득 차게 되자 뒤집어지고, 텅 비우자 기울게 되었다. 이것을 본 공자가 크게 탄식하며 말했다.

"아! 어찌 가득 차고서 뒤집어지지 않는 것이 있겠는가?"

제자인 자로가 물었다.

"가득 차고서 뒤집어지지 않는 방법이 있습니까?"

"총명하고 훌륭한 지혜가 있을 때는 어리석은 모습으로 지키고, 공로가 천하에 미쳤을 때는 겸양하는 모습으로 지키고, 용맹스러운 힘으로 세상을 주무를 때는 겁쟁이 같은 모습으로 지키고, 천하를 소유하는 부유함을 가지고 있을 때는 겸손한 태도로 지켜나가도록 한다. 이것이 바로 오만한 마음을 억눌러 겸양하는 방법이다."

✤ 유좌라는 그릇은 중용(中庸, 지나치거나 모자라지 않고 한쪽으로 치우치지도 않은 상태)의 도를 보여 주는 특이한 그릇이다. 《주역(周易)》에 보면 '항룡유회(亢龍有悔)'라는 말이 있다. 하늘에 오른 용은 후회하는 것이 있다는 뜻으로, 정상까지 올라간 사람은 올라갈 데가 없어 다시 내려올 수밖에 없다는 것이다. 작은 컵에 물을 가득 담고 걸어가면 물이 다 쏟아진다는 것은 누구나 아는 사실이다. 그런데도 살면서 끝없는 욕심을 부리는 것은 무슨 까닭일까? 유좌는 가득 차면 반드시 뒤집어진다. 국가를 다스릴 때도 마찬가지다. 그래서 공자는 어리석은 듯한 모습, 겸손한 모습, 겁쟁이 같은 모습을 통해서 전복되는 것을 방지할 수 있다고 제자들에게 가르쳤던 것이다.

공자가 노나라의 재상이 되어 조정에 나간 지 겨우 7일 만에 소정
묘를 사형시켰다. 그러자 제자가 여쭈었다.

"소정묘는 노나라에서 유명한 사람입니다. 선생님께서 정치를 하
시면서 첫 번째로 그를 사형시킨 것은 지나친 것이 아닙니까?"

그러자 공자가 대답했다.

"거기 앉아라. 내가 너에게 그 이유를 들려주마. 사람에게는 나쁜
것이 다섯 가지가 있지만 도둑질하는 것은 여기에 포함되지 않는다.

첫째는 마음은 사리에 통달했지만 음험한 것이다. 둘째는 행실이
한쪽으로 치우쳐 완고한 것이다. 셋째는 거짓을 말하면서 구변이 좋
은 것이다. 넷째는 추악한 것을 기억하며 박식한 것이다. 다섯째, 잘
못된 것을 따르면서도 겉으로는 빛이 나는 것이다. 이 다섯 가지 가
운데 한 가지만 가진 사람도 군자에게 벌을 받는데, 소정묘는 이 다
섯 가지를 모두 가지고 있다. 그러므로 그가 거처하는 곳은 무리를
모아 나쁜 짓을 하기에 충분하고, 그의 말솜씨는 사악하게 꾸며 대중
을 다스리기에 충분하고, 그의 강력한 힘은 나라를 배반하고 독립하
기에 충분하다. 이런 소인의 우두머리는 죽이지 않을 수 없는 것이
다. 그렇기 때문에 은나라 탕왕은 윤해(尹諧)를 죽였고, 주나라 문왕은
반지(潘止)를 죽였으며, 주공 단은 관숙(管叔)을 죽였고, 제나라 태공
망은 화사(華仕)를 죽였고, 관중은 부리을(付里乙)을, 정나라 자산은 등
석(鄧析)과 사부(史付)를 죽였던 것이다. 이 일곱 사람은 모두 살았던

세상은 다르지만 마음이 소정묘와 같았기 때문에 죽일 수밖에 없는 사람들이었다."

✢ 공자가 소정묘를 사형에 처했다는 기록은 여러 곳에 보인다. 어떤 학자는 공자같이 어진 사람이 사형을 집행하지 않았을 것이라고 주장하기도 한다. 여기서 공자는 나라를 혼란에 빠뜨리는 난신적자(亂臣賊子)를 죽였던 기록을 열거하며, 다섯 가지 죄에 대해 설명하고 있다. 음험한 것, 완고한 것, 거짓말하는 것, 나쁜 것만 기억하면서 박식한 것, 옳지 않은 일을 따르면서 빛이 나는 것이 다섯 가지 죄인데, 소정묘는 이 다섯 가지를 모두 가지고 있다는 주장이다. 공자는 본래 백성을 법으로 처벌하는 것보다 예로 교화시킬 것을 주장했다. 하지만 예로써 교화되지 않을 악인 가운데 그 중심 인물까지 관용을 베풀었던 것은 아니다.

공자가 동쪽으로 흐르는 물을 보고 있었다. 그때 제자 자공(子貢)이 공자에게 여쭈었다.

"군자가 큰물을 볼 때 반드시 관찰하듯 보는 것은 무슨 까닭입니까?"

공자가 대답했다.

"물이란 모든 생물에게 두루 미치면서 아무것도 한 것이 없는 것

같으니, 이것은 마치 덕을 가진 사람과 같다. 흐름은 낮은 곳으로 향해 가며 옷자락에 잡히듯 도리에 따르니, 이것은 마치 의로운 사람과 같다. 한없이 흘러나오는 것은 마치 도(道)와 같다. 만약 제방이 무너져 물이 흘러가면 그 반응이 메아리처럼 빠르며, 백 길이나 되는 계곡으로 떨어지면서도 두려워하지 않는 것은 마치 용기 있는 사람과 같다. 작은 곳이라도 가득 채워서 평평하게 한 다음에 흘러가니 이것은 마치 법도를 지키는 사람과 같다. 어느 곳이든 가득 채워서 평미레(말이나 되에 곡식을 담고 그 위를 평평하게 밀어 고르게 하는 데 쓰는 기구)를 사용하지 않아도 되니 이것은 공정한 사람과 같다. 진흙에 파고들듯 작은 제까지 통하니 마치 관찰하는 사람과 같다. 물속을 출입할 때마다 신선하고 깨끗하게 되어 나오는 것은 마치 잘 교화하는 모습과 같다. 만 번을 꺾어서 반드시 동쪽으로 가는 것은 의지가 굳은 사람과 같다. 이 때문에 군자는 큰물을 볼 때 반드시 관찰하듯 보는 것이다."

✤ 어진 사람은 산을 좋아하고, 지혜로운 사람은 물을 좋아한다는 말처럼 공자는 물에 대한 이야기를 종종 언급한다. 《논어》에도 공자가 시냇가에서 "가는 것이 저 물과 같구나! 밤낮을 쉬지 않네!"라고 했다는 기록이 보인다. 물은 쉬지 않고 흐른다. 그래서 어떤 학자는 학문에 정진하는 것을 멈추지 말라는 뜻으로 해석하기도 한다. 공자는 흘러가는 물을 보면서 참 많은 생각을 했던 것 같다. 물은 생명을

키우는 존재이면서도 자신의 공을 자랑하지 않고, 어느 곳에도 미치지 않음이 없으며, 항상 낮은 곳으로 흐르는 겸손함이 있다. 공자는 이것을 마치 군자의 덕에 비유하여 설명했다. 물에 대해 주목한 것은 노자(老子)도 마찬가지다. 노자는 "최상의 선(善)은 물과 같다.", "물은 만물을 이롭게 하면서도 다투지 않는다.", "사람은 조금이라도 지위를 높이려고 하지만 물은 낮은 데로 흐른다." 등등의 말을 했다. 성현들은 자연 현상인 물을 통해서도 진리를 깨우쳤던 것이다.

　　공자가 남쪽에 위치한 초나라로 가다가, 진과 채나라 사이에서 곤궁한 상황에 처하게 되었다. 그래서 7일 동안 불에 익힌 음식을 먹지 못했고, 명아주 쌀도 먹을 수 없어서 제자들이 모두 굶주린 기색이 있었다. 자로가 공자 앞에 나가 여쭈었다.

　　"제가 듣건대 선을 행한 사람은 하늘이 복으로 보답하고, 불선을 행한 사람은 하늘이 재앙으로 보답한다고 했습니다. 지금 선생님께서는 덕과 의를 쌓고 아름다움을 마음속에 품으며 실천한 것이 오래되었는데 어찌해서 이렇게 곤궁하게 되었습니까?"

　　이에 공자가 대답했다.

　　"네가 잘 모르니 내가 너에게 알려 주마. 너는 지혜로운 자라고 해서 반드시 등용된다고 생각하느냐? 왕자 비간은 심장이 찢겨 죽지 않았느냐? 너는 충성스런 사람이라고 반드시 등용된다고 생각하느냐? 관용봉(關龍逢)은 죽임을 당하지 않았던가? 너는 간언하는 사람이라고 반드시 등용된다고 생각하느냐? 오자서(吳子胥)는 고소의 동문 밖에서 몸이 찢기는 형벌을 받지 않았던가? 세상을 잘 만나고 못 만나는 것은 그때의 운수에 따라 다르고, 어질고 불초한(어리석은) 것은 그 사람의 재능인 것이다.

학문이 넓고 생각이 깊은 군자로서 때를 만나지 못한 사람은 매우 많다. 이것으로 보건대 때를 만나지 못한 사람은 많으니 어찌 나 혼자뿐이겠는가? 향기가 맑은 지초와 난초는 깊은 산속에서 자라지만 사람이 없다고 해서 향기를 풍기지 않는 일은 없는 것이다.

군자의 학문도 세상에 통용되기 위해서 하는 것은 아니다. 곤궁한 경우에도 힘들게 여기지 않고, 근심이 생겨도 의지가 쇠퇴하지 않으며, 화복과 시종(始終)의 이치를 잘 알아서 마음이 미혹되지 않도록 하기 위한 것이다. 어질고 불초한 것은 그 사람의 재능에 의해 결정되고, 행하고 행하지 않는 것은 그 사람 자신에게 달린 것이며, 때를 만나고 만나지 못하는 것은 운수에 달린 것이고, 죽고 사는 것은 하늘의 운명에 달린 것이다.

지금 어떤 사람이 때를 만나지 못했다면 비록 어진 사람이라 한들 도를 행할 수 있겠는가? 진실로 때를 잘 만나면 무슨 어려움이 있겠는가? 그러므로 군자는 학문을 넓히고 생각을 깊이 하며, 몸을 닦고 행실을 단정하게 하면서 때가 오기를 기다리는 것이다.

　자로야, 거기 앉아라. 내가 너에게 더 알려 주마. 옛날 진나라의 공자 중이(重耳)가 패자가 되고자 한 것은 조나라에서 모욕을 받았기 때문이요, 월왕 구천은 회계산에서 치욕을 받아 패자가 되려고 했고, 제나라 환공 소백은 거(莒) 땅에서 패자가 되려고 마음먹었다. 그러므로 평소에 곤경을 당하지 않은 사람은 생각이 원대하지 못하고, 몸이 고달픈 어려움을 당하지 않은 사람은 의지가 넓지 못한 것이다. 곤궁한 상태에서 내가 깨달음을 얻는 것이 있음을 네가 어찌 알겠느냐?"

✤ 어진 사람은 반드시 복을 받고, 나쁜 사람은 반드시 벌을 받는가? 그렇지 않다는 것을 누구나 안다. 공자 역시 곤궁한 상태에 놓이게 되자 제자로부터 이런 질문을 받은 것이다. 역사적으로 어질고 능력이 있으면서도 등용되지 못한 경우는 많다. 심지어 죽임을 당하는 경우도 비일비재하게 일어난다. 왕자 비간은 은나라의 폭군 주왕의 숙부이면서 충신이었는데, 주왕의 폭정을 간언하다가 죽임을 당했고, 관용봉 역시 충신이었지만 하나라의 폭군 걸왕에게 잘못을 지적하다가 죽임을 당했다. 아무리 훌륭한 인물이라도 때를 만나지 못하면 그 능력이 발휘되지 못한다.

　공자는 제자에게 곤경에 처했을 때 비로소 도를 깨닫게 되고, 마음이 원대해진다는 진리를 가르친 것이다. 위대한 예술 작품도 대부분이 어려운 환경에서 탄생했다는 사실은 이와 비슷한 경우인 것 같다. 어려움을 겪지 않고도 승승장구하며 좋은 자리에 오를 수 있지만 그것이 바람직한 삶은 아니다. 자신의 명예와 이익을 추구하는 것이 삶의 목적이라면 곤경에 처하지 않고도 목적을 달성할 수 있을 것이다. 그러나 그런 사람의 지혜가 얼마나 깊을지, 그런 사람의 삶이 얼마나 값진 것인지 생각해 볼 필요는 있을 것이다.

29 자식의 도리[子道]

이 편에서는 자식의 올바른 도리가 무엇인지, 효의 진정한 방법이 어떤 것인지 설명하고 있다. 효를 강조하는 유가에서 부모에게 무조건 순종하는 도리는 올바른 도리가 아니다. 만약 부모에게 잘못이 있다면 부모의 잘못을 간언하는 것이 자식의 도리다. 군주에게 간언하는 신하가 있을 때 나라가 보존되는 것처럼, 부모에게도 간언할 수 있는 자식이 있어야 부모가 욕을 당하지 않게 된다. 따라서 자식의 도리는 부모의 명령을 무조건 따르는 것이 아니라 부모의 잘못을 간언하는 데 있다. 또한 여기서도 공자와 제자들의 대화 등을 통해 유학에서 말하는 일반적인 지자(智者)와 인자(仁者), 또는 군자와 소인의 문제에 대해 설명하고 있다.

집에 들어와서는 효도하고 밖에 나가서는 공손한 것은 사람의 작은 행실이다. 윗사람에게 순종하고 아랫사람에게 돈독하게 하는 것은 사람의 보통 행실이다. 도를 따르고 임금을 따르지 않으며, 정의를 따르고 부모를 따르지 않는 것은 사람의 큰 행실이다. 만약 예를 가지고 마음이 편안해지고 법도에 맞게 언어를 사용한다면 유자(儒者)의 도리가 끝날 것이니, 비록 순임금이라 할지라도 털끝만큼이라도 여기에 더할 수 없을 것이다.

✤ 부모에게 효도하고 임금에게 충성을 다하는 것도 중요하지만, 군주나 부모보다 더 중요한 것은 도를 따르고 정의를 따르는 것이

다. 유교적인 가르침에서 효보다 중요한 것은 없다. 그런데 효보다 더 큰 도(道)와 정의가 있다. 따라서 부모가 옳지 않은 길로 간다면 자식은 부모를 따르지 않고 도를 따라야 한다. 군주나 스승이 잘못된 길로 가도 역시 마찬가지다.

그런데 현실은 그렇지 않다. 군주의 잘못을 지적하면 곤욕을 치르게 되고, 부모의 잘못을 간언하면 혈육의 정이 끊어지기도 하며, 스승의 과오를 지적하면 못된 제자로 매장당하기 십상이다. 참으로 어려운 일이다. 무엇이 옳고 그른지 스스로도 알면서 그에 대한 지적이나 충고에 대해 옳지 못한 방법으로 대응하는 것은 단순한 서운함이나 배신감을 느끼기 때문일까? "나의 잘못을 지적하는 사람은 나의 스승"이라고 하는 말을 입으로만 읽고 마음으로 느끼지 못하기 때문일 것이다.

효자가 부모의 명령을 따르지 않는 경우가 세 가지 있다. 첫째는 명령을 따르면 부모가 위태롭게 되고, 명령을 따르지 않으면 부모가 편안할 경우에는 효자가 부모의 명령을 따르지 않는 것이 참된 마음이다. 둘째는 명령을 따르면 부모가 욕을 당하고, 명령을 따르지 않으면 부모가 영예롭게 되는 경우에는 효자가 부모의 명령을 따르지 않는 것이 바로 옳은 일이다. 셋째는 명령을 따르면 금수같이 되고,

명령을 따르지 않으면 잘 도와드리게 되는 경우에는 효자가 부모의 명령을 따르지 않는데 이것이 바로 부모를 공경하는 것이다.

그러므로 명령을 따를 수 있는데도 따르지 않는 것은 자식의 도리가 아니요, 따라서는 안 될 때 따르는 것은 참된 마음이 아니다. 따를 것인가 따르지 않을 것인가의 의미를 명백하게 하고, 공경함과 충신(忠信)을 다하여 바르고 성실한 자세로 신중하게 실천한다면 위대한 효자라고 말할 수 있을 것이다.

노나라 애공(哀公)이 공자에게 물었다.

"아들이 부모의 명령을 따르는 것이 효입니까? 또 신하가 임금의 명령을 따르는 것이 충절입니까?"

또 같은 질문을 세 번이나 했지만 공자는 대답을 하지 않았다. 공자는 애공의 앞을 물러 나와 제자 자공에게 말했다.

"지난번에 임금이 나에게 '아들이 부모의 명령을 따르는 것이 효입니까? 또 신하가 임금의 명령을 따르는 것이 충절입니까?'라고 세 번씩이나 물었는데 나는 대답을 하지 않았다. 자공아, 너는 이 말을 어떻게 생각하는가?"

자공이 말했다.

"아들이 부모의 명령을 따르는 것은 효이고, 신하가 임금의 명령을 따르는 것은 충절인데 선생님께서는 어떤 대답이 더 필요하십니까?"

"너는 소인이구나. 너는 아직 잘 모르고 있구나. 옛날부터 일 만 대의 병거(兵車, 전쟁할 때 쓰는 수레)를 낼 수 있는 만승(萬乘)의 큰 나라에 간쟁(諫爭, 어른이나 임금에게 옳지 못하거나 잘못된 일을 고치도록 간절히 말함)하는 신하 네 명이 있으면 국토가 줄어들지 않고, 일천 대의 병거를 낼 수 있는 천승(千乘)의 제후 나라에 간쟁하는 신하 세 명이 있으면 사직이 위태롭지 않고, 백승(百乘, 백 대의 수레)의 경대부(卿大夫, 높은 관직에 있는 벼슬아치를 이르는 말) 집에 간쟁하는 신하 두 명이 있으면 종묘가 헐리지 않을 것이고, 부모에게 간쟁하는 자식이 있으면 무례한 행위를 하지 않고, 선비에게 간쟁하는 벗이 있으면 불의를 행하지 않는다고 했다. 그러므로 자식이 부모의 명령을 따르는 것이 어찌 자식의 효도며, 신하가 임금의 명령을 따르는 것이 어찌 신하의 충절이겠는가? 따라야 할 이유를 잘 살핀 다음에 따르는 것이 효도요, 충절인 것이다."

✚ 앞에서도 언급한 것처럼 군주와 부모의 명령이라고 해서 신하와 자식이 무조건 따르는 것은 옳지 않다. 그 명령이 옳은 것인지 판단한 다음에 옳으면 따르고 옳지 않으면 따르지 않는 것이 올바른 도리라는 것이다.

만승, 천승, 백승으로 표현하는 것은 전쟁에 쓰이는 수레를 낼 수 있는 규모를 말하는 것이지 반드시 백, 천, 만 대를 의미하는 것은 아니다. 만승지국(萬乘之國)은 천자(天子, 국가의 최고 통치자를 이르는 말)의 나라요, 천승지국은 제후(諸侯, 일정한 영토 내의 백성을 지배하는 권력을 가진 사람)의 나라요, 백승지국은 대부(大夫, 높은 벼슬아치)의 집안을 말한다.

　자로가 공자에게 여쭈었다.

　"노나라 대부가 소상(小祥)을 끝내고 바로 침상에 들었는데, 예에 맞는 일입니까?"

　공자가 말했다.

　"나는 모르겠다."

　자로가 나와서 자공(子貢)에게 물었다.

　"나는 선생님께서는 모르시는 것이 없다고 생각했는데, 선생님께서도 모르는 것이 있다네."

　자공이 말했다.

　"자네는 무슨 질문을 했는가?"

　"내가 '노나라 대부가 소상을 끝내고 바로 침상에 들었는데, 예에 맞는 일입니까?'라고 했더니, 선생님께서 모르겠다고 하셨네."

　"그럼, 내가 자네를 대신해서 선생님께 여쭈어 보겠네."

　자공이 그 길로 공자에게 가서 여쭈었다.

　"소상을 지내자 바로 침상에 드는 것이 예에 맞는 일입니까?"

　공자가 말했다.

"예가 아니지."

자공이 나와서 자로에게 말했다.

"자네는 선생님께서 모르시는 것이 있다고 생각하는가? 선생님은 모르시는 것이 없다네. 자네의 질문이 잘못된 것이네. 예법에 의하면 이 고을에 살면서 그 고을의 대부를 비난하는 것이 아니라네."

✤ 소상은 사람이 죽은 지 1년 만에 지내는 제사를 말한다. 일반적으로 고대의 예법에 따르면 3년 동안 부부가 함께 잠자리에 들 수 없었다. 그런데 노나라 대부는 1년 만에 상을 끝내고 예법을 어긴 것이다. 그렇기 때문에 예를 중시했던 유가의 입장에서는 분명히 잘못된 일이었다.

자로가 공자에게 질문한 것은 자공이 질문한 것과 크게 다르지 않다. 하지만 자로는 '노나라 대부'라고 명확하게 지적하여 그가 누구인지 쉽게 알 수 있는 상태였기 때문에 공자는 대답하지 않았던 것이다. 공자는 그 지위에 있지 않으면 그 나라의 정치에 대해서 왈가왈부해서는 안 된다고 했다. 자신이 정치를 논할 수 있는 위치에 있을 때 옳고 그름을 논하는 것이 바람직하다. 그렇기 때문에 자로가 자신이 살고 있는 지역의 수령을 욕되게 하는 것이 바람직한 모습으로 보이지 않아서 대답하지 않았던 것이다.

자로가 들어오자 공자가 물었다.

"자로야, 지자(知者)는 어떤 사람이며, 인자(仁者)는 어떤 사람이냐?"

자로가 대답했다.

"지자란 다른 사람이 나를 알게 하는 것이요, 인자란 다른 사람이 나를 사랑하게 하는 것입니다."

"그대는 선비라고 할 수 있겠구나."

자공이 들어오자 공자가 또 물었다.

"자공아, 지자는 어떤 사람이며, 인자는 어떤 사람이냐?"

자공이 대답했다.

"지자란 다른 사람을 아는 것이요, 인자란 남을 사랑하는 사람입니다."

공자가 말했다.

"그대는 사군자(士君子)라고 할 수 있겠구나."

안연이 들어오자 공자가 물었다.

"안연아, 지자는 어떤 사람이며, 인자는 어떤 사람이냐?"

"지자란 자기 자신을 아는 사람이요, 인자란 자기 자신을 사랑하는 사람입니다."

공자가 말했다.

"그대는 현명한 군자라고 할 수 있겠구나."

✤ 자로와 자공, 그리고 안연에게 인자와 지자에 대해 질문하고 그 대답에 따라 인물에 대한 평가를 내리고 있다. 이들은 공자 문하의 제자 가운데 가장 뛰어난 제자들이었다. 물론 그 가운데 안연은 하나를 들으면 열을 아는 문일지십(聞一知十)하는 제자였다. 공자의 문하에서 가장 훌륭하고 뛰어난 제자였다. 여기서 안연의 대답이 가장 근본적인 해답이다. 자신을 알고 자신을 사랑하는 것, 이것이 모든 것의 출발이요, 끝이다. 자신을 안다는 것은 모든 사람을 아는 것이고, 자신을 사랑할 줄 모르면 남을 사랑할 수 없기 때문이다.

자로가 공자에게 여쭈었다.

"군자도 또한 근심이 있습니까?"

공자가 대답했다.

"군자는 뜻한 것을 아직 얻지 못했을 때는 자기의 뜻을 즐기고, 이미 얻었으면 세상이 잘 다스려지는 것을 즐긴다. 그렇기 때문에 군자는 죽을 때까지의 즐거움은 있어도 단 하루의 근심도 없다. 소인은 뜻한 것을 아직 얻지 못했을 때는 얻지 못한 것을 근심하고, 이미 얻었으면 또 잃을 것을 근심한다. 그렇기 때문에 소인은 죽을 때까지의 근심은 있어도 단 하루의 즐거움도 없는 것이다."

✛ 군자의 근심은 개인의 영달이나 부귀에 있는 것이 아니다. 그 것은 소인의 근심이다. 소인은 자신이 원하는 것을 얻지 못하면 근심하며 얻으려고 노력한다. 그렇기 때문에 평생 근심하며 사는 것이다. 하지만 군자는 세상을 위한 근심은 있어도 자신을 위한 근심을 하지는 않는다. 공자는 《논어》에서 "군자는 근심하지 않고 두려워하지 않는다.", "마음속으로 반성하여 허물이 없는데 무엇을 근심하고 무엇을 두려워하겠는가?"라고 했다. 군자는 덕이 온전하고 떳떳하기 때문에 두려울 것이 없는 것이다.

30 본받을 행동[法行]

이 편에서는 증자와 공자의 말을 통해 여러 가지 지혜를 전해 주고 있다. 순자의 사상이라고 할 수 있는 내용은 잘 보이지 않는데, 아마도 공자와 그의 제자를 통해 순자의 학설을 설명하려고 한 듯하다. 그래서 이 편은 후대의 학자들이 저술하여 집어넣은 것으로도 본다. 전체적인 내용은 자기 자신을 바르게 알고 남을 원망하지 말며, 미래를 준비해야 한다는 내용이다.

공수(公輸)라고 할지라도 먹줄보다 더 줄을 잘 그을 수 없고, 성인이라 할지라도 예에 내용을 보탤 수는 없다. 예라고 하는 것은 일반 사람들의 경우 본받으면서도 잘 알지 못하고, 성인의 경우 이것을 본받으면서 잘 아는 것뿐이다.

✢ 공수는 공수반(公輸盤)이라고 하는데, 여러 가지 기구를 잘 만드는 뛰어난 기술자였다. 공수반이 아무리 뛰어난 기술자라고 해도 도구 없이 줄을 그으면 비뚤어지게 마련이다. 그래서 줄을 긋는 먹줄이 있어야 한다. 성인이 아무리 훌륭한 사람이지만 성인도 예를 통해서 훌륭하게 되는 것이다. 그런데 순자는 앞에서 이미 성인이 예를 만들었다고 말한 바 있다. 성인이 예를 만들었다면 성인은 그 누구보다 예를 잘 알고 실천할 수 있을 것이다. 따라서 성인이라도 예

에 내용을 보탤 수 없다는 말은 적절한 것 같지 않다.

　증자가 말했다.

　"자기 집안사람을 멀리하면서 다른 사람을 친하게 대하는 일을 하지 말라. 자신이 착하지 않으면서 다른 사람을 원망하지 말라. 형벌이 이미 이르렀는데 하늘의 구원을 외치지 말라. 자기 집안사람을 멀리하면서 다른 사람을 친하게 대한다면 또한 집안사람들과 멀어지지 않겠는가? 자신이 착하지 않으면서 다른 사람을 원망한다면 또한 도리를 벗어난 것이 아니겠는가? 형벌이 이미 이르렀는데 하늘의 구원을 외친다면 또한 너무 늦은 것이 아니겠는가?"

　증자가 병이 들자 아들 증원이 발치에 앉아 있었다. 증자가 말했다.

　"원아! 내가 너에게 일러 주는 말을 기억해 두어라. 물고기, 자라, 악어는 깊은 연못을 오히려 얕다고 여겨 그 속에 구멍을 파고, 매와 솔개는 높은 산을 오히려 낮다고 여겨 그 꼭대기에 집을 짓는데도 먹이를 얻으려고 하다가 잡히는 것이다. 그러므로 군자가 진실로 이익 때문에 의리를 해치지 않는다면 치욕이 오지 않을 것이다."

✢ 증자는 공자의 제자로 효성이 지극한 것으로 알려져 있다. 증

자가 아들에게 지나치게 이익을 추구하면 결국 생명을 잃게 된다고 가르친 것이다. 사람은 이익 때문에 명예를 얻기도 하지만 이익 때문에 자신을 망하게 하고 국가를 망하게 하기도 한다. 이익 자체는 나쁜 것이 아닌데, 이익을 개인적인 것으로 소유했을 때 나쁜 것이 된다. 그래서 공자는 이익을 발견하면 반드시 옳은 것인가를 먼저 생각해야 한다고 했다. 군자는 모든 사람의 이익이 되는 공익(公益) 또는 공리(公利)를 추구하고, 소인은 개인적 이익만 추구한다.

　자공이 공자에게 여쭈었다.

　"군자가 옥을 귀하게 여기면서 이와 비슷한 민(珉, 옥의 한 종류)을 천하게 여기는 까닭은 무엇 때문입니까? 옥은 적고 민은 많기 때문입니까?"

　공자가 대답했다.

　"아아! 자공아. 무슨 말을 그렇게 하는가? 군자가 어찌 많다고 천하게 여기고 적다고 귀하게 여기겠는가? 군자는 옥을 사람의 덕에 비유한다. 온화하면서 빛이 나는 것은 인(仁)에 해당하고, 단단하면서도 결이 반듯한 모습은 지(知)에 해당한다. 단단해서 구부러지지 않는 것은 의(義)에 해당하고, 모가 나 있으면서도 상처를 입히지 않는 것은 행(行)에 해당한다. 부러질지언정 구부러지지 않는 것은 용(勇)에 해당하고, 티가 있어도 그대로 보여 주는 것은 정(情)에 해당한다. 이 옥을 두드리면 그 소리가 맑게 올라가 멀리까지 들리고, 멈출 때는 소리가 바로 그치게 되니, 이것은 말하는 모습에 해당한다. 그러므로 민에 아름다운 무늬가 있더라도 옥의 맑고 밝은 모습에는 미치지 못한다. 《시경》에 '군자를 생각하니 온화한 모습이 옥과 같네.'라고 했으니 바로 이것을 말하는 것이다."

증자가 말했다.

"함께 놀면서도 다른 사람에게 사랑을 받지 못하는 것은 반드시 내가 어질지 못하기 때문이다. 서로 사귀면서 다른 사람에게 존경을 받지 못하는 것은 반드시 나에게 장점이 없기 때문이다. 재물을 취급할 때 다른 사람에게 불신을 받는 것은 반드시 나에게 신용이 없기 때문이다. 이 세 가지의 결점이 내 몸에 있는데 어떻게 다른 사람을 원망할 수 있겠는가! 남을 원망하는 사람은 어려움을 겪고, 하늘을 원망하는 사람은 자연의 도리를 알지 못하는 사람이다. 자기 스스로 잘못하고서 다른 사람에게 원망을 돌리니, 어찌 물정에 어둡다고 하지 않겠는가?"

✛ 내가 예를 갖춰서 대했는데 상대방이 무례하다면 나에게 부족함이 있기 때문이다. 그래서 다음에는 더욱 공손하게 예를 다해야

한다. 마찬가지로 남을 의심하고 남에게 잘못을 전가하기 전에 반드시 자신의 잘못을 돌아보고 스스로 부족함이 없도록 해야 한다. 그런데 많은 사람들은 자기의 잘못을 인정하지 않고, 남에게 모든 잘못을 돌리려고 하는 습관이 있다. 그런 사람은 결코 발전할 수 없고 남에게 존경과 사랑을 받을 수도 없다. 나에게 허물이 없어야 다른 사람의 허물을 고치도록 요구할 수 있는 것이다.

　　남곽혜자(南郭惠子)가 공자의 제자 자공에게 물었다.
　　"선생님의 문하는 어찌 그렇게 여러 부류의 사람들이 섞여 있는 것이오?"
　　자공이 대답했다.
　　"군자는 자신을 바르게 하고 사람을 기다리는데, 오려고 하는 사람은 물리치지 않고, 가려고 하는 사람은 막지를 않는 것이오. 좋은 의사의 문 앞에는 병자들이 많이 모이고, 도지개(틈이 가거나 뒤틀린 활을 바로잡는 틀) 옆에는 굽은 나무가 많은 것처럼, 선생님 곁에도 여러 부류의 사람들이 섞여 있는 것이오."

✛ 남곽혜자는 남곽자라고도 하는데, 장자에 의하면 명상가라고 한다. 공자의 문하에 여러 종류의 제자들이 몰려들자 그 이유를 물

었던 것이다. 공자의 제자는 3천 명이었다고 한다. 그중에서 뛰어난 사람이 72명이었다. 그런데 공자의 제자는 가난한 사람, 힘만 센 사람, 장사를 잘하는 사람 등 다양한 분야에 속해 있었다. 공자는 제자를 받아들일 때 반드시 학문에 대한 자세와 열의를 중시했다. 그렇기 때문에 배우려고 하는 사람은 신분 고하를 막론하고 받아들였던 것이다.

공자가 말했다.

"군자는 세 가지의 관대한 마음이 있다. 자신은 임금을 잘 섬길 수 없으면서 자기의 신하에게는 자신이 시키는 것을 잘하라고 요구한다면, 이것은 관대한 마음이 아니다. 자신은 부모에게 보답을 할 수 없으면서 자기의 자식에게는 효도할 것을 요구한다면, 이것은 관대한 마음이 아니다. 자신은 형에게 공경할 수 없으면서 자기의 아우에게는 자기 명령을 따를 것을 요구한다면, 이것은 관대한 마음이 아니다. 선비가 이 세 가지의 관대한 마음을 명확하게 한다면 자기 몸을 바르게 할 수 있을 것이다."

✛ 아랫사람에게 자신을 따르도록 하려면 반드시 자신이 모범을 보여야 하고, 자식에게 효도를 가르칠 때도 자신이 먼저 효성으로

부모를 섬기면 된다. 이것은 입장을 바꿔서 생각하면 쉽게 알 수 있다. 공자는 "자기가 원하지 않는 일을 남에게 시키지 말라."라고 했다. 이것을 다른 말로 표현하면 "자신이 원하는 것을 남도 원할 것이라는 생각을 가지고 남을 대하라."라고 할 수 있다. 다른 사람의 사랑을 받고 싶으면 내가 먼저 사랑하면 되고, 다른 사람에게 존경을 받고 싶으면 내가 먼저 존경하면 된다. 그런데 대부분의 사람들은 자신이 해야 할 도리는 뒤로 한 채 남에게만 요구하는 경향이 강하다.

공자가 말했다.

"군자는 세 가지 생각할 것이 있는데, 반드시 생각해야 할 문제다. 어려서 배우지 않으면 어른이 되어서 무능하게 되고, 늙어서 가르치지 않으면 죽어서 생각하는 사람이 없게 되며, 재물을 가지고 있으면서 은혜를 베풀지 않으면 궁색해졌을 때 도와주는 사람이 없게 된다. 이 때문에 군자는 어렸을 때는 어른이 된 뒤의 일을 생각해서 배워야 하고, 늙어서는 죽은 뒤의 일을 생각해서 가르쳐야 하며, 재물을 가지고 있을 때는 궁색해졌을 때를 생각해서 은혜를 베풀어야 한다."

✦ 미래에 대해 준비하지 않으면 반드시 가까운 데서 근심이 생긴

다. 군자는 먼 미래를 생각하고 준비해야 한다. 그렇기 때문에 젊었을 때는 학문을 익혀야 한다. 학문을 익히지 않으면 어른이 되어서 할 수 있는 일이 없게 된다. 학문에 대한 즐거움을 아는 것은 쉽지 않다. 그러나 학문에 대한 즐거움이란 학문을 하면서 느끼게 되는 것이다. 애초에 학문에 대한 관심조차 없다면 즐거움을 느끼는 것은 불가능한 일이다. 나이가 들면 다른 사람을 가르쳐서 제자를 기르고 미래를 대비해야 하는 것이다. 그리고 부유했을 때 남에게 베풀지 않으면 자신이 어려움에 처했을 때 도움을 청할 곳도 없고 도와주는 사람도 없게 되는 것이다. 사람은 항상 현재의 위치에 충실하면서 먼 미래에 대한 준비를 해야 한다는 충고의 말이다.

31 공자와 애공의 문답[哀公]

이 편에서는 공자와 애공(哀公)의 대화, 안연(顔淵)과 정공(定公)의 대화를 통해서 정치의 방법과 올바른 정치관에 대해 설명하고 있다. 공자와 안연은 모두 백성을 중시해야 한다고 말하고 있으며, 백성을 외면하면 나라가 전복되는 위기가 올 수도 있다고 경고하고 있다. 이 부분에서도 순자의 사상을 공자와 애공의 문답을 통해 드러내고 있다. 특히 "임금은 배요, 백성은 물이다. 물은 배를 띄우기도 하지만, 물은 또 배를 뒤집어엎기도 한다."라는 말을 통해 군주의 옳고 그름에 따라 혁명이 가능하다는 사상을 표현하고 있다. 맹자의 역성혁명(易姓革命, 제왕이 부덕하여 민심을 잃으면 덕이 있는 다른 사람이 천명을 받아 왕조를 바꾸고 새로운 왕조를 세워도 좋다고 하는 사상)과 유사한 측면을 보이고 있다.

노나라 애공이 공자에게 물었다.

"나는 우리나라의 훌륭한 선비들과 토론하며 함께 나라를 다스리고자 하는데, 어떻게 선택해야 하는지 감히 묻습니다."

공자가 대답했다.

"오늘날의 세상에 태어나서 옛날의 도에 뜻을 두고, 오늘날의 풍속에 젖어 살고 있으면서 옛날의 옷을 입고 사는 사람이 있습니다. 이렇게 살면서 나쁜 일을 하는 사람은 또한 드물지 않겠습니까?"

애공이 말했다.

"그렇다면 장보관을 쓰고, 신의 코에 장식을 한 신을 신고, 큰 띠를 두르고, 홀을 잡은 사람은 어진 사람입니까?"

공자가 대답했다.

"반드시 그런 것은 아닙니다. 그러나 제사를 지내기 위해 검은 베로 만든 단의(端衣)와 현상(玄裳)을 입고 허리띠를 두르고 큰 수레인 노거(路車)를 탄 사람은 파와 마늘 같은 냄새가 나는 음식을 먹으려고 생각하지 않습니다. 그리고 상을 당해 참최복을 입고 짚신을 신으며, 지팡이를 짚고 죽을 마시는 상주는 마음이 술과 고기에 있지 않습니다. 오늘날의 세상에 태어나서 옛날의 도에 뜻을 두고, 오늘날의 풍속에 젖어 살고 있으면서 옛날의 옷을 입고 사는 사람은 나쁜 일을 하는 경우가 비록 있다고 해도 또한 드물지 않겠습니까?"

애공이 말했다.

"좋은 말씀입니다."

✣ 애공은 공자가 태어난 노나라의 제후다. 애공은 공자에게 훌륭한 선비에 대해 물었고 공자는 옛 풍속을 따르는 사람이라면 그나마 괜찮을 것이라고 대답했다. 공자는 옛 성현들이 만든 제도와 풍속에 따라 사는 선비라면 예법을 잘 알고 마음가짐도 다를 것이라고 생각한 것이다. 아마 당시에 많은 사람들이 예를 잘 지키지 않아서 그랬던 것일까? 예에 대해 생각하지 않는 사람보다 겉으로 예를 지키려고 하는 사람이 그나마 나을 것이라는 주장이지 반드시 옛날의 제도

에 따르는 사람이 좋은 선비라고 말하는 것은 아니다. 《중용》에는 "오늘날의 세상에 태어나서 옛날의 도를 회복하려고 한다면 재앙이 몸에 미칠 것이다."라고 하고 있다. 공자는 옛날의 도를 반드시 회복하려는 것에는 반대했음을 알 수 있다.

노나라 애공이 공자에게 순임금이 쓰셨던 관에 대해 물었는데, 공자가 대답하지 않았다. 세 번을 질문했지만 역시 대답하지 않았다. 그러자 애공이 말했다.

"과인이 순임금이 쓰셨던 관에 대해 선생에게 물었는데 어찌하여 대답을 하지 않는 것이오?"

공자가 대답했다.

"옛날의 왕자들 가운데 건을 쓰고 옷깃을 둥글게 한 허름한 옷을 입은 사람이 있었는데, 정치를 할 때는 백성들 살리기를 좋아하고 죽이기를 싫어했습니다. 이 때문에 봉황새가 나무 위에 가지런히 앉고, 기린은 교외의 들에 있으며, 까마귀와 까치는 사람이 고개를 숙여서 볼 수 있는 곳에 집을 지었습니다. 임금께서 이러한 것에 대해 묻지 않고 순임금의 관에 대해 물으셨기 때문에 대답하지 않은 것입니다."

✤ 애공의 질문은 외형적인 겉치레에 대한 것이었다. 어진 정치라

든가 또는 순임금의 인품에 대해 물었다면 공자는 기쁜 마음으로 대답했을 것이다. 그런데 성인이 다스렸던 세상에 대해서 묻는 것이 아니라 관에 대해 묻자 공자는 대답하지 않았던 것이다. 그리고는 엉뚱한 대답으로 백성들을 살리려는 순임금의 정치를 들먹인다. 공자의 기지가 빛나는 대목이다.

노나라 애공이 공자에게 말했다.

"과인이 깊은 궁궐 속에서 태어나 부인들 손에서 성장했기 때문에 아직 슬픔에 대해 잘 알지 못하고, 근심, 고생, 두려움, 위태로움에 대해서도 잘 알지 못합니다."

공자가 말했다.

"임금께서 질문하신 것은 성군(聖君)의 질문입니다. 저는 소인인데 어떻게 그것을 알 수 있겠습니까?"

애공이 말했다.

"나는 선생이 아니면 들을 곳이 없습니다."

공자가 말했다.

"임금께서 사당에 들어갈 때는 문을 지나 오른쪽으로 가서 동쪽 계단으로 올라갑니다. 그리고 우러러 서까래와 마룻대를 바라보고, 고개를 숙여 궤연(죽은 사람의 영궤와 그에 딸린 모든 것을 차려 놓은 곳)을 내려

다보게 될 것입니다. 그런데 조상들이 사용하던 기물은 그대로 있지만 조상들은 그 자리에 계시지 않습니다. 임금께서 이것을 보고 슬픈 생각을 하신다면 어찌 슬픔이 일어나지 않겠습니까?

또 임금께서 아침 일찍 빗질하고 머리에 관을 쓰신 뒤, 날이 밝자마자 조정에 나아가 정사를 들으실 때, 어느 한 가지 반응이 없으면 이것이 바로 혼란의 단초가 되는 것입니다. 임금께서 이것을 근심으로 생각하신다면 어찌 근심하는 마음이 일어나지 않겠습니까?

또 임금께서 날이 밝자마자 조정에 나가 정사를 듣다가, 해질 무렵에 조정에서 물러날 것입니다. 이때 제후의 자손으로서 반드시 임금의 조정에서 말석에 앉아 있는 사람들이 있을 것입니다. 임금께서 이것을 고생이라고 생각하신다면 어찌 고생하는 마음이 일어나지 않겠습니까?

또 임금께서 노나라의 성문을 나와서 사방 교외를 바라보시면 망국의 폐허가 여러 곳에 보일 것입니다. 임금께서 이것을 두려움이라고 생각하신다면 어찌 두려운 마음이 일어나지 않겠습니까?

제가 듣기에 '임금은 배요, 백성은 물이다. 물은 배를 띄우기도 하지만, 물은 또 배를 뒤집어엎기도 한다.'라고 했습니다. 임금께서 이것을 위태로움이라고 생각하신다면 어찌 위태로운 마음이 일어나지 않겠습니까?"

✤ 공자는 애공에게 진실한 마음으로 사물을 관찰하고 주변 사람들의 마음을 이해하면 근심과 고생, 두려움과 위태로움에 대해서 알 수 있을 것이라고 조언한다. 그리고 마지막 부분에는 물이 배를 뒤집듯 백성이 나라를 전복할 수 있다는 충고도 아끼지 않는다. 공자는 백성을 나라의 근본이자 가장 귀중한 존재로 생각했다. 맹자도 "백성이 귀중하고, 사직이 그 다음이며, 임금은 가장 가벼운 존재다."라고 말한 바 있다.

노나라 정공이 공자의 제자인 안연에게 물었다.

"동야필(東野畢)은 말을 잘 다룬다고 하는데 사실인가?"

안연이 대답했다.

"말을 잘 다루기는 합니다. 그러나 비록 그렇더라도 조만간에 말이 달아날 것입니다."

정공이 불쾌하게 여기며 안으로 들어가 신하들에게 말했다.

"군자도 남을 헐뜯는 수가 있는가?"

그로부터 사흘이 지난 뒤 말을 관리하는 사람이 와서 말했다.

"동야필의 말을 잃어버렸습니다. 양쪽 바깥에 있는 두 필의 말이 달아나고, 안쪽 두 필의 말은 마구간에 있습니다."

정공은 놀란 듯 자리에서 일어나 수레를 빨리 보내서 안연을 불러

오도록 명령했다. 안연이 다시 오자 정공이 말했다.

"지난번에 과인이 그대에게 물었을 때 '동야필은 말을 잘 다루기는 하지만 그 말은 장차 달아날 것이다.'라고 했는데, 대체 그대는 어떻게 그것을 알았는지 모르겠소."

안연이 대답했다.

"저는 정치를 가지고 그것을 알았습니다. 옛날에 순임금은 백성을 부리는 데 뛰어난 재주를 가졌고, 조보는 말을 부리는 데 뛰어난 재주를 가졌습니다. 순임금은 백성을 곤궁하게 하지 않았고, 조보 또한 말을 곤궁하게 하지 않았습니다. 그렇기 때문에 순임금 때는 달아나는 백성들이 없었고, 조보는 말을 잃지 않았습니다. 그런데 지금 동야필이 말을 다루는 것을 보면, 수레 위에 올라 고삐를 잡으니 재갈과 몸이 반듯했습니다. 또한 말의 걸음걸이와 달리는 것을 보니 훈련이 잘 되어 있었습니다. 험한 길을 지나서 먼 곳에 이르면 말도 힘이 떨어지게 되는 것입니다. 그런데도 오히려 말이 멈추지 못하도록 했습니다. 그래서 알았던 것입니다."

정공이 말했다.

"좋소. 좀 더 들을 수 있겠소?"

안연이 대답했다.

"제가 듣건대 '새가 곤궁해지면 부리로 쪼아 대고, 짐승이 곤궁해지면 아무에게나 달려들고, 사람이 곤궁해지면 거짓말을 한다.'라고 합니다. 예로부터 오늘에 이르기까지 백성들을 곤궁하게 만들고서 위태롭지 않은 사람은 없었습니다."

✦ 공자의 제자 안연과 노나라 제후 정공의 문답을 통해서 아무리 하찮은 말이라도 함부로 해서는 안 된다는 것을 알 수 있다. 동야필이 말을 잘 타는 사람이지만 말이 지치고 힘들다는 것을 무시하고 무조건 달리도록 한 것은 군주가 백성을 다스리면서 그들의 어려움은 생각하지 않는 것과 같은 것이다. 백성을 곤궁하게 만들면 백성들은 떠나게 되고, 떠날 수 없을 때는 반란을 일으키게 된다. 그렇기 때문에 성인이 통치하는 나라에서는 도망가는 백성이 나타날 수 없다. 역사적으로 자유를 외치며 자국의 통치자를 축출했던 것은 바로 통치자가 백성을 돌보지 않고 자기 자신의 이익만을 추구한 결과다. 하나를 보고 열을 안다는 안연의 지혜를 알 수 있는 부분이다.

32 요임금과 순임금의 대화[堯問]

이 편의 제목은 요임금이 순임금에게 질문하는 형식으로 되어 있지만 전체적인 형식은 여러 사람의 문답으로 이루어져 있다. 주로 군주의 통치 방법과 자신을 낮추는 방법, 높은 자리에 있으면서 남의 미움을 사지 않는 방법 등이 언급되어 있다. 본래 이 편의 뒷부분에는 순자를 칭송하는 글이 있는데 여기서는 싣지 않았다. 아마 제자들이 순자를 칭송하기 위해 덧붙인 글인 것 같다.

요임금이 순임금에게 물었다.

"내가 천하를 통치하고자 하는데 어떻게 하면 되겠소?"

순임금이 대답했다.

"마음을 하나로 집중해서 잃지 않으며, 아주 작은 일까지도 업신여기지 않고 실행하며, 진심을 다하고 믿음으로 일을 게을리하지 않는다면 천하는 저절로 돌아올 것입니다. 마음을 하나로 집중하는 것은 천지(天地)처럼 하고, 작은 일을 실천할 때는 일월(日月)처럼 하면, 안으로는 진실함이 가득 차고, 밖으로는 그것이 흘러 넘쳐 온 세상에 밝게 나타나게 될 것입니다. 그렇게 되면 천하는 한 모퉁이에 있으므로 다스리기에 충분할 것입니다."

✦ 요임금과 순임금은 선정을 베푼 전설적인 성왕이다. 요임금은

순에게 두 딸을 시집보내고 여러 가지 일을 맡겨 그의 사람됨과 능력을 시험했다. 3년 후 순을 등용하여 천하의 일을 맡겼다. 그리고 20년이 지나자 요임금은 순에게 섭정하도록 하고 은거했으며, 8년 후에 세상을 떠났다. 요임금이 세상을 떠나자 순은 섭정을 멈추고 요임금의 아들 단주(丹朱)에게 왕위를 양보하고 변방으로 숨었다. 그러나 관리와 백성들이 순에게로 몰려들자 천명을 거스를 수 없다는 생각으로 돌아와 천자의 자리에 앉았다고 한다.

정치의 핵심을 묻자 순임금은 천지와 일월처럼 공평하게 다스리고, 진실함을 다해서 통치하면 쉽게 다스릴 수 있다고 말한다. 천지나 일월은 모든 사람에게 공평할 뿐 아니라 아주 은밀한 곳까지 영향을 미친다. 이와 같이 백성을 다스릴 때에는 세심한 배려를 통해서 해야 하는 것이다.

위(魏)나라 임금 무후(武侯)는 일을 도모할 때마다 딱 맞아 떨어져서 여러 신하들도 거기에 미칠 수 없었다. 임금이 조정에서 물러나와 기쁜 표정을 지었다. 오기(吳起)가 임금 앞에 나가서 여쭈었다.

"일찍이 초나라 장왕의 이야기를 임금께 들려준 신하가 있었습니까?"

무후가 말했다.

"초나라 장왕의 이야기는 어떤 것이오?"

오기가 대답했다.

"초나라 장왕은 일을 도모할 때마다 딱 맞아 떨어져서 여러 신하들도 거기에 미칠 수 없었습니다. 그런데 임금은 조정에서 물러나와 근심스런 표정을 지었습니다. 신공무신(申公巫臣)이 임금 앞에 나가서 물었습니다. '왕께서는 조정에서 근심스러운 표정을 지으셨는데 무슨 일 때문입니까?' 장왕이 대답했습니다. '내가 일을 도모할 때마다 딱 맞아 떨어져서 여러 신하들도 거기에 미치지 못하고 있다네. 이것 때문에 걱정하는 것이오. 중훼(仲虺)는 제후가 스스로 스승으로 여길 만한 사람을 얻으면 왕자가 되고, 좋은 벗을 얻으면 패자가 되고, 두려워할 사람을 얻으면 나라가 존속되고, 스스로 도모하여 자신보다 나은 신하가 없다면 멸망한다고 했소. 지금 나는 불초한데도 여러 신하들이 나에게 미치지 못하는 것을 보니 우리나라도 거의 멸망할 것 같구려. 이것 때문에 걱정하는 것이오.' 같은 일을 가지고 초나라 장왕은 근심으로 생각하고 임금께서는 기쁨으로 생각하고 계십니다."

무후는 뒤로 물러나 두 번 절을 하며 말했다.

"하늘이 선생을 보내시어 나의 허물을 깨우쳐 준 것이오."

✤ 위나라 군주가 신하들 가운데 자기보다 뛰어난 사람이 없다는 것을 기뻐하자 오기가 초나라 장왕의 이야기를 통해 깨우쳐 준 것이다. 군주는 어질고 능력 있는 신하를 등용하여 적절한 자리에 안배

하는 용인술이 탁월해야 한다. 그런데 위나라 군주는 신하들이 가져
야 할 능력을 도리어 자랑스럽게 생각한 것이다. 국가를 경영하는
것은 군주 한 사람의 몫이 아니다. 군주와 신하의 역할이 잘 구분되
고, 각자가 맡은 일을 충실하게 할 때 안정되는 것이다.

오기는 전국 시대의 군사 지도자며 정치가였다. 위나라 사람이며
공자의 제자인 증자(曾子) 밑에서 공부한 적이 있다고 한다. 중훼는
은나라 탕왕의 어진 재상이다.

증구(繒丘)라는 땅의 국경을 지키는 사람이 초나라의 재상 손숙오(孫
叔敖)를 보고 말했다.

"저는 벼슬자리에 오래 앉아 있으면 선비들이 질투하고, 봉록이 두
터우면 백성들이 원망하며, 지위가 높으면 임금이 원망한다는 말을 들
었습니다. 그런데 지금 재상께서는 이 세 가지를 모두 가지고 있으면
서도 선비나 백성들에게 원망을 사지 않고 있으니 어찌 된 일입니까?"

손숙오가 대답했다.

"나는 세 번이나 초나라의 재상이 되었으나 마음을 더욱 겸손하게
갖고, 매번 봉록이 더해질 때마다 다른 사람에게 더욱 많이 베풀었으
며, 지위가 높아질수록 더욱 공경하게 예를 갖추었다네. 이런 것 때
문에 나는 초나라의 선비와 백성들에게 원망을 사지 않은 것이라네."

✛ 초나라의 어진 재상인 손숙오는 다른 사람의 미움을 사지 않는 방법에 대해 세 가지로 설명했다. 겸손, 은혜로움, 공경함이 바로 그것이다. 겸손은 아무리 지나쳐도 부족함이 없는 것이다. 겸손한 사람이 남에게 미움을 받는 경우는 드물다. 또한 재물이 많으면 남에게 베풀어야 한다. 그래야 자신이 어려울 때 도움을 받기도 하는 것이다. 주변 사람들은 굶주리는데 자기 혼자 부유함을 누린다면 반드시 미움을 사게 된다. 지위가 높은 사람은 그 아래에 시기하는 사람이 많다. 그렇기 때문에 지위가 높다고 자랑하는 것보다 예를 갖추어 남을 더욱 공경하고 자신을 낮추는 것이 지혜로운 방법이다.

권불십년(權不十年) 즉, 권세는 아무리 길어도 10년을 넘지 않는다는 말이 있다. 권력을 가진 사람들이 높은 자리에 있을 때 거만하고 남을 무시하면 결국 권력을 잃었을 때는 누구한테도 환영을 받지 못한다. 손숙오의 지혜는 오늘날에도 여전히 그 효력을 발휘할 수 있는 것이다.

자공이 스승 공자에게 여쭈었다.

"저는 다른 사람에게 자신을 낮추는 게 무엇이 좋은지 잘 모르겠습니다."

공자가 대답했다.

"다른 사람에게 자신을 낮추는 것은 마치 땅의 모습과 같다. 땅을 깊이 파면 단물을 얻게 되고, 씨를 뿌리면 오곡이 번식하고 초목이 자라며, 땅 위에서는 짐승들도 자라고, 살아 있는 것은 땅을 밟고 서 있으며, 죽어서는 땅속에 들어간다. 공덕이 이렇게 많으면서도 쉬는 경우가 없으니, 다른 사람에게 자신을 낮추는 것은 마치 땅의 모습과 같은 것이다."

✦ 세상에는 본받을 것이 많다. 물에서 지혜를 배우고, 땅에서 겸손을 배우고, 온갖 자연에서 배우는 것이 성인이다. 공자는 인간을 중시했던 사상가다. 그런데 공자가 자연에서 많은 지혜를 배웠다는 것은 재미있는 일이다. 오히려 자연을 중시한 것은 도가 철학자인 노자와 장자 같은 인물들이었다. 유가에서 천지(天地)는 인간이 본받아야 할 모범적 존재로 인식된다. 즉, 자연의 도를 인간의 도와 연결 지어, 자연과 인간이 하나가 되는 경지를 희망했던 것이다. 예의 법칙도 우주 자연의 질서에서 본받은 것이다. 땅의 겸손함, 만물을 생성시키는 덕, 인간의 생사를 모두 포함하고 있는 우주 자연의 모습은 인간이 본받기에 충분한 것이다.

옛날에 우(虞)나라에서는 궁지기(宮之奇)를 등용하지 않아 진(晉)나라에 나라를 빼앗겼고, 래(萊)나라에서는 자마(子馬)를 등용하지 않아 제(齊)나라에 나라를 빼앗겼으며, 폭군 주(紂)는 왕자 비간의 심장을 찢어 죽였으므로 무왕(武王)이 천하를 차지했다. 어진 사람을 가깝게 대하지 않고 지혜로운 사람을 등용하지 않기 때문에 자신은 죽임을 당하고 나라는 멸망하는 것이다.

✤ 군주의 책임은 어진 사람을 재상으로 등용하는 데 있다. 물론 군주 자신이 덕을 쌓고 어진 정치를 펼치는 것이 최상이지만, 군주가 바르면 아래 신하도 의리를 알고 예의를 지키는 사람이 된다. 군주가 바르지 못하면 아첨하는 신하만 주변을 맴돌고 군주의 지혜를 가로막게 된다. 그렇게 되면 결국 나라가 멸망하는 것을 앉아서 보게 될 것이다.

순자, 유가의 현실주의자

1. 순자의 생애와 시대

순자의 생애에 대해서 정확하게 알려진 것은 없으며 다만 《사기》
에 간략한 기록이 있을 뿐이다. 그의 출생 연도에 대해서도 기원전
339년이라는 설과 313년이라는 설에 이르기까지 여러 가지 학설이
분분하다. 따라서 기원전 300년 초부터 기원전 238년경까지 활동했
던 중국 전국 시대의 유학자로 추측할 수 있을 뿐이다.

순자의 이름은 황(況)인데 당시 사람들은 그를 높여 경(卿)이라고
불렀다. 그런데 한나라 시대에 와서 선제(宣帝)의 이름을 피해 손경
(孫卿)으로 불렸다. 그는 전국 칠웅의 하나였던 조(趙)나라 출신이었
는데, 50세에 제(齊)나라로 유학을 가서 직하(稷下)에서 공부했다고
한다. 직하는 제나라에서 제자백가의 여러 사상가들을 초빙해 학문

과 토론에 전념할 수 있도록 만든 기관이었다. 이곳에서 학문을 연구한 학자들을 직하 학사라고 했는데, 맹자와 순자·장자도 이곳에서 공부를 했다고 한다.

특히 순자는 직하 학사의 우두머리인 좨주(祭酒)를 세 번이나 역임했다고 하듯이 그 능력을 크게 인정받았던 것으로 보이는데, 그가 연구한 것은 유가 사상이었다. 그는 직하에서 나와 한때는 진(秦)나라로 가서 유세를 하기도 했으나 그곳에서 벼슬을 하지는 않았다. 당시 진나라는 법가 사상을 받아들여 부국강병책을 강력하게 추진, 강국으로 성장하던 시기였다. 순자는 진나라의 발전을 돌아보고 큰 충격을 받았다고 한다. 인과 의를 기반으로 하는 도덕 정치를 내세우는 유가 사상으로 과연 진나라처럼 부국강병을 이룩할 수 있을지 의문이 들었기 때문이다. 그래서 그의 학문은 유가 사상과 부국강병책을 어떻게 결합할 수 있을까 하는 방향으로 나아간 듯 보이며 그 결과가 이 책 《순자》에서도 나타나듯이 유가 사상을 바탕으로 한 제자백가 사상의 현실적 결합이라고 할 수 있다.

만년에는 전국 시대 '4공자'의 한 명이던 초(楚)나라 춘신군(春申君)의 천거로 난릉(蘭陵)의 수령이 되었으나 춘신군이 암살당하자 벼슬을 그만두고 제자를 기르며 저술에 전념했다. 전국 시대 4공자란 춘신군을 비롯해, 제나라의 맹상군, 조나라의 평원군, 위나라의 신릉군을 말하는데, 이들은 모두 제후의 아들로 태어나 제자백가의 뛰어난 선비들을 초빙해서 나라를 이끈 인물들을 말한다. 이렇듯이 순자의 경력으로 보면 그는 현실 정치보다는 학문 연구에 주력하며 제자들을 기른 편이었다. 《사기》에서는 그를 이렇게 평가하고 있다.

"순경은 세상을 혼탁하게 만드는 정치를 미워했다. 당시에 나라를 망치거나 혼란한 군주가 잇달아 나타나 대도(大道)를 따르지 않고 무속을 경영하거나 징조만을 믿었다. 또한 비루한 선비들은 작은 일에 구애되고 장자와 같은 무리들은 교활한 계략으로 풍속을 어지럽혔다. 이에 유가와 묵가의 도덕 가운데 성행한 것과 실패한 것을 미루어 차례대로 배열하여 수만 글자의 책을 저술하고 세상을 떠났는데, 난릉에 장사지냈다." ─《사기》〈맹자·순경열전〉

학문 성향으로 볼 때 순자는 공자의 제자 가운데 자하(子夏) 계통의 학파에 속했다. 원래 공자의 사상은 인의충신 같은 도덕을 강조하는 내면적 정신주의와 그런 도덕을 실천하는 도구나 제도로서의 예의를 강조하는 외면적 형식주의가 결합되어 있었다. 그런데 공자 사후 제자들에 의해 어느 한 측면이 강조되기 시작했고 크게 보면 증자 ─ 자사 ─ 맹자로 이어지는 정신주의 학파와 자하나 자유 ─ 순자로 이어지는 형식주의 학파로 나뉘게 되었다. 이 가운데 순자는 예와 의를 강조하는 자유 계열의 학문을 집대성했고 맹자는 도덕성을 강조하는 정신주의를 집대성했다. 이렇게 보면 맹자와 순자는 출발 지점부터 서로 다른 경향을 지닐 수밖에 없었다. 주관적이며 이상적인 도덕론과 객관적이며 현실적인 형식론으로 그 학문 경향이 달랐기 때문이다.

순자가 성악설을 근거로 한 예치주의(禮治主義)를 내세웠다는 것은 상당히 잘 알려진 사실이다. 뒤에서 자세하게 다루겠지만 인간의 본성은 본래부터 악하기 때문에 성인이 제정한 예를 통해 인간을 교화시켜야 한다는 주장이다. 그 때문에 순자는 성선설에 바탕을 두고 도덕적 이상론을 펼친 맹자와 달리 현실주의적 입장을 강조하고 논리성을 중시한 특징이 있었다. 특히 순자는 묵자나 혜자, 양주 등의 다른 제자백가 사상들에 대해서만 비판한 것이 아니라 같은 유가에 속했던 맹자에 대해서도 혹독하게 비판을 가했다. 말하자면 그는 유가의 계승자이면서 동시에 비판자였던 것이다.

이런 이유로 순자는 유가 사상이 주류를 형성한 후대에 와서는 정통 계보로 인정받지 못하고 이단아로 취급당했다. 공자 다음으로 맹자를 성인의 계보로 분류한 후대 유학자들이 맹자를 비판한 순자를 곱게 보지 않았기 때문이다. 하지만 근대에 들어와 제자백가 사상을 본격적으로 연구하면서 순자는 다시 재조명되었다. 그는 선진(先秦, 진나라 통일 이전 시기) 유가(儒家)에서 매우 독특한 위치를 차지한 인물로 평가되었고 선진 유가의 좌파로 분류되기도 했다. 그 이유는 그의 제자 가운데 한비자나 이사 같은 법가 사상가들이 배출되어 진나라의 전국 시대 통일에 기여했고 그의 책에 드러난 제자백가나 맹자 비판 등이 매우 논리적이고 설득력이 있는 것으로 평가되었기 때문이다. 그래서 어떤 학자들은 그를 유가 사상과 제자백가 사상을 결합한 전국 시대 최고의 종합 사상가라고 보기도 했다. 다른 이들은 순자 같은 유가 사상 내의 이단아가 있었기에 유가 사상이 보다 완벽해질 수 있었고 후대에 주류로 성장하는 계기가 되었다면서, 순자야말로 유학 사상의 성장에 결정적인 역할을 한 인물이라고 평가하기도 했다.

그러면 순자의 사상에 대한 이런 평가는 어떻게 나온 것이었을까? 그것은 그가 살아간 시대와 그의 사상 사이의 연관을 찾아보면 쉽게 이해할 수 있다.

순자가 살던 시기는 전국 시대 말기였다. 전국 시대는 춘추 시대에 이어 주나라 왕실이 힘을 잃으면서 제후들이 패권을 다투던 시기였다. 두 시기는 모두 수많은 전쟁과 사회적 질서의 혼란으로 인해 사회적인 분열과 다툼이 극심했던 시대였다. 특히 전국 시대는 춘추 시대와 달리 약육강식의 논리가 더욱 강화되어 춘추 시대에 수백에 이르던 제후국들이 불과 2, 30여 국으로 줄어들었고 제후의 아래에서 세력을 키운 신하들이 하극상을 벌여 나라를 빼앗기도 하던 시대였다. 말하자면 사회적 도덕이 땅에 떨어진 시대였다.

이렇게 춘추 전국 시대를 맞아 주나라의 왕실이 힘을 잃고 사회적 분열이 일어나자 각국의 제후들은 부국강병이나 생존법에 대해 고민할 수밖에 없었고 그중 하나의 방안으로 현명한 인재를 발굴, 등용하려 했다. 이런 시대적 흐름에 따라 등장한 것이 제자백가였다. 제자백가는 말 그대로 백 가지 사상을 가진 다양한 인물들과 학파들을 말한다. 제자백가 가운데 순자가 속했던 유가는 춘추 시대 말 공자에 의해 인의를 바탕으로 한 도덕 정치의 실현을 목표로 창립된 학파로, 공자가 키운 수많은 제자들에 의해 전국 시대에 널리 퍼지기 시작했다. 그런데 당시의 제후들은 부국강병에만 관심을 기울였기 때문에 유가의 인물들을 높은 지위의 재상으로 등용하는 것은 꺼리고 있었다. 순자보다 조금 앞섰던 시대에 살았던 맹자도 많은 제후들에게 유세를 갔지만 어느 곳에서도 등용되지 못했다. 순자 역시 그 학문의 깊이나 내용으로 보면 재상을 해도 부족할 정도였지만 그 역시 오늘날로 치면 작은 군의 군수 정도로밖에 등용되지 못했던 것이다.

이런 현실 속에서 순자는 공자의 가르침이나 도덕 정치에 대한 믿음에서는 남 못지않았지만 그에 대한 현실적인 실현을 고민하지 않을 수 없었을 것이다. 그래서 그는 제자백가 사상들을 깊이 연구했고 그들에 대해서 그의 저술에서 비판하기도 했지만 그 가운데 일부의 장점을 취했던 것으로 보인다. 특히 그가 관심을 기울인 것은 상앙(기원전 ?년~기원전 338년)에서 출발한 법가 사상이었다. 진나라에서의 성공도 있었겠지만 그의 학문 성향과도 어느 정도 맞아떨어졌기 때문이다. 따라서 그가 성악설을 세우고 엄격한 법과 신분 질서에 입각한 예치주의를 주장한 이면에는 이런 시대적 배경이 깊이 연관되었을 것으로 보인다. 도덕이 땅에 떨어진 상황에서 그가 본 것은 인간의 악한 모습들이었을 것이고 그런 인간을 구원하고 도덕에 입각한 왕도 정치를 실현하려면 인간의 사회적 교화에 더 무게를 두는 예치주의가 필요하다고 보았을 것이다.

순자의 이런 측면 때문에 그의 사상을 공부한 한비자나 이사는 법가 사상을 보다 적극적으로 수용했을 것이고 진나라로 가서 전국 시대를 종식시키는 데 중요한 역할을 하게 된 것으로 판단된다. 이렇게 보면 순자야말로 유가에서 그토록 원했던 평화로운 세상을 실현하는 데에서도 많은 기여를 한 셈이다.

그런데 문제는 엄격한 법치주의에 의해 중국을 통일한 진나라가 불과 25년 만에 멸망하게 되었다는 사실이다. 진나라를 이어 중국을 다시 통일한 한나라가 유가 사상을 국가의 통치 이념으로 받아들일 때까지만 해도 순자는 배척당하던 인물은 아니었다. 그러나 유학 사상이 발전하고 보다 관념적인 논리들이 발전하게 되면서 순자는 유가의 정통에서 벗어난 인물로 분류되었고 심지어는 이단으로 취급되었던 것이다. 이런 측면만 따져 보면 순자는 그가 신봉했던 유

학이 도그마로 발전하면서 희생양이 된 비극적인 인물이라고도 할
수 있다.

2. 《순자》는 어떤 책인가?

현재까지 전해지는 《순자》는 대부분 순자 자신의 저술로 보여지
며, 현재 32편이 남아 있다. 본래는 순자가 세상을 떠난 후 제자들
이 322편으로 편집했던 것을 한나라 시대에 이르러 동중서와 유향
등이 32편으로 정리하여 《손경신서(孫卿新書)》라고 칭했다고 한다.
이후 당나라의 양량(楊倞)이 32편을 20권으로 정리하여 《순경자》라
고 고치고, 줄여서 《순자》라고 했다. 이것이 현재 존재하는 《순자》
의 원형이라고 볼 수 있다.

《순자》는 《논어》의 체제를 모방한 것 같다. 《논어》가 〈학이〉 편에
서 시작하여 〈요왈〉 편으로 끝이 나는데, 《순자》도 〈권학〉 편으로 시
작하여 〈요문〉 편으로 끝이 난다. 이것으로 보건대 《논어》의 체제를
모방하려고 애쓴 것이 분명하다.

또한 후대의 연구에 의하면 《순자》 32편 가운데 전반부 26편까지
는 순자의 글이고, 27편부터 32편까지는 순자의 말을 제자들이 기
록한 것으로 알려져 있다. 그 가운데 〈유효〉·〈의병〉·〈강국〉 편은

순자를 '손경자'로 칭하고 있는 것으로 보아 순자의 문인들이 기록한 것으로 추측된다.

《순자》가 오늘날 우리가 읽는 것과 같은 책으로 처음 간행된 것은 중국 송나라 신종 때였다. 이때 성리학 이론을 정립하는 데 중심이 되었던 소식(蘇軾)·이정(二程, 정명도와 정이천 형제)·주희(朱熹)는 강력히 반대했는데, 이것은 성악설과 함께 제자(諸子)를 비판한 〈비십이자〉 편의 내용 가운데 유가에 대한 비판도 들어 있기 때문이었다. 하지만 그럼에도 불구하고 책이 간행될 수 있었기 때문에 다행스럽게도 후대에 순자 연구의 중요 판본으로 활용되기에 이른다. 그 뒤 《순자》는 근대에 들어와서 새롭게 재조명되어 그에 대한 연구와 주석도 본격적으로 이루어졌다.

앞의 본문에서도 보았겠지만 《순자》 32편을 크게 분류해 보자면 다음과 같이 나눌 수 있다. 〈천론〉과 〈해폐〉 편은 철학적 주제를 다루었고, 〈왕제〉·〈부국〉·〈왕패〉·〈의병〉 편은 정치 문제를 다루고 있다. 〈정명〉 편에서는 논리적 문제를 취급했으며, 〈권학〉·〈예학〉·〈성악〉 편에서는 본성과 관련된 윤리학 문제를 다루고 있고 〈유효〉·〈비십이자〉 편은 당시의 여러 학자들의 학설에 대한 비판이 담겨 있다.

3. 순자의 중심 사상

흔히 순자의 사상에 대해 말할 때 맹자의 성선설과 대비해 성악설을 주장했다고 알고 있다. 하지만 이것은 일면적인 진실만 담고 있을 뿐 순자의 사상 체계 전체를 보면 성악설은 그가 예치주의를 주장하기 위해 내세운 하나의 부분적인 이론이었을 뿐이다. 따라서 순자의 사상 전체를 올바르게 이해하기 위해서는 유가 사상이 갖고 있던 사유 체계를 순자의 사고 체계와 비교 검토하는 것이 필요하다. 그 까닭은 근본적으로 공자에서 맹자로 계승되는 유가의 철학 체계가 순자에 와서는 이들과 상반되는 구조를 보이기 때문이다. 특히 천(天)과 인간의 관계, 성선(性善)에 대한 비판과 성악설에 대한 주장, 그리고 법가(法家)의 이론과 유사한 예(禮)의 강조 등은 공·맹의 철학 체계와 확연히 구별되는 구조를 가지고 있다. 그래서 여기서는 순자가 갖고 있던 자연관과 인간관, 그리고 도덕관을 중심으로 정통적인 유가 사상의 주장과 비교 검토하려고 한다.

1) 순자의 자연관 — 하늘과 인간은 분리된 것이다

전통적인 동양 사상에서 자연, 즉 천지라는 개념은 다음의 내용을 전제로 하고 있다.

첫째, '하늘은 낳고 땅은 기른다.'라는 말처럼 천지는 세상 만물의 근원을 의미한다. 하지만 이것은 서양 철학에서 말하는 하느님처럼 인격신을 전제로 하는 것은 아니다. 동양 사상에도 상제(上帝)처럼 인격신의 개념이 있지만 그것이 의미하는 바는 우주 만물의 법칙을 이끄는 존재라는 의미일 뿐 서양의 하느님처럼 창조자이자 유일신의 개념은 아니다.

둘째, '하늘[天]이 명하는 바에 따라 도가 나오고 도를 따르는 것이 인간의 순리다.'라는 말처럼 천지는 인간을 포함한 세상 만물이 따라야 하는 도덕 법칙의 원리이자 세상의 질서를 이끄는 법칙이라는 의미가 있다. 따라서 하늘은 세상을 이끄는 섭리이자 동시에 사람들이 지켜야 하는 도덕 법칙의 근원이라는 것이다.

공자와 맹자의 유가 철학에서도 이런 전통적인 자연관을 그대로 따랐다. 그래서 하늘의 명령[天命]을 따르는 것이 바로 인간이 추구해야 하는 도리이며, 유가의 이상적인 인간인 성인은 천명에 가장 근접한 존재로 인식되었다. 말하자면 하늘이란 인간의 도덕적 근원이며 인간은 이런 하늘과 일치하려고 해야 한다는 천인합일(天人合一) 사상을 받아들이고 있었다. 그리고 천인합일 사상에 근거하게 되면 자연스럽게 인간은 도덕의 원천인 하늘이 낳은 존재니까 그 본성도 착하다는 결론에 이르게 된다. 노자와 장자 같은 도가 철학 역시 이런 점에서 유사한 측면이 있었고 무위자연(無爲自然)이란 자연의 섭리에 거슬리지 않고 자연 속에서 사는 것을 의미했다.

그러나 순자는 이런 전통적인 자연관을 부정했다. 순자는 다음과 같이 말했다.

> 천도의 운행에는 불변하는 법칙이 있다. 요임금을 위해서 존재하는 것도 아니고 걸을 위해서 없어지는 것도 아니다. 좋은 정치로 대응하면 길하고, 혼란으로 대응하면 흉하게 된다. 근본에 힘쓰고 절약하면 하늘도 가난하게 할 수 없고, 건강을 준비하고 때에 맞게 운동을 한다면 하늘도 병들게 할 수 없으며, 도를 닦아서 두 가지 마음을 품지 않으면 하늘도 재앙을 내릴 수 없다. 그러므로 홍수와 가뭄도 사람을 배고픔과 목마름에 빠뜨릴 수 없고, 추위와 더위도 아프게 할 수 없으며, 괴상한 일도 나쁘게 만들 수 없다.
>
> —《순자》〈천론〉편

순자에게 자연은 단지 있는 그대로의 자연일 뿐이라는 주장이다. 물론 자연에 일정한 자연의 법칙이 있다는 점은 인정했지만 하늘이 도덕의 원천이라거나 인간의 삶을 주관하는 존재라는 점은 부인한 것이다. 이렇게 하늘, 즉 자연과 인간 사회의 법칙을 분리했기 때문에 이를 '천인지분(天人之分)'이라고 하는데, 이 말은 순자 사상의 핵심적인 키워드라고 할 수 있다.

도덕적 원천인 하늘을 부정하면 도덕적 행위의 근거가 하늘에서 인간으로 넘어오게 되며, 인간의 주체성을 강조하게 되어 있다. 이런 측면에서 보면 순자는 유물론이나 경험론에 가까운 사고를 한 것이고 오늘날의 자연관과도 유사한 사고를 한 셈이다. 그리고 이 점이 순자가 보여 준 가장 뛰어난 통찰이라고도 할 수 있다.

그러면 순자는 왜 유가에서 말하는 전통적인 하늘의 개념을 부정한 것일까? 그 이유는 크게 보면 두 가지였다.

첫째는 순자가 살던 당시 길흉화복이 하늘에서 나온 것이라면서 기복과 점술에 의지하는 무속적인 세계관이 일반 백성들 사이에 널리 퍼져 있었기 때문이다. 당시 도덕적 가치는 땅에 떨어진 상태에서 전쟁이 끊이지 않자 민중들의 삶은 경제적인 측면만이 아니라 정신적인 측면에서도 매우 고달픈 상태였다. 이런 시기에 무속이나 점복이 유행하는 것은 당연한 일이었다. 그러니 합리적이고 논리적인 사고를 갖고 인간의 도덕성 회복을 주장하던 순자의 입장에서 보면, 무속적 세계관이나 모호한 하늘의 뜻을 주장하는 사람들은 모두 사이비로 보였을 것이다. 그래서 이에 대한 대응 논리로 나온 것이 하늘은 인간의 삶을 주재하는 존재가 아니라 다만 자연 그 자체일 뿐이라는 주장이었다.

둘째 이유는 그가 주장하려는 성악설의 근거를 마련하기 위한 것이었다. 앞에서도 말했지만 하늘이 도덕의 원천이 되면 하늘이 낳은 인간은 당연하게도 도덕적 본성을 지닌 착한 존재로 될 수밖에 없다. 그러나 순자는 자신의 경험과 추론을 바탕으로 인간, 특히 사회적 존재로서의 인간이 착하다는 점을 인정할 수 없었다. 하극상과 패륜이 횡행하는 전국 시대를 살던 그에게 인간의 모습은 추악하기 그지없었을 것으로 보인다. 그래서 그는 맹자가 말한 성선설을 부인하려고 했고 하늘이 인간의 도덕적 원천이라는 주장을 뒤집어야 했던 것이다.

그러면 유가의 궁극적 목표이자 그의 지향점이기도 했던 도덕적 사회의 건설은 어떻게 가능하다는 말인가? 여기서 그가 들고 나온 개념이 '화성기위(化性起僞)', 즉 악한 본성을 변화시켜 인위적으로 도덕성을 회복한다는 것이었다. 인간의 본성은 이미 악한 것이기에 본성에 따라서 행위를 해서는 안 된다. 그러므로 인간은 본성의 변화를 통해서 도덕적으로 선한 행위를 해야 되는데, 그것은 작위적이고 인위적인 노력으로 가능하다는 것이다. 그리고 이런 인위적인 노력의 준거가 바로 성인들이 만든 사회적 규범, 즉 예였던 것이다.

이처럼 순자는 공자와 맹자가 도덕의 근거로서 천(天)이나 천명(天命)을 인정한 반면, 천과 인간을 분리하면서 천을 단순한 자연 또는 자연 법칙으로 규정하고, 인간은 천명으로부터 해방된 주체적인 존재로 규정했다. 그러나 순자는 사회적 존재로서의 인간은 본성이 악한 존재라고 보았기 때문에 주체적이며 능동적인 실천을 통해서 이를 극복해야 한다고 하면서 예치주의를 주장했던 것이다.

2) 순자의 인간관 — 인간은 태어날 때부터 악한 본성을 갖고 있다

그러면 인간은 과연 악한 본성을 갖고 태어난 것인가? 아니면 인간은 선한 본성을 갖고 태어난 것일까? 그도 아니고 인간은 선하지도 않고 악하지도 않은 존재인가? 이 문제는 인간의 존재론이나 도덕론과 연관해 역사상 수많은 논쟁을 유발한 주제이기도 하지만 오늘날까지도 명확하게 결론나지 않은 상태로 남아 있다. 따라서 여기서는 순자와 맹자의 주장을 중심으로 서로 비교 검토하는 것으로 만족하고자 한다.

알다시피 맹자는 인간의 본성은 하늘이 부여한 것이며 그런 까닭에 인간 자신이 타고난 본성대로 행위하면 곧 선한 행위가 된다고 주장했다. 맹자는 우물에 빠지려는 아기를 보면 사람들은 누구나 구하려 들 것이라는 사례를 들면서 인간의 착한 본성을 주장했다. 그리고 그런 착한 본성을 실천하려는 4가지 실마리[四端]로 불쌍한 사람을 보면 동정을 하는 측은지심(惻隱之心), 잘못된 행동을 하면 부끄러워하는 수오지심(羞惡之心), 욕심을 부리는 것보다 양보하려는 사양지심(辭讓之心), 옳고 그름을 분별하려는 시비지심(是非之心)을 들었다. 인간은 이 사단을 확충해서 인(仁)·의(義)·예(禮)·지(智)로 완성하게 된다는 것이다.

그러면 본성이 착한데도 불구하고 왜 인간은 악한 행위를 저지르는 것일까? 이에 대한 맹자의 대답은 인간의 욕심 때문이라는 것이다. 인간의 타고난 본성은 착하지만 사회생활을 하면서 무언가를 차지하려는 욕심에 가려 악한 행위에 빠졌다는 말이다. 그러므로 맹자의 도덕적 해법은 욕심이나 이기심을 극복하면 본래의 착한 마음으로 되돌아갈 수 있고 이를 위해 인간은 자신을 끊임없이 수양해야 하고 인간 사회의 모범인 성인의 가르침을 받아 교화되어야 한다는 것이었다. 그와 더불어 하늘, 즉 자연의 뜻에 따라서 의로운 인간이 되려면 작은 이익에 매달리지 않고 활달하고 큰 자세로 세상을 보는 호연지기(浩然之氣)를 키워야 한다는 것이다.

이처럼 맹자가 하늘이라는 도덕적 원천을 근거로 성선설을 주장했다면 순자는 이와 반대 지점에 서서 인간 자신이 타고난 본성은 악한 것이라면서 본성에 따라 그대로 실천하면 그 행위는 악한 행위가 된다고 주장한다. 순자는 인간의 본성을 악하다고 규정하면서 다음과 같이 말한다.

사람의 본성은 악한데 그 선한 모습은 인위적으로 그렇게 만든 것이다. 이제 사람의 본성을 살펴보면, 태어날 때부터 이익을 좋아하는 성질이 있다. 이 성질을 따르기 때문에 쟁탈이 발생하고 사양하는 마음이 없는 것이다. 또한 사람의 본성에는 태어날 때부터 다른 사람을 미워하는 마음이 있다. 이 성질을 따르기 때문에 다른 사람을 해치는 일이 발생하고 충성과 믿음이 없는 것이다.

또 태어날 때부터 육체적인 욕망을 가지고 있어서 아름다운 소리와 아름다운 색을 좋아한다. 이 성질을 따르기 때문에 음란한 마음이 생기고 예의와 규칙이 없어지고 마는 것이다. 그러므로 사람이 타고난 본성을 따르고 사람의 감정에 순응하면 반드시 쟁탈이 일어나고 신분 질서를 해치고 이치를 어지럽혀서 포악한 사회로 돌아갈 것이다. 그렇기 때문에 반드시 스승과 법도에 의한 교화, 예의에 의한 인도가 있어야 한다. 그런 다음에 사양하는 마음을 갖게 되고, 사회 규범과 합치되어 잘 다스려진 사회로 돌아갈 것이다. 이것을 통해 본다면 사람의 본성이 악한 것은 분명하다. 사람이 선한 모습을 갖는 것은 인위적으로 그렇게 되는 것이다. ─《순자》〈성악〉 편

위의 인용문대로 본다면 순자가 파악한 인간은 생리적으로 이익을 좋아하고, 남을 미워하며, 욕구를 따르고자 하는 욕망을 가지고 있는 존재다. 그러므로 인간이 타고난 본성을 방임하면 인간 사회는 악으로 가득 차게 된다는 것이다.

그러면 인간이 이렇게 악한 존재임에도 불구하고 어떻게 인간 사회는 도덕과 예의를 만들 수 있게 되었는가? 이에 대한 순자의 해답이 바로 스승과 법도(師法)에 의한 교화와 예의(禮義)에 의한 교화였다. 순자는 악한 본성에 의한 행위를 절제하여 선한 행위를 하도록 유도해야 한다고 주장한 것이다. 다시 말하자면 본성의 발현이 아니라

본성의 억제와 변화를 통해서 도덕적 행위가 보장된다고 본 것이다.

이렇게 맹자와 순자의 주장을 비교 검토해 보면 둘 사이에 출발하는 지점은 다르지만 결론은 동일하다는 것을 알 수 있다. 맹자와 순자 모두 도덕적인 인간 사회의 실현을 목표로 했기 때문이다. 문제는 맹자와 순자의 인간 본성에 대한 관점 차이일 뿐이다.

그러면 맹자와 순자의 차이는 어디서 온 것일까? 그것은 본성에 대한 개념 해석의 차이에서 발생한 것이다. 맹자가 생각한 본성은 선천적으로 갖추어진, 그리고 하늘이 부여한 본래의 순수한 도덕성을 의미했고, 순자가 생각한 본성은 인간이 원초적으로 가지고 있는 욕구나 욕심을 의미했다.

그런데 순자는 왜 자신의 선배였던 맹자의 주장을 받아들이지 않고 이런 주장을 했던 것일까? 그것은 당시 사회의 혼란상을 경험하면서 획득한 경험적 지식 때문이었을 것으로 보인다. 반면 같은 시대를 살았지만 맹자는 인간의 이상적인 상태라는 것을 염두에 두었기 때문에 성선설을 주장한 것으로 판단된다. 냉정하게 따지자면 인간은 사회생활을 통해 악한 행위만이 아니라 선한 행위도 경험하는 것이 사실이다. 따라서 순자처럼 악하다고만 보거나 맹자처럼 선하다고만 주장하는 것은 모두 일면적인 진실만을 담고 있을 수 있다. 물론 순자의 논리를 그대로 따른다면 선하게 보이는 행위조차도 이미 인위적인 교화를 통해서 만들어진 상태에서 나오는 것일 수는 있다.

둘 사이의 입장 차이를 벗어나 판단한다면 맹자의 주장이 많은 사람들에게 더 설득력이 있었을 것이다. 왜냐하면 사람은 본래 착한 존재이고 욕심을 절제하면 인간 사회는 도덕적으로 변화할 수 있다는 주장이 더 인간의 마음을 움직이기 쉽고 변화를 유도하기에도 쉽기 때문이다. 원래 악한 존재라고 하면 중도에 포기하는 사람도 생겨날 것이고 반발하는 마음도 일어날 것이다. 그런 차원에서 보면 후대에 가서 순자의 학설이 배척당하게 된 배경도 이런 그의 주장이 안고 있었던 문제인지도 모른다.

어쨌든 순자의 결론 역시 맹자와 마찬가지로 인간은 인위적으로 변화시켜야만 도덕적 행위가 가능하다는 것이다. 그것이 바로 앞에서 말한 '화성기위'라는 것이다. 그리고 이런 인위적 교화의 핵심 내용은 성인들이 만든 예의였다.

그런데 여기서 의문이 드는 문제가 있다. 순자가 말하는 성인도 결국은 인간이기는 마찬가지다. 그렇다면 모든 인간의 본성은 동일하고 악한데 어떻게 성인이 나올 수 있으며, 성인은 어떻게 본성을 변화시켜 인위적인 선을 제정할 수 있다는 것인가? 그리고 본성은 본질적으로 형성된 것인데 후천적인 학습으로 본성의 변화가 가능하다면 그것은 본성이라 부를 수 없는 것이 아닌가? 이러한 의문을 해결하기 위해 순자가 본성에 대해서 어떻게 파악하고 있었는지를 상세하게 검토하는 것이 필요하다.

순자의 주장을 자세하게 검토해 보면 순자는 인간의 성(性)이 악하다고 표현할 때 그것을 인간의 욕구나 욕망에 한정시켜 사용했음을 알 수 있다. 그런데 사람이 나면서부터 욕망을 갖고 있다는 것은 누구도 부인할 수 없는 사실이다. 따라서 순자가 말하는 성이 단순하게 동물적인 욕망을 의미하는 것이라면 순자는 이것을 인간의 성향이라는 의미로 사용한 것이다. 말하자면 인간은 본질적으로 욕망을 갖고 있다는 표현에 지나지 않는다. 그런데 순자는 성과 대비하는 개념으로 인위를 들고 있다.

> 배우거나 노력해도 되지 않고 본래부터 사람에게 있는 것을 본성이라고 한다. 배워서 이룰 수 있고 노력해서 성취할 수 있는 것을 인위(人爲)라고 한다.　　　　　　　　　　　　　　－《순자》〈성악〉 편

사람을 선하게 만들 수 있는 개념을 인위라 부르고 있는 것이다. 이처럼 순자는 본성이라는 개념을 이루는 성과 인위를 분리해서 생각했기 때문에, 이것을 '성위지분(性僞之分)'이라 한다. 그러면 인위는 무엇을 통해서 가능한 것인가? 순자는 다음과 같이 말한다.

> 정(情, 감정)의 자연스런 상태를 마음이 선택하는데 이것을 려(慮, 사려)라고 한다. 마음으로 사려하여 행동이 되는 것을 위(僞, 인위)라고

한다. –《순자》〈정명〉 편

　사람은 어떻게 도를 아는가? 그것은 바로 마음으로 아는 것이다. 그러면 마음은 어떻게 도를 알 수 있는가? 마음이 텅 비고 한결같으며 고요하기 때문에 알 수 있다. 마음은 일찍이 어떤 것을 감추어 두고 있으면서도 텅 비어 있고, 여러 가지 생각으로 가득 차 있으면서도 한결같은 것을 가지고 있고, 움직이면서도 고요한 것이 있다.

　사람은 누구나 태어나면서부터 지각 능력이 있고, 지각 능력이 있으면 기억을 하게 되는데, 기억이란 무엇인가를 저장하는 곳이다. … 마음이 생기면 지각 능력이 있고, 지각 능력이 있으면 다른 것을 구별할 수 있다. –《순자》〈해폐〉 편

순자는 여기서 사회적 인간으로 살아가는 도리를 알 수 있는 근거로 마음의 인식 능력을 들고 있다. 또한 인간이 다른 사물과 구별되는 것은 분별력[知盧]이 있기 때문이라고 보고 그것이 인간을 선한 존재로 변화시킨다고 주장한다. 이렇게 본다면 인간은 마음을 통해 선한 행위를 할 수 있는 존재이면서 동시에 욕구에 의해 움직이는 존재인 셈이다. 여기서 순자가 성(性)이라는 개념을 사용할 때 마음을 포함한 '광의(廣義)의 성(性)'과 욕구만을 의미하는 '협의(狹義)의 성(性)'으로 구분했다는 사실을 알 수 있다.

순자가 말하는 마음[心]은 도덕적 의지를 지닌 것을 말한다. 그리고 순자가 말하는 마음이 본성에 내재한 것이라면, 순자가 성악설을 주장했다는 말은 재고되어야 할 것이다. 문제는 순자가 성이라는 말을 주로 동물적 욕구를 의미하는 개념으로 썼기 때문에 이를 사람들이 오해했다는 점이다. '광의의 성'에 의하면 인간은 마음이 있기 때문에 옳고 그름을 판단할 수 있고, 인간다운 행위가 무엇인지 알 수 있게 된다. 따라서 협의의 악한 본성을 변화시키는 근거는 광의의 성에 내재된 마음에 의해서 가능하게 되는 것이다.

이처럼 마음이라는 개념을 통해 인간의 도덕적 변화 가능성을 열어 두었기 때문에 도덕적 규범을 만든 성인들이 나올 수 있었으며 그들이 만든 예의와 법도를 통해 인간은 도덕적 사회를 만들어 나갈 수 있다는 것이 순자의 결론이었다.

3) 순자의 도덕관—인간은 예와 의에 의해 교화될 수 있다

앞에서 말한 대로 순자는 마음을 토대로 성인들에 의해 예의와 법도가 제정되고, 인간은 그에 따라 행위하도록 인도된다는 것이다. 순자는 예의 기원에 대해서 다음과 같이 말했다.

어떤 사람이 묻기를 "사람의 본성이 악하다고 한다면 예의는 어디서 생기는가?"라고 했다. 이에 순자가 대답했다. "무릇 예의는 성인

이 인위적으로 만든 것으로 사람의 본성에 처음부터 있었던 것은 아
니다."라고 했다.   – 《순자》〈성악〉 편

순자는 "예의는 성인의 인위로부터 생긴 것"이라고 주장한다. 그
렇다면 성인은 어떤 존재인가? 순자는 성인에 대해서 다음과 같이
말한다.

> (성인이란) 다른 사람의 착한 행동을 보고 그렇게 즐거워하고, 남의
> 부당한 일을 보고 시름에 잠기는 사람이다.   – 《순자》〈유효〉 편

성인이란 인의를 근본으로 하여 시비의 판단을 정확하게 내리고
언행을 한결같이 하여 티끌만큼도 어긋남이 없는 사람이다. 이렇게
될 수 있는 것은 다른 방법에서가 아니라, 바로 실천을 목표로 했기
때문이다.

> 보통 사람으로 선을 쌓고 또 쌓아 그 궁극에 이르게 되면 이것을 일
> 러 성인이라고 한다. …그러므로 성인이라고 하는 사람도 결국 보통
> 인간으로서 선을 쌓으며 인간의 노력을 다하여서 이루어진 것이다.
>   – 《순자》〈유효〉 편

이상의 인용문을 통해서 볼 때 성인도 다른 인간과 마찬가지로 악한 본성을 타고나지만 학문과 수양에 의해서 도달 가능한 인간으로 판단된다. 즉, 성인은 선천적으로 능력을 갖춘 존재가 아니라 후천적인 경험을 통해서 만들어진 인간이다. 후천적인 경험 속에서 인간의 도리를 바로 세울 기준을 만드는 데 필요한 지식들을 습득하고 그것을 몸에 지녀 극진하게 해서 성인이 되었다는 것이다. 따라서 순자는 다음과 같이 말했다.

성인의 도리가 하나의 원리에서 나왔으며 그것은 곧 신묘한 것을 잡아서 잃지 않도록 단단하게 하는 것이며, 신묘한 것이란 선을 극진하게 하여 몸과 마음 구석까지 골고루 스며들게 하는 것이다.

– 《순자》 〈유효〉 편

순자는 분명하게 "선을 쌓고 또 쌓아 궁극에 이르면" 성인이 될 수 있고, "보통 사람이 학문을 닦아 나가면 선비가 되고, 여기서 더욱 열심히 노력하면 군자가 되고, 더욱 그것을 알게 되면 성인이 된다."라는 말을 하고 있다. 성인만이 이러한 능력을 갖고 태어난 것이 아니라 모든 인간은 이러한 능력을 가지고 태어난다는 의미다.

이처럼 순자는 최선의 선택을 할 수 있는 능력과 옳고 그름을 판단할 수 있는 능력이 인간에게 있다고 보았다. 따라서 이러한 능력을 최대한 발휘하여 인위적인 기준을 제정하는 단계에 이르면 성인이 된다는 의미다.

성인에 의해 제정된 예의와 법도는 도덕적 행위의 기준이 된다. 따라서 인간들은 예에 맞는 행위를 했을 때 비로소 도덕적 행위를 한다고 할 수 있다. 그런 까닭에 인간은 학문과 노력을 통해서 예를 배우고 의를 행해야 한다는 것이다. 다시 말해서 인간의 본성이 악하다고 할지라도 인간이 마땅히 해야 할 당위성을 지킴으로써 인간 사회는 도덕적 사회가 된다는 말이다.

여기서 우리가 주의할 점이 있다. 순자가 말한 예는 정치 제도나 생활 의식뿐만 아니라, '우주와 인간 질서를 모두 포함한 도덕적 원리'를 의미한다는 점이다. 즉, 순자가 말하는 예는 그 범위가 넓어 크게는 나라를 다스리는 도에서부터 작게는 개인 수양, 생활 교양, 음식, 기거 등 포함되지 않는 것이 없다. 말하자면 순자의 예는 인류 사회를 통제해 가는 원리인 동시에 제도이기도 하며 이상 사회를 실현하는 구체적인 법제나 형식을 뜻한다. 이렇게 볼 때 예는 모든 규범을 포함하는 원리라고 할 수 있다.

예에 대해서 순자는 다음과 같이 정의하고 있다.

> 예는 인류 도덕의 극치다. — 《순자》〈예론〉 편
>
> 예는 절도의 표준이다. — 《순자》〈치사〉 편

예는 인도(人道)의 표준이다.　　　　　　　　　　　- 《순자》 〈천론〉 편

이상의 인용문을 통해서 본다면 순자의 예는 기준의 의미뿐만이 아니라 도덕 원리로 인식되고 있음을 알 수 있다. 순자는 이렇게 예에 의한 통치를 통해 인간 사회가 도덕적으로 승화되는 것을 꿈꿨다. 그리고 이런 사회를 이끄는 주체를 군주로 보았고 군주의 이상적인 정치를 분별해서 왕도 정치, 패도 정치 등으로 구분했다.

그리고 순자는 성인의 도에 따라 실현되는 왕도 정치를 최선이라 보았지만 현실적인 측면을 고려해 패도 정치도 인정했다. 반면에 공자나 맹자는 패도 정치를 전혀 인정하지 않았다. 이런 점이 그를 유가의 현실주의자라 부르게 만들었을 것이다.

4. 오늘날 《순자》는 어떤 의미를 주는가?

순자의 사상은 《명심보감》에 인용된 말이나 청출어람(靑出於藍)과 같은 명구를 통해서 널리 알려져 있다. 더구나 성악설 하나만으로도 순자를 모르는 사람은 드물 것이다. 그러나 그가 살던 시대는 기원전 2세기였고 지금으로부터 계산해 보면 2,200년이나 떨어진 과거였다. 그럼에도 불구하고 《순자》는 오늘의 우리에게 어떤 의미를 던

져 줄 수 있을까?

만약 인간을 자연 상태대로 유지한다면 인간의 악한 모습이 그대로 나타날 것이라고 주장한 순자의 주장은 매일 아침 뉴스와 신문을 통해 확인될 것이다. 그와 같은 상황을 순자가 지켜보았다면 자기 학설이 증명되었다고 기뻐했을까? 아마 그렇게 기뻐하지는 않았을 것이다. 왜냐하면 순자는 악한 모습을 극복하고 선한 모습으로 새롭게 태어나는 인간을 기대했기 때문이다. 그리고 그러한 인간을 만드는 기준과 척도를 바로 '예'라고 했다.

순자가 말한 예는 현대인에게 고리타분한 예의범절을 요구하는 말처럼 들릴지도 모른다. 그러나 유가 철학이 예로부터 출발해서 인(仁)으로 완성되었다는 사실은 예가 단순히 형식만을 의미하는 것이 아니라 내면의 도덕성으로 이어진다는 점을 알려 주고 있다. 말하자면 인간은 외형적 형식의 존중을 통해 내면적 덕성으로 변화한다는 것이다. 그런 점에서 순자가 주장한 예는 보다 도덕적인 인간관계를 지향하는 덕목을 말하는 것이며 그것은 인간과 인간의 관계가 경쟁과 다툼의 관계로 받아들여지고 있는 오늘날의 우리에게도 의미 있는 말이다.

매일 만나는 사람과의 관계를 맺는 데 가장 중요한 것은 밖으로 드러난 모습이다. 남과 나누는 대화에서 그 사람의 말투를 들을 수 있고, 움직이는 동작에서 행동을 관찰할 수 있다. 언어와 행동은 사람을 판단하는 가장 보편적인 기준이다. 이러한 언어와 행동에 예를 갖추려면 타인에 대한 배려의 마음이 전제되어야 한다. 따라서 외형적 표현과 내면적 덕성은 상호 유기적인 연관성을 갖는 것이다. 순자는 지혜로운 성인이 만든 예를 배우고 반복적으로 실천하면 모든 사람이 도덕적 인간이 될 수 있다고 믿었다. 그런 까닭에 전통 교육에서는 어렸을 때부터 예의범절을 익히도록 했고, 그로 인해 자연스럽게 예의 바른 인간이 양성되었던 측면도 있었다. 순자의 생각도 이와 같았을 것이다.

그런데 근래에 이르러 인간의 내면을 성숙시킬 수 있는 교육이나 학습이 이루어지지 않으면서 무례한 사람이 증가하고 타인을 배려하는 마음이 사라지고 있다. 도덕성이 사라지고 무례한 사람이 증가하면 인간의 사회적 삶은 삭막하게 변할 수밖에 없게 된다. 지식을 함양하는 것도 중요하지만 수신(修身)을 통해 자신의 인격을 연마하는 것이 더욱 근본적인 일이다. 이 점에서 현실의 부도덕하고 야만적인 모습을 극복하기 위해 무엇을 할 것인지 고민했던 순자의 정신은 결코 그 시대의 것만은 아닐 것이다.

서양의 에티켓은 배워야 하고 동양의 예의범절은 옛날 방식이기 때문에 시대에 맞지 않는다고 생각하는 것이 오늘날 현대인의 시각이다. 하지만 동양의 문화든 서양의 문화든 좋은 것은 수용하고 나쁜 것은 버리는 것이 바람직한 방향일 것이다. 그러므로 과거의 가치를 제대로 보고 그 옳고 그름에 따라서 취사선택하는 것이 오늘의 우리가 취해야 하는 방도라 하겠다.

그런 차원에서 21세기에도 여전히 순자의 사상이 의미를 갖는 것은 바로 예라는 문제가 사회적인 문제로 등장하고 있기 때문이다. 내면화된 도덕성이 부재한 사회는 명랑한 사회로 갈 수 없다. 상대에 대한 배려가 없는 인간관계는 그야말로 순자가 살던 약육강식의 전국 시대와 다를 바 없다. 그 점에서 도덕적 혼란이야말로 가치의 혼란을 불러온다는 점을 누구보다 날카롭게 지적한 순자이기 때문에 오늘의 우리에게는 교훈으로 다가올 수 있다.

《순자》를 읽는 또 다른 재미는 순자가 전개하는 명쾌한 논리와 다양한 이야깃거리다. 순자는 읽는 사람의 마음을 시원하게 해 줄 정도로 중국 고대의 제자백가 등에 대한 비판과 그 해결책을 제시한다. 따라서 당시 제자백가의 학설에는 어떤 것이 있고 그 문제는 어떤 것인지를 알고 싶다면 《순자》야말로 가장 적합한 책이라고 할 수 있다.

하지만 무엇보다도 《순자》가 주는 가장 큰 의미는 현실에 대응하는 학문의 자세라는 측면이다. 순자는 고루하게 자신의 신념에만 매달려 현실 상황에 제대로 대응하지 못한 학자들과는 달리 자신의 신념을 현실이라는 조건 속에서 실현하려고 노력한 인물이었다. 부국강병이 우선시되는 시대에 도덕 정치를 강조한다 한들 그것이 통할

리 없었다. 순자는 법가와 같은 부국강병의 논리가 현실에서 승리하는 모습을 보면서 자신이 믿고 있던 유가 사상을 되돌아보고 현실적인 대안을 마련하려고 노력했다. 그런 점에서 맹자가 지나치게 이상주의에 빠졌다면 순자는 유연한 현실주의자의 길을 걸었고 그 결과는 진나라의 천하 통일로 나타났다. 이런 점에서 볼 때 제자백가의 사상을 종합하려 했던 순자야말로 진실로 '동양의 아리스토텔레스'라 불릴 만한 학자로 높이 평가될 것이다.